U0524413

公司资本制度的自治与强制

ON THE AUTONOMY AND REGULATION OF CORPORATE CAPITAL RULES

岳冰 著

法律出版社
北京

图书在版编目（CIP）数据

公司资本制度的自治与强制／岳冰著． -- 北京：法律出版社，2024． -- ISBN 978 - 7 - 5197 - 9791 - 1

Ⅰ．D922.291.914

中国国家版本馆 CIP 数据核字第202489UU64 号

公司资本制度的自治与强制
GONGSI ZIBEN ZHIDU DE ZIZHI YU QIANGZHI

岳　冰　著

策划编辑 张　珺
责任编辑 张　珺
装帧设计 汪奇峰

出版发行 法律出版社	开本 710毫米×1000毫米 1/16
编辑统筹 法商出版分社	印张 22.25　字数 283 千
责任校对 王语童	版本 2024 年12 月第1 版
责任印制 胡晓雅	印次 2024 年12 月第1 次印刷
经　　销 新华书店	印刷 北京建宏印刷有限公司

地址：北京市丰台区莲花池西里 7 号（100073）
网址：www.lawpress.com.cn　　　　　　　销售电话：010 - 83938349
投稿邮箱：info@ lawpress.com.cn　　　　　　客服电话：010 - 83938350
举报盗版邮箱：jbwq@ lawpress.com.cn　　　　咨询电话：010 - 63939796
版权所有·侵权必究

书号：ISBN 978 - 7 - 5197 - 9791 - 1　　　　　　定价：95.00 元

凡购买本社图书，如有印装错误，我社负责退换。电话：010 - 83938349

目　录

导　论　001

第一节　选题背景与意义 / 001
　　一、选题背景 / 001
　　二、选题意义 / 006
第二节　研究方法 / 007
　　一、历史研究方法 / 008
　　二、法经济学研究方法 / 008
　　三、比较研究方法 / 008
　　四、系统论研究方法 / 009
第三节　基本框架 / 009

第一章　我国公司资本制度的历史演进与比较法坐标　012

第一节　我国公司资本制度的规范变迁与理念演进 / 012
　　一、公司法修改与我国资本制度的规范变迁 / 013
　　二、我国公司资本制度的理念演进 / 018
第二节　公司资本规制的强度坐标 / 025
　　一、以欧盟为代表的强资本规制模式 / 026

二、以美国为代表的弱资本规制模式 / 030

三、以日本为代表的资本规制模式转轨 / 032

四、我国资本规制强度的比较法坐标 / 033

本章小结 / 039

第二章　公司资本制度的自治基础与强制缘由　041

第一节　公司资本的功能预设 / 041

　　一、公司资本的组织法功能 / 042

　　二、公司资本的担保功能 / 045

　　三、公司资本功能与资本规制的权衡 / 051

第二节　公司资本规制的价值顺位 / 056

　　一、公司资本规制的效率价值 / 056

　　二、公司资本规制的安全价值 / 059

　　三、公司资本规制的效率优位与配套机制 / 061

第三节　公司资本规制的法经济学分析 / 063

　　一、公司资本规制的成本与效益 / 063

　　二、交易成本理论对公司资本制度的映射 / 065

第四节　公司资本规制中的自治与强制 / 070

　　一、公司资本自治的逻辑基础 / 070

　　二、国家强制的介入因由及其泛化 / 077

　　三、公司资本的自治本位与国家强制的特殊性 / 082

　　四、公司资本制度中自治与强制的界分 / 085

本章小结 / 091

第三章　公司资本形成规制　093

第一节　公司资本形成的自治基础 / 094

一、公司资本形成的组织法契约属性 / 094

　　二、公司资本形成的强制界限 / 097

第二节　公司资本形成的具体要素与规制强度 / 099

　　一、出资形式规制 / 099

　　二、出资期限规制 / 122

　　三、股票面额及发行价格规制 / 154

　　四、股份发行机制规制 / 168

第三节　公司资本形成制度的变革路径 / 186

　　一、强制要素削减与自治机制归位 / 186

　　二、资本形成规制向公司治理的依归 / 188

本章小结 / 191

第四章　公司资本流出规制

第一节　公司资本流出的规制模式及规制强度 / 192

　　一、公司资本流出规制的体系定位 / 193

　　二、公司资本流出规制之资本维持模式 / 198

　　三、公司资本流出规制之清偿能力模式 / 209

第二节　公司资本流出的类型规制与统一规制 / 216

　　一、公司资本流出的类型规制 / 217

　　二、公司资本流出统一规制与"实质分配"概念 / 266

第三节　公司资本流出规制的逻辑转向 / 271

　　一、从维持资产转向规范资产交易行为 / 271

　　二、从重强制性规制转向重私法救济 / 273

本章小结 / 287

第五章　我国公司资本制度改革与展望　289

第一节　我国公司资本制度改革 / 289

　　一、公司资本制度的前端改革 / 290

　　二、公司资本制度的后端改革 / 297

第二节　我国公司资本制度改革展望 / 301

　　一、我国公司资本制度体系的立场革新 / 302

　　二、我国公司资本规范的体系调整 / 314

本章小结 / 323

结　论　324

主要参考文献　328

导 论

第一节 选题背景与意义

一、选题背景

公司法规范关涉公司、股东和债权人等多方利益，充满了市场自治和政府管制的因子互动，这种规范上的张力在公司资本制度上表现得尤其明显。公司资本制度与资本市场紧密联系，对社会经济制度具有深远的影响，这一制度的合理性直接关系公司法价值目标能否有效实现。公司资本制度中的自治性与强制性此消彼长、交互作用：强制性的增加必然导致自治空间的削减，而自治性的扩张则伴随着强制性规范的让渡。具体而言，本书的研究背景如下。

其一，公司资本制度改革系每一轮公司法修改的核心内容之一。1993年12月颁布的《公司法》采取了最严苛的法定资本制，体现在较高的最低资本额、实缴制、法定的5种出资形式、非货币出资比例不超过20%的限制以及强制验资等方面。凡此种种，与其说是立足于资本信用与保护债权人理念的防弊式制度设计，不如说是受到针对20世纪80年代"皮包公司"反复治理的影响。① 因此,《公司法》自1994年7月1日施行以来的每次修改,公司资本制度的变革均是重头戏。2005年《公司法》显著放宽了对公司的资本规制,通过降低初始资本实缴要求和放宽后续出资时间限制,成功地促进了公司信用从资本到资产的转变。2013年《公司法》取消了法定最低注册资本限额和实缴资本的规定,取消了非货币出资比例、强制验资与非货币出资评估程序等,转而实行宽松的全面认缴资本制。这次修正得到了多方的肯定,被认为是"顺应了世界潮流,也契合了大众创业万众创新的时代精神",但其改革并不彻底,法定资本制模式下的各种制度性缺憾仍然存在,完全的认缴制打破了债权人与股东之间的利益平衡,也引发了一些担忧甚至质疑。② 全面认缴制在实践中遭遇了诸多困境,所带来的许多难题也亟待解决。2019年5月,我国《公司法》修改再次被提上日程,2023年12月,新修订的《公司法》由十四届全国人大常委会第七次会议审议通过,自2024年7月1日起施行。2023年《公司法》对我国的资本制度进行了较大幅度的调整:在资本制度前端,扩大了可以用于出资的财产范围,增加了催缴失权制度;在有限责任公司中增加了股东认缴期限的规定,并全面肯认了股东认缴出资的加速到期制度;在股份公司中引入了授权资本制和无面额股制度。在资本制度后端,明确了违法分配利润和违法减资股东及负有责任的董事、监事、高级管理人员的赔偿责任;完善了抽逃出资责任承担规则;增加了禁止财务资助制度及其例外规则。

  无独有偶,长期处于欧盟《公司法第二指令》(又被称为"资本指令")严格规制之下的欧盟各国亦开展了公司法指令的软化或者灵活化改造运动。1998年10月,欧盟开展了旨在简化公司规制的简化欧盟法

---

① 参见朱慈蕴:《公司资本理念与债权人利益保护》,载《政法论坛》2005年第3期。
② 参见甘培忠:《论公司资本制度颠覆性改革的环境与逻辑缺陷及制度补救》,载《科技与法律》2014年第3期。

运动(Simpler Legislation for the Internal Market)。2001年,欧盟委员会组成高层次公司法专家组,就欧盟公司法的监管框架提出了专家报告。① 2006年,欧盟委员会委托毕马威(KPMG)对"资本指令"所确立的资本维持体系的可行性和可替代性进行研究,并于两年后出具了报告意见。② 欧盟委员会基于KPMG的研究认为,现行资本维持制度不存在重大问题,并且没有进行进一步的改革。但是,欧洲法学界对该领域的研究人声鼎沸,讨论甚众,其中不乏灼见真知,这一过程对我国亦可资借鉴。

其二,我国公司资本制度自治与强制界限需要理论上的深入探讨和立法层面的进一步优化。长期以来,我国公司法一直遵循法定资本制度。例如,在资本形成阶段,对于出资方式,立法坚持了严格的规定,并未接受如劳务出资等形式;在资本流出阶段,利润分配的条件被设置得相当苛刻,仅在弥补亏损和提取足够的公积金之后,公司方可进行利润分配。尽管2018年《公司法》的修正为股份回购提供了更多的灵活性,但在回购理由和资金来源方面,公司自治性仍然不足。2023年《公司法》对资本制度进行了调整,但这些缺陷并未完全得到解决,未来仍需持续改进。这要求我们从宏观视角出发,建立一套统一的规范标准,并重新评估和调整立法者的价值取向。

其三,公司资本规制关涉公司制度的全球竞争。从全球视野看,为了吸引投资,近年来各主要发达国家如英国、日本、美国等均不断完善本国的公司资本制度;从历史的角度看,我国公司法的历次修改,尤其是2013年及2018年的《公司法》修正,其核心也均为资本制度,2023年《公

---

① See High Level Group of Company Law Experts, *Report of the High Level Group of Company Law Experts on a Modern Regulatory Framework for Company Law in Europe*, European Commission 4 Nov. 2002.

② See KPMG. *Feasibility Study on an Alternative to the Capital Regime Established by the Second Company Law Directive 77/91/EEC of 13 Dec. 1976; An Examination of the Impact on Profit Distribution of the New EU Accounting Regime*. Contract ETD/2006/IM/F2/71, Feb. 2008.

司法》修订,资本制度也是重头戏。公司资本制度的价值取向、制度设计和具体内容与一国的经济发展状况紧密相连。因经济发展水平、法律传统、文化背景等的不同,各国公司资本制度呈现出一定的差异,但在许多方面也具有共性。例如,各国的公司资本制度都需考量各方利益关系的平衡与协调,都期望资本制度能实现促进投资、有利于公司经营并保障交易安全的三维目标:一是鼓励并方便投资,即能够激发投资者的积极性,最大限度为投资者的投资提供便利;二是有利于公司经营,既不会闲置和浪费资本,又不会因资本紧缺而使公司陷入困境;三是能够适度彰显公司信用,对债权人提供一定的保护。但多元的价值追求恐难同时实现,自公司产生以来,关于资本制度设计的争论就从未停止过。以资本形成制度为例,法定资本制、授权资本制及折中资本制的形成和演变,凸显了各国立法对于资本制度价值的选择困难。在处理利益平衡时,是选择鼓励投资、保障债权人权益,还是便利公司经营,构成了一个复杂的选择困境;在法的价值判断上,是更注重效率还是公平,这也是需要慎重考量的问题。我国公司资本制度立法同样如此,无论是1993年《公司法》的制定,还是2005年、2013年及2023年《公司法》的修改,无不处于价值纠结中,历次公司法修改之后的诸多争议也体现了这种价值纠结。在商业实践经验的指引下,在各种理论观点的交锋间,在相互的制度借鉴中,尽管各国的公司资本制度改革仍存在一定的分歧,但基本沿袭了不断弱化强制、强化自治、注重利益平衡及强调事后救济这样的思路。

美国公司法为典型的授权资本制模式,以其市场导向、追求效率、高度自治的优势一直走在各国公司资本制度改革的前列。以美国《标准商事公司法》(也有译为《示范公司法》,以下简称《标准公司法》)为例,其资本制度中无最低资本额之限制,节约了设立公司的成本,促进了公司自由并高效地融资;允许董事对股份发行价格以及能否回购股份、减资、分配等进行商业判断,并以信义义务与责任机制制约董事行为,体现了公司的自治性;将利润分配、股份回购及实质减资归入"实质分配"概念之中,并设定"偿债能力"标准来保障债权人利益,统一了规制尺度。此外,对于债权人利益的保护,美国更倾向于寻求公司法之外的配套制度来实现,如借助《统一欺诈性财产转让法》、合同法、侵权责任法及破产法等相关法律制度,促进信息披露、债务契约、财务会计准则的发展,构建体系化的债权人保护机制,"在公司治理层面上,强化了董事的信义义务,在司法救济层面上,加强了司法能动主义,两相呼应共同运作,营造了美国最富有灵活性、机动性、自由度、效率化的公司资本制度安排"①。

欧盟针对其公司资本制度也进行了一系列的改革。欧盟公司法指令中的公司制度改革,实质是欧盟各国之间的公司资本规则的竞争。到底是坚守传统的安全导向的德国法定资本制模式,还是顺应时代转向以效率为导向的美国授权资本制模式?在这两种理念的交锋中,欧盟《公司法第二指令》因袭了法定资本制的概念,保留了股份有限公司的法定最低资本金制度,在制度功能上依然致力于债权人的保护,与美国注重融资效率、灵活机动的公司资本制度仍存在理念上的差异。从欧盟各国来看,统一市场的建立使德国、法国等国家的传统公司法受到英国灵活的公司资本制度的挑战,有研究发现,2002～2005年,有大约5.5万家来自欧盟其他成员国的私人有限公司在英国注册。为了吸引投资,欧盟内部各国不得不展开制度竞争,被迫向英国看齐。总体来看,欧洲各国公司法还处于传统的法定资本制向授权资本制转轨的过程中。

日本公司法已实现了向授权资本制的转变。1899年《日本商法典》仿效德国确立了法定资本制,1950年《日本商法典》转换了立法价值取向,开始放宽对资本的管制,形成了折中授权资本制度,降低了设立公司的门槛,拓展了公司的发展空间。2005年《日本公司法》对公司设立阶段的资本规制进行了大力改革,完全废除了最低资本制度,放松了对非

---

① 傅穹:《重思公司资本制原理——以公司资本形成与维持规则为中心》,中国政法大学2003年博士学位论文,第3页。

货币出资的限制，体现了放松公司设立阶段资本规制的立法本意。同时，日本也希望用事后救济的途径实现债权人利益的保护，因此其强化了公司分配规制，完善了信息披露制度并强化了董事、高级管理人员对债权人民事责任的承担机制，并在其司法判例中确认了公司人格否认制度，对资本运行阶段予以规制。

总之，我国公司资本规制中强化自治、弱化强制的思路不仅是一个理论命题，更是一个重大的价值判断问题。资本制度改革不是孤立而为的，而应当予以系统性审视，同时考虑其与其他配套制度的联动与交互作用。资本制度改革的核心在于如何调整资本流入和资本流出的法律规制模式和强度，以达成更有效率的公司资本制度。基于此，本书循自治与强制视角，用系统论的观点对我国公司资本制度进行体系化审视与解读，以求解我国公司改革的变革逻辑与革新价值。

二、选题意义

本书的研究具有拓展基础理论、裨益公司立法以及指导公司实践等多重价值。

首先，尽管学界对公司资本制度的研究较多，但由于研究者视角的差异，不同学者的理论认识并不一致，在该领域仍然存在诸多争议，有待进一步凝聚共识。特别是既有的研究呈现出了理论抽象与具体规则之间的断裂，或者过于强调理论上的应然状态，停留于理念性的公司资本研究层面，又或者拘泥于一隅，无法从资本制度整体上予以体系化审视。本书选取自治与强制及体系化的视角，并提出了实体性论证规则，有助于进一步推进公司资本理论的延伸。

其次，适逢《公司法》刚刚进行了结构性修改，于 2024 年 7 月 1 日实施。对于我国商事实践中的难题，譬如无限期认缴制、加速到期规则、股权转让后出资义务的承担等问题，尽管新公司法给予了个别回应，但个中矛盾与争议仍存。通过对公司资本制度的理论剖析和比较研究，循自治与强制的视角对资本制度予以系统性分析,不但能从立法者的价值判断立场上予以求解,也能够为下一步的公司法司法适用及司法解释提供有针对性的帮助。

最后,近年来,我国商事领域持续创新,这对我国的公司资本制度构成了诸多挑战。例如,对赌协议的出现对我国资本制度中的抽逃出资规则和利润分配规则产生了系统性的冲击;加速到期纠纷则给认缴制度本身带来了严重冲击。随着商事创新的不断深入,我国公司资本制度面临的新问题也日益增多,迫切要求公司制度紧跟时代步伐,进行相应的改革与完善。本书也将因应实践需求,对对赌协议、加速到期等实践中的争议进行深入分析,通过案例分析和实证研究,为我国公司资本制度的改革提供有益参考,以促进我国商事实践的健康发展。

总之,通过本书的研究,作者期冀能够从解释论的视角诠释我国2023年《公司法》的资本制度改革路径,并为下一步的资本制度改革提出建设性的改革思路,为相关立法、行政与司法部门提供既有理论价值又有可操作性的改革建议,为构建我国内在协调、配套完善的资本制度提供一定的智力支持。

第二节 研究方法

公司资本制度关涉法学、经济学、管理学等多个学科,自始至终都不限于单一的研究方法。从域外的研究来看,大陆法系的学者在公司资本领域的研究多使用法律逻辑推理、功能比较等方法,而英美法系的学者多通过逻辑推理、实证论证、法经济学分析等方法。本书综合性地运用了历史研究、法经济学、比较研究、系统论等研究方法。

一、历史研究方法

法律制度的产生和发展均与其时代背景及社会环境互动影响。通过剖析不同国家资本制度的历史起源和发展演变,对比我国公司资本制度从域外引入本土生长的背景,以及我国自 1993 年《公司法》至今 6 轮不同程度的资本制度改革,探究时移法易的历史规律,总结经验得失,有助于辨明我国未来资本制度发展的方向。

二、法经济学研究方法

公司是契约的集合,成本收益分析以及相关主体的利益衡量是制定公司法律规范的基本准则,资本制度也不例外。不同的资本制度有不同的价值取向,体现了公司、股东及债权人之间利益的博弈。从法经济学"成本"及"交易费用"的视角审视资本制度,我国资本制度的设计既应考虑各方利益的平衡,又要在商言商,遵循成本效益原则。

三、比较研究方法

纽约大学亨利·汉斯曼教授和哈佛大学雷尼尔·克拉卡曼教授曾经指出,比较法上的功能分析和法经济学分析同等重要。[1] 因此,本书在多处用到了比较分析的方法。首先,通过对美国、欧洲部分国家、日本及韩国资本制度及其历史起源和发展路径的探究,阐释世界范围内资本制度的演变方向和发展趋势;其次,通过分析目前我国公司资本制度改革中存在的问题,借鉴域外国家资本制度中相关成熟经验,为我国资本制度及相关配套措施的完善提供具有前瞻性的改革方案。在域外制度与

---

[1] See Henry Hansmann & Reinier Kraakman, *What is Corporate Law*?, in R. Kraakman and P. Davies eds., The Anatomy of Corporate Law: A Comparative and Functional Approach, Oxford University Press, 2004, p.4.

本土制度比较研究的基础上,充分考量我国的本土资源,予以本土化制度建构。

四、系统论研究方法

系统论为我们提供了一个更加全面和体系化认识世界的方法,对公司资本制度的研究具有重要意义。我国传统资本制度的研究多强调资本形成(资本流入)阶段的资本规制。本书以系统论为指导,并未将研究视域局限于公司资本形成阶段,而是注重从资本形成(流入)和资本流出两个维度对公司资本制度进行体系化的研究。

第三节 基本框架

我国公司资本制度源自大陆法系的法定资本制,虽经历次修改,但在资本规制的价值尺度和规范技术层面仍有缺憾,如资本规制体系性不足、同类效用规则之间缺乏协调性、规制强度还需弱化等。前述问题散落于资本形成与资本流出阶段,需要以系统论为指导,循自治与强制视角进行体系化分析。基于此,本书旨在现有研究的基础上,梳理公司资本制度的历史和理念,以自治与强制为视角,以利益平衡为框架,运用法经济学、系统论等多种研究方法对我国公司资本制度进行全面检视,以推进该领域研究的理论纵深、裨益公司立法并指导公司实践。

第一章"我国公司资本制度的历史演进与比较法坐标"是本研究的逻辑起点。探究时移法易的历史变迁,借鉴域外制度的先进经验,研究我国资本制度的最新改革成果,有助于明晰我国资本制度改革的定位与方向。首先,本研究从历史的角度系统梳理了我国公司资本制度的规范变迁:自1993年《公司法》颁布以来,我国资本制度的规制强度虽得以不断削减,但在体系化和协调性方面仍存制度缺憾。其次,从比较法视角为我国资本制度的规制强度划定了坐标:我国公司资本规制强度强于美国公司法,部分方面甚至超过了代表法定资本制的德国。除整体高企的规制强度之外,我国公司资本规制还存在一定程度的宽严失度、体系化不足等系统性问题。因此,应在理论上廓清资本制度中自治与强制的界限,并在此基础上妥当调整资本制度立法的价值立场。

第二章"公司资本制度的自治基础与强制缘由"构成了本研究的理论基石。通过对公司资本制度的功能取舍、资本规制的价值冲突、资本规制的成本效益三个方面的系统论证,分析了公司资本自治的逻辑基础和强制规则的介入因由,认为公司自治为资本制度之本位,而对公司资本的强制应当具有正当性理由。第一,对公司资本的功能及其取舍进行了剖析,认为公司资本制度应定位于资本的原始功能,而对其附加的债权担保功能应当削减。第二,对资本规制所涉及的价值冲突和规范顺位进行了衡量,认为效率及其基础上的自治规范应处于根本地位,安全价值的介入应以必要性为限。第三,通过法经济学方式进行了成本效益分析,认为唯有强制收益超过强制成本时,公司资本强制措施方有介入必要。第四,公司资本制度中自治与强制划界有两项实体性论证规则,即强制性规范的介入需要满足以下两种情形方具有合理性:其一,当涉及社会公共利益或者缘于公共性目的时,方可由国家对公司施加强制性干预;其二,对于私人利益的保护,当国家强制的成本低于公司自治的成本时,亦可使用强制性规范。

第三章"公司资本形成规制"对公司资本形成阶段的各规制要素进行了自治与强制视角下的审视。资本形成在性质上系股东与公司之间的组织法契约,应以自治为本,强制为辅。第一,因应商业实践的需求,何种财产形式可以出资的判断权应当交由公司自治;第二,对于出资期限而言,无限制的出资期限在实践中已经带来诸多问题,强制性的限期认缴及出资加速到期有利于平衡公司利益关系;第三,就股份发行价格而言,随着资本信用到资产信用理念的变迁,票面价值已经失去意义,无面额股制度理应为我国的立法选择,从而引导投资者关注公司股份的真正价值;第四,就股份发行机制而言,法定资本制下股份的一次性发行程序复杂且低效,应在所有类型公司中引入授权资本制,将股份发行权限赋予负责公司经营的董事会。

第四章"公司资本流出规制"对资本流出中的各规制要素进行了剖析,在资本流出阶段,应当建立对资本交易的统一规制条款,并且调整各资本流出类型的规制强度使之相互匹配协调。第一,公司法应从实质而非形式上合理界定"分配"的内涵,股利分配、股份回购及实质减资都可以归入"实质分配"概念之中,我国利润分配规则自治性过弱,应进一步调整规制强度,降低公积金提取要求;第二,应当给予公司安排自身财务状况与减资的自由,以"实质分配"基础上的资产维持来保障外部债权人的利益;第三,公司股份回购应纳入"实质分配"概念之中,放归商业判断,并基于资本维持强度施加相应的财源限制。

第五章"我国公司资本制度改革与展望"为本书研究的落脚点,旨在总结本轮公司资本制度改革的经验,同时思考我国资本规制体系下一步的发展方向。资本制度是我国历次公司法修改的重点,本轮修改亦丰富和完善了公司资本制度。第一,在资本制度的前端,扩大了可以用于出资的财产范围,增加了催缴失权制度;在有限责任公司中增加了股东认缴期限的规定,并全面肯定了股东认缴出资的加速到期制度;在股份公司中引入了授权资本制和无面额股制度。第二,在资本制度的后端,明确了违法分配利润和违法减资股东及负有责任的董事、监事、高级管理人员的赔偿责任;完善了抽逃出资责任承担规则;增加了禁止财务资助制度及其例外规则。下一步,在具体资本规范的调整上,应当协调各类资本交易行为之间的规制强度差异,维持规制体系的一致性,并强化信息披露、合同、担保等其他法律机制的配套跟进。

第一章

我国公司资本制度的历史演进与比较法坐标

公司作为组织法规则的连接点,牵涉股东、公司、债权人等多元利益主体,在公司内部又涉及股东会、董事会、监事会、管理层等多元治理机构,共同造就了资本流入、资本流出、资本退出等环节的复杂交易形态。我国《公司法》自1994年实施至今,已历经数次修改,每次修改均不断降低公司资本制度的规制强度,其中的考量因素繁芜丛杂。然而,公司法理论上对公司资本规制强度的设定及其决定因素和考量因素等问题,仍有待结构性探讨和系统性思考。在公司法的全球竞争中,资本规制的强度及规范设置是影响我国公司法竞争力的重要因子,因此亦有必要对我国公司资本规制的强度寻求比较法上的定位。

第一节 我国公司资本制度的规范变迁与理念演进

我国公司法是在改革开放的背景下,为构建社会主义市场经济体系而建立的制度。自1993年首次颁布以来,我国公司法已经经历了6次修改,并辅以最高人民法院发布的5部司法解释,逐步形成了现行的规范体系。2019年5月,全国人大常委会法工委启动了新一轮修订工作,至2024年7月1日,新修订的《公司法》实施。2023年《公司法》对我国资本制度进行了重要调整。在2023年《公司法》实施之际,回顾过去30年中国公司资本制度的发展得失,不仅能为公司法的修订提供历史参考,而且可为公司法未来的持续创新和发展奠定规范基础。

一、公司法修改与我国资本制度的规范变迁

我国公司法在很大程度上继受自大陆法系。1993年《公司法》肇始,在股东出资和股份发行规范上即以日本和我国台湾地区的法定资本制为蓝本,之后经历多次修订和修正,公司法立法沿循着"严格的法定资本制"→"缓和的法定资本制"→"宽松的法定资本制"→"授权资本制"这条渐进道路逐步放松管制、强化自治。但是历史地看,我国现行公司法在某些制度上仍呈现出保守的特征,并未从根本上撼动法定资本制的基础性地位。2013年的公司资本制度改革取消了最低注册资本额以及实缴的要求,大幅调整了原来的资本规则,代之以"全面认缴制"并取消了验资程序。这样的制度安排大幅削减了法定资本制的元素,体现了从强制到自治,从事前规制到事后规制,从强调保护债权人利益到追求公司、股东及债权人的利益平衡等方面的积极尝试。这次立法改革的确在一定程度上激活了投资者的创业热情,便利了企业设立,但也产生了一些负面效应,造成公司实践中的一些新困惑。2023年《公司法》对此也进行了回应,在股份公司引入授权资本制和无面额股制度以提升公司的融资效率。

基于以上背景,应当从历史回溯及改革前瞻的视野分别探寻我国公司资本制度立法理念转换的内在逻辑,对现行公司资本制度进行检讨,针对资本制度实践运行中出现的问题,探究在改革公司资本制度时,如何在固有的公司资本制度的惯性思维与市场及公司商事实践的需求之间寻求平衡。

我国的公司法律制度是其历史发展的结果。我国公司法的制定及历次修改,都深深地打上了时代的烙印,与特定历史阶段的宏观经济政策、经济社会协调发展水平、国际化进程、公司法理论研究和法律实践等因素紧密相关并深受其影响。从全球化的角度来看,资本制度的改革是一个持续放松的过程。回顾和分析不同历史时期资本制度立法和修改的背景,客观地评估每次修改的价值,对于准确理解我国资本制度的历史演变、探寻其发展轨迹,探索资本制度未来的发展方向,使其更符合中国的公司实践并促进中国公司制度的持续发展,具有极其重要的意义。

(一)规制严格的法定资本制

20世纪80年代,尽管在法律层面上《公司法》依然缺位,但我国实践中已经存在大量以"公司"为名的企业。鉴于新生的市场机制与尚不成熟的法治环境,为了防止实践中滥设公司,尤其是滥设"皮包公司",防止泛化的经营风险波及无辜债权人,1993年《公司法》在资本制度上选择了严格的法定资本制。1993年《公司法》严格的资本规制措施,"毫无疑问地以资本信用为基础构建了自身的体系。从公司资本制度到公司出资形式,再到公司权利能力和行为能力的限制无不体现了资本信用的明晰观念和要求"①。其目的是保障市场秩序及交易安全,防范损害债权人利益的行为。

1993年公司立法选择了法定资本制,在一定程度上契合了我国市场经济体制刚刚建立的现实需求,具有一定的合理性。②但也有学者认为,它受制于计划经济旧体制,存在天然的制度缺陷。③ 1993年《公司法》所

---

① 赵旭东等:《公司资本制度改革研究》,法律出版社2004年版,第6页。
② 参见袁碧华:《我国公司资本制度改革研究》,中国政法大学出版社2016年版,第41页。
③ 参见赵万一、卢代富主编:《公司法:国际经验与理论架构》,法律出版社2005年版,第5页。

规定的公司资本制度显示出极高的强制性甚至是严苛性,如较高的最低资本限额,股份有限责任公司为1000万元,上市公司为5000万元,有限责任公司则根据生产、零售、咨询等不同性质分别规定为50万元、30万元和10万元,并要求一次性实缴全部出资,不允许分期缴纳。显然,1993年《公司法》存在强制性过甚、灵活性不足的问题,限制了公司的经营活动空间,与市场环境不相容,与市场经济的进一步发展不相适应。过高的公司设立门槛极大阻碍了人们投资创业的积极性和可能性,也阻碍了实践中公司的发展。随着公司的发展,严格的法定资本制与市场需求之间的矛盾不断加剧,成为阻碍公司发展和商业经营的突出障碍。实践表明,严格法定资本制下,诸多的强制性规范并未起到预期的作用,反而助长了为规避高额注册资本而产生的虚假出资、抽逃出资等违法行为的不断发生、屡禁不止和愈演愈烈,严重损害了既定法的权威。随着公司法理论研究的深入,学界逐步认识到,随着公司经营活动的开展,公司资产会不断发生变化,将资产维持在注册资本的水平基本是不可能的。静态的注册资本数额并不能真实反映公司的偿债能力,注册资本的债权担保功能和债权人保护功能不断减弱,债权人真正关心的是公司的实际经营状况和实际资产状况而不是公司静态的注册资本额。总体而言,1993年《公司法》规定的严格的法定资本制已经不能适应我国社会主义市场经济发展的需要,需要以放松管制为导向的改革和优化。

(二)法定资本制的初步缓和

自2001年中国正式成为世界贸易组织的一员以来,国内外经济格局与竞争态势的深刻变化,对我国公司制度的完善提出了更为急迫的期望。为紧跟资本市场的发展步伐,提升公司治理效能,并顺应经济演进的内在规律,2005年《公司法》在立法导向上选择了放宽监管、强化自治的路径,对公司资本制度进行了系统性的调整,采取了更为灵活的法定资本制框架。具体而言,2005年《公司法》不仅显著调低了法定最低注册资本标准,其中有限责任公司降至3万元,股份有限公司则设定为500万元;还允许出资额分期缴纳,为有限责任公司及发起设立的股份有限公司设定了2年的宽限期,而投资公司则延长至5年;同时,拓宽了非货币出资形式的范畴,并对公司担保、对外投资、股份回购等方面的限制进行了适度松绑;更进一步的是,废除了强制性的验资制度。这一系列改革举措彰显了我国法定资本制从严格走向宽松的趋势,也促使理论界与实务界就公司资本制度的本质达成了新的共识:公司资本相关事务应更多地视为公司内部治理的范畴,属于公司和股东自治的范畴,而非过度依赖法律的强制性规定。此外,2005年《公司法》还创新性地引入了公司人格否认制度等新型法律机制,标志着我国在保护公司债权人权益方面,正从高强度的前端资本规制向后端灵活的司法救济转变,不仅体现了债权人保护策略的多元化发展,而且标志着我国公司资本制度在国际化的进程中迈出了重要一步,更加贴近国际先进标准,符合现代公司法的发展趋势。

2005年《公司法》在资本制度方面降低了市场准入的门槛,赋予公司更多的自治空间,在鼓励投资和促进创业方面发挥了积极作用。2005年《公司法》不再只是针对国有企业适用的法律,而是对公司商业实践中各种类型的公司具有普遍约束力和广泛适用性,成为具有"普适性"的法律规范,体现了法律面前人人平等的原则。总体而言,2005年《公司法》的修订适应了市场经济的新要求,促进了我国公司资本制度的发展。遗憾的是,虽经较大篇幅修订,但既有的法定资本制的实质并未改变,立法也并未放弃"债权人利益导向",仍然将公司资本作为债权担保的基础,资本制度的强制性及行政监管色彩依然浓厚。

(三)法定资本制的进阶缓和

2005年《公司法》虽然较之以前严格的法定资本制有所放松,但"重管制、轻自治"的色彩并未完全抹去。随着市场经济尤其是资本市场的发展,社会各界也提出了继续改革公司资本制度的迫切要求。为了进一步适应我国经济社会的发展,2013年《公司法》对公司资本制度进行了大幅度的调整,不仅彻底取消了最低注册资本的限制,而且取消了首次出资比例及现金出资比例的限制,将资本缴纳制度改为完全的资本认缴制。

2013年的资本制度改革,立法秉持了从债权人利益保护导向转向鼓励投资和兼顾公司、股东利益的导向,从强调资本信用转向重视资产信用,资本缴纳制度转变为完全的资本认缴制,是我国公司法理念及规制方式的一次重大突破。但2013年《公司法》在许多事项上仍基于路径依赖,保持了一贯的保守倾向。例如,对于本应属于公司自治范畴的出资形式,2013年《公司法》并未作出调整,仍然沿用了2005年《公司法》第27条第1款"实物、知识产权、土地使用权等可以用货币估价并可以依法转让的非货币财产作价出资"的限制性规定;对于资本运行阶段的规定,则仍然存在股利分配标准僵化、资产信息披露不足、资本责任规制不足等问题。结合修法背景,2013年《公司法》修正是"由国务院推动的、行政主导的改革,以'宽进严管'为指导原则,旨在进一步降低公司设立门槛,鼓励投资兴业,深化市场经济改革"[①]。因此,从一定意义上讲,2013年《公司法》修正是政府转变职能背景下的政策性修法,而并非基于立法者对公司法逻辑的深刻反思或是对公司实践的积极回应。因此,2013年的资本制度改革在体系化方面考虑不周,尤其在信用机制、信息公开制度等配套机制尚不完善的情况下实施完全的认缴资本制,导致债权人的合法权益无法得到有效保障。

(四)法定资本制与授权资本制的混合并存

2013年的资本制度改革在理论界引发广泛关注,不少学者对此持批

---

① 李润生、史飚:《论我国现行公司资本制度的变迁、定位及未来发展——以2013年〈公司法〉修改为视角》,载《湖南社会科学》2015年第6期。

评态度,认为此等改革缺乏公司实践基础,并不适合我国国情,尤其是缺乏经济生活基础和普遍的文化认同,导致债权人利益失衡并损及交易安全。全面认缴制实施10年以来,出现了资本缴纳期限过长、实缴资本率低、公司运营中随意增减资等一系列问题,很难说认缴制改革的实施达到了预期的立法效果。因应实践需求,2023年《公司法》在股份公司中引入了授权资本制。授权资本制因其具有提高融资效率、优化公司治理结构的作用,符合公司法的发展方向,也回应了我国公司的实践需求。遗憾的是,2023年《公司法》仅在股份公司场合适用授权资本制,而对有限公司则继续适用法定资本制和认缴制组合。尽管这种法定资本制与授权资本制的混合并存模式在一定程度上缓和了法定资本制及全面认缴制的弊端,但对不同类型的公司施以不同的资本形成制度,差异化的制度安排仍带有明显的强制色彩。应当继续放松资本管制,赋予有限公司更多的自治权,允许其自主选择资本发行方式。

二、我国公司资本制度的理念演进

日渐成熟的公司资本制度对推动我国公司实践发展,促进经济和社会繁荣起着至关重要的作用,而观念层面的立法理念则引导着资本制度层面复杂的制度体系与具体规则变革。从我国资本制度的演变过程来看,在30年的公司立法及司法实践中,在以下方面发生了深刻的理念转换。

(一)从资本信用向资产信用的转换

20世纪80年代中期,面对公司设立热潮可能带来的市场乱象,中国政府采取了将资本作为宏观调控杠杆的策略,设立了一系列公司准入的门槛。此举在公司法诞生之初便构筑了一个"资本神话"的概念框架,该框架将资本视为衡量公司资质与信誉的核心指标。随后,通过广泛的理论倡导与实际运作,这一"资本神话"逐渐深入人心,成为社会各界普遍接受的观念。基于对"资本神话"的深刻信仰,立法者在构建公司资本制度时,紧紧围绕着资本的债权担保功能展开,精心设计了一系列旨在保障债权人权益的法定规则,如设定严格的最低资本额标准、规范公司出资形式等。这些规则共同构成了我国公司法体系下的公司资本制度,其目的在于通过强化资本的约束作用来维护市场秩序。然而,这一制度设计也在不经意间将公司的信用标准单一化、固化了,使市场参与者在评估公司实力与信誉时,过分依赖于资本这一单一指标,而忽视了其他同样重要的因素,如公司的管理能力、市场前景、技术创新能力等。这种对资本的过分依赖,既限制了公司的多元化发展路径,也在一定程度上抑制了市场活力的释放。正如赵旭东教授所言,市场主体只关注交易相对方的注册资本数额而忽视了对公司整体资产状况的了解;债权人只关注债务人公司在设立时的注册资本数额,而忽视其目前的真实的资产价值和资产状况;只相信公司注册登记和营业执照上的表面信息,而忽略了中介机构对公司资产的实际调查和评价;只依赖于公司自身财产对债权的保障,而放弃了公司注册资本之外各种担保手段的采用。①

公司的信用基础应当是资产,而不是资本。资产是公司对外承担责任的物质基础,公司的偿债能力不仅取决于资产的总量,还取决于资产的具体构成,又取决于有效资产在总资产中所占的比重,以及公司调动和利用资产的能力(包括融资和资金归集等方面的能力)。实践表明,某一公司的信用能力,不仅取决于公司注册资本的数额,更要综合包括总资产、资产构成、负债率、权益性收益等多方面的因素。② 2013 年《公司法》改革之后,取消了最低注册资本额、首次出资比例及现金出资比例的限制,取消了验资制度,加之完全认缴制的实施,标志着完全的单纯的资

---

① 参见赵旭东:《从资本信用到资产信用》,载《法学研究》2003 年第 5 期。
② 参见周友苏、张异冉:《从事前预防到事后规制——最低注册资本制度改革审视》,载《社会科学研究》2015 年第 2 期。

本信用神话已告破灭。对于债权人保护而言,更为重要的信息是公司的具体资产状况而非抽象的注册资本,他们亦应当更多地关注现实的公司资产状况、发展前景等,而不仅仅是写在纸面上静态的注册资本。

(二)从严格管制向自治理念的进化

在市场经济条件下,公司自治与管制均具有不可忽视的价值。自治代表着公司的经营自主权。作为商主体的公司,其目的在于营利,只有在充分尊重公司自由意志、保障公司营业自由的前提下,才能最大限度地发挥公司的积极性和创造力,提高其市场竞争力和财富创造能力,最大限度实现公司的营利性目的。政府管制则是政府出于公共利益之考量,为维护社会公平和交易安全而对公司进行的约束。公司作为商主体,典型的特征在于营利性,但其很可能在追求自身利益最大化的过程中不择手段,损害债权人利益或者危害社会公平,若不对其行为加以限制,会无限扩大交易相对人的风险,危及交易秩序。必要的政府管制本无可厚非,但是,我国原有的公司资本制度基于对资本信用的迷信,设计了一系列管制色彩浓厚的强制性规范,挤压了公司的自治空间,不利于公司的设立及公司资本的筹集。事实上,自治是公司的本能,筹集资本属于公司的内部事项,应以任意性规范为主,政府约束太多、管得过严,不仅无法维护交易秩序和交易安全,反而可能损害公司的自治性,进而影响商事效率。

回溯我国的历次资本制度改革,总体思路是不断放松管制并扩大公司的自治空间,以寻得政府管制和公司自治间的平衡。一方面,通过不断降低市场准入的门槛,实现鼓励投资的目的;另一方面,亦要对成立后的公司继续实施一定程度的法律规制,但规制仅是手段,并非立法目的。美国、德国等国家的经验也已表明,通过放松管制、强化自治的资本制度改革,公司的融资渠道更加通畅、便利,这样的资本制度也更具有吸引力。就我国而言,2013年修正的《公司法》于2014年3月1日实施,到

2014年8月底全国新登记注册企业逾192.7万户,同比增加61%,[1]修法的积极效应立竿见影,也充分证明了资本制度上放松管制、强化自治理念转变的合理性。2023年《公司法》的修改更是秉承了这一理念,为提高公司的投融资效率,进一步完善了我国的公司资本制度。例如,在股份有限公司中引入授权资本制,给予公司筹集资本以更多的自治性和灵活性;允许公司根据章程选择面额股或者无面额股,降低了公司的融资难度,扩大了公司资本的自治空间。

(三)从事前预防到与事后救济并举

传统的立法思维模式通常是,只要存在危害他人正当利益的可能性,就应以强制手段加以抑制,以维护利益平衡。循此,我国的资本制度在立法之初就试图以严格的法定资本制强化管制以抑制风险产生的源头,从而防范风险,平衡公司股东与债权人的关系。正如朱慈蕴教授所言,"中国公司资本制度的变革一直集中在前端"[2]。这种"单向性"思维模式,虽然操作简便,但实际效果其实不佳。这种以高成本换取低回报的方式,无法实现社会整体效用的最大化。依照2005年之前的《公司法》规定,不经验资这一必经程序,公司无法在登记机关注册登记。验资这一制度的设计是通过专业机构和专业人员的职业行为保障股东出资的真实性和出资财产的货真价实,虽然在一定程度上也能起到保证出资真实的作用,但同样存在验资机构了解和掌握信息的局限性、公司设立阶段的验资障碍、验资报告与公司实际资产脱节、虚假验资与恶意串通等诸多受到广泛诟病的积弊。[3] 2013年《公司法》取消了验资程序,并不意味着在立法上放弃了资本真实原则,只是行政机关将事前管控后移,

---

[1] 参见龚雯、白天亮:《改革强度 蹄疾步稳更有序——来自全面深化改革实践的观察与思考之四》,载《人民日报》2014年10月5日,第1版。

[2] 朱慈蕴、皮正德:《公司资本制度的后端改革与偿债能力测试的借鉴》,载《法学研究》2021年第1期。

[3] 参见黄耀文:《认缴资本制度下的债权人利益保护》,载《政法论坛》2015年第1期。

即从所谓的"严准入宽监管"转变为"宽准入严监管",从事前预防转向事中监控和事后救济。最低资本额制度的废除也体现了我国从事前预防到事后救济理念的转换。最低资本额制度也是一种事前防范措施,不论公司对资本的需求状况如何,也不论公司可能发生的负债情况,法律一律强制性地统一规定股东出资的最低限额,其实质是要求公司在成立之初就有一定的责任财产作为偿债的基础,防范以后可能发生的偿债不能。2013 年的立法修正则更侧重于事后救济,只有公司不能清偿到期债务且这种清偿不能与公司股东恶意逃债存在因果关系时,法律才加以干预和调整,这既是立法理念上从事前预防到事后规制转变的体现,也是从强调行政强制到重视司法救济的体现,使法律的规制既不损害无辜股东的利益,又有效地保护了债权人的利益,进而实现公司、股东和债权人之间的利益平衡。资本规制的有效途径是强化责任机制,"责任规制可以对信息的传递与资产的安全起到有效的事前威慑及事后补偿作用,对资产安全与信息披露发挥着增信作用"[①]。2023 年《公司法》强化了董事责任机制,规定了包括抽逃出资,违反《公司法》的规定分配利润和减少注册资本,以及为他人取得本公司股份提供财务资助时董事、监事及高管的赔偿责任,这种事后的救济模式是对债权人利益的有力保障。

(四)从债权人利益保护导向到利益平衡导向

公司中交织着各种利益冲突:就公司内部而言,既有股东与股东之间的利益冲突,也有股东与高管之间的利益冲突;就公司外部而言,则主要是公司股东与债权人之间的利益冲突。资本制度规范的主要目的就是实现股东与债权人之间的利益平衡。公司是营利性组织,保护公司和规范公司运行的公司法更应当从社会成本的角度考虑公司相关主体之间的利益平衡,应当以社会成本最小化、效益最大化为目标来实现这种

[①] 仇晓光:《公司债权人利益保护的法经济学分析》,吉林大学 2010 年博士学位论文,第 82 页。

利益平衡。

公司中的利益冲突不是必然的。客观而言,公司股东与债权人在大多数情况下是利益一致的。股东与债权人都希望公司盈利,因为盈利通常意味着债权人可以获得债务清偿,而股东也可以获得投资回报。但不可否认的是,股东与债权人在某些情况下存在利益冲突。这种冲突的根源在于两者法律地位的不同。股东作为公司内部人,有权参与公司的决策,并享有利润分配请求权和剩余财产分配请求权,且受到有限责任的保护。在一定程度上,股东有天然地通过各种安排将风险外化给债权人的冲动。实践中也确有股东以较少的资本投入操纵公司高负债经营,或通过抽逃出资、关联交易、盈余分配、股份回购等方式转移公司财产,损害债权人利益的情形。我国曾通过最低资本额、验资等制度加以预防,以期充分实现对债权人利益的保护,但现实的公司实践已经证明了公司的注册资本只是一个静态的数字,公司的财产则不可避免地在经营过程中发生变化,依靠注册资本担保债权人的债权实现无疑是不现实的。正如有学者所言,严格的法定资本制度是以牺牲公司的自由活动范围为代价,达成所谓的"保护债权人利益"的目标。[1] 严格的法定资本制度提高了投资门槛,可能导致资本闲置,因此被认为是一种高成本、低效率的制度。2013年《公司法》废除最低注册资本额制度后,公司资本制度的价值取向不再是过分关注于保护债权人利益,而是更倾向于保护投资人的投资自由及公司对其资本的经营利用,充分发挥资本的效能,从而增加社会财富总量;债权人也不再迷信注册资本额这样一个静态数字,而是更加关注公司运行过程中动态资产的变化,将其作为选择交易对象和进行交易决策的重要参考指标,并据此合理评估风险。2023年《公司法》限期认缴制以及出资加速到期制度的规定在一定程度上矫正了不合理的出资期限,平衡了各方的利益关系。

---

[1] 参见彭冰:《现行公司资本制度检讨》,载《华东政法学院学报》2005年第1期。

(五)从安全价值优先到效率价值优先

任何法律制度的构建都离不开其背后的价值追求及法律理念的支撑,资本制度的冲突本质上就是价值观冲突的延续。不同的价值理念之间必然存在矛盾,公司法律制度中也如影相随地存在效率价值与安全价值的碰撞。维护交易安全是法的重要价值取向,也是民商法中的重要原则。效率与安全均是公司法也是公司资本制度设计中应当予以考量的因素。为了保障交易安全,应当减少和消除商事交易活动中蕴含的不安全因素,保证交易行为法律后果的可预见性。过去很长一段时间,公司资本制度一直被认为具有担保债权的功能,认为只要避免公司资本的随意增减,使其维持在注册资本相当的数额,就能保障公司的偿债能力进而保护债权人的利益。因此,"安全"一直是我国公司资本制度的首要价值目标。

自法律经济学诞生以来,效率价值日渐成为重要的法价值目标。效率是衡量社会发展水平的重要指标。作为经济学的基本概念,效率是指从一个给定的投入量中获得最大的产出,即以最少的资源消耗取得同样多的效果,或以同样的资源消耗取得最大的经济效益。[①] 公司作为商主体,应以利润最大化为终极追求,以创造更多的利润与社会财富为己任。公司资本制度不仅要维护社会公平和交易安全,还应在最大限度地利用社会资源以获取效益最大化方面体现其立法理念。我国《公司法》的修改,更多转向了对效率价值的追求,围绕公司的营利性展开制度设计,力求尽可能地降低交易成本以激发市场活力、提高效率和促进社会财富增长。

---

① 参见冯果:《现代公司资本制度比较研究》,武汉大学出版社2000年版,第15页。

第二节　公司资本规制的强度坐标

资本制度和治理制度是公司的两大支柱制度,两者相互配合、相互支撑、相互作用,共同促进公司法治目标的实现。资本制度关系着公司的独立人格,关系着公司的经营管理,也关系着公司对外承担责任的行为能力,其重要程度不言而喻。[1] 作为公司设立、经营和分配基础的资本制度,与公司各利益主体的利益获取紧密联系,贯穿公司从设立到解散的全过程。立法者创设公司资本制度的最初目的是维持企业的经营可持续性,区分资本和利润,使分配的范围以利润为限。[2] 但为了调和股东与债权人之间的利益平衡,其也有一定的保护公司债权人的功能,为了实现这些目的和功能,公司法赋予公司及股东一系列的义务要求,这种制度安排即公司资本制度。从各国立法例来看,资本制度大致可划分为以欧盟公司法为代表的强资本规制模式和以美国公司法为代表的弱资本规制模式。基于商事交易具有国际性和共通性的特征,有必要以全球视野比较确定我国公司资本规制的强度坐标,以检视我国公司资本制度的立法妥当性。

狭义上的资本制度被认为是关于公司资本的形成、维持、退出等方面的制度安排;广义上的资本制度则是关于股东投资和公司资本运作的概念、规则网结而成的一整套制度体系。公司资本制度设计的优劣关涉公司的设立成本和运营灵活度,关系到股东、债权人、职工等公司参与人的利益,也影响着商业群体的创富动因和投资信心,直接衡量着一国是否为最佳的投资与创业之地。[3] 所以,在全球化的经济竞争时代,公司资

---

[1] 参见赵旭东等:《公司资本制度改革研究》,法律出版社2004年版,第3页。
[2] 参见王军:《中国公司法》(第2版),高等教育出版社2017年版,第43页。
[3] 参见傅穹:《重思公司资本制原理——以公司资本形成与维持规则为中心》,中国政法大学2003年博士学位论文,第8页。

本制度的安排对一国经济发展具有战略性的意义。在长期商业实践经验的指引下,在理论界与实务界的互动影响下,各国公司法的资本规则呈现出相互交融的态势,形成了大量的共识。例如,"公司资本制度应以赋权型规则为主;以致力于推动企业效率化筹资与提升国家经济竞争力为终极目标;以最低的成本实现公司资本的形成;以充分的公司经营自治谋求筹措资金的机动化;以积极回应商业现实需求的态度给投资者以切实的投资回报并留有投资的退出渠道;以中性规制的理念平衡公司参与人的利益冲突,从而实现公司参与人利益双赢,开发社会资源并创造社会财富,进而构建一个符合竞争经济的现代公司法"[①]。从20世纪60年代起,许多国家对本国的公司资本制度进行了不同程度的变革,一系列传统的资本规制理念及法律规则被刷新。

一、以欧盟[②]为代表的强资本规制模式

在传统公司法的格局之下,大陆法系的法定资本制和英美法系的授权资本制均有着可以自圆其说的逻辑内涵。20世纪中叶以后,尽管法定最低资本的要求依然存在,但大陆法系国家为了鼓励投资、繁荣经济,纷纷对本国的资本制度采取了更具灵活性的态度,改注册资本的一次性缴付为分期缴付。欧盟的建立也使欧盟内部的资本制度呈现了竞争态势,"简单地说,是坚守传统的以防弊为主流观念的德国模式的法定资本制度,与顺应潮流倾向选择以兴利为主导理念的英美模式的授权资本制度的冲撞"[③]。这实质是一场欧盟内部各成员国之间的制度竞争,在统一市场之下,英国宽松的资本制度吸引了德国、法国等国家的投资者。许多

[①] 傅穹:《重思公司资本制原理——以公司资本形成与维持规则为中心》,中国政法大学2003年博士学位论文,第2页。
[②] 鉴于相关内容研究的需要,本书仍将对英国制度的讨论纳入欧盟范畴之内。
[③] 傅穹:《重思公司资本制原理——以公司资本形成与维持规则为中心》,中国政法大学2003年博士学位论文,第4页。

人到英国注册公司,再以英国公司的名义回到本国开展业务,使德国、法国等国家在市场竞争中处于劣势。在制度竞争的压力下,德国、法国等国家不得不软化本国的资本约束,进行了一系列的公司法改革运动。在非公众公司层面,法国于2003年废除了其1984年《公司法》修订版中关于非公众公司5万法郎(约合7500欧元)的法定资本最低限额要求,允许股东自由确定公司资本;在新法生效后设立的公司,其注册资本"由公司章程"确定。在法律理念上,法国也开始了在有限责任公司层面植入授权资本制的努力,立法改革之后,主要营业地在法国的公司为享受特殊的立法利益而将公司注册在其他国家的"公司流出"现象大为减少。①2006年,芬兰也改革其公司法,将有限公司法定资本最低限额从原来的8000欧元调整为2500欧元,同时引入无面额股制度。1892年,有限责任公司在德国首创并作为成功的制度创新典范在全球范围内广泛传播,作为"创始人"的德国对此深具历史荣耀感,同时,德国学界和立法者也非常重视债权人利益的保护,因此德国继续保留了自1980年以来有限公司最低资本5万马克(约合25,000欧元)的标准,但作为有限责任公司的例外和补充,德国另行规定了一种没有法定最低资本要求的"创业公司"。2006年,德国在经历了长久的抵制后,面对欧盟一体化进程中来自英国及其他改制国家的竞争压力,着手改革其有限责任公司的资本法律制度,在2008年通过并于当年的11月1日施行了《德国有限责任公司法改革及防止滥用法》。事实上,相当多的欧盟国家仍对有限责任公司等非公众公司施加最低资本要求。截至2005年,仍有一些国家要求有限责任公司或者类似有限责任公司的非公众公司成立时必须拥有大量的最低实收股本。在股份公司层面,欧洲大陆还有很多国家维持了股份有限公司最低资本额标准。《德国股份法》第7条规定,股份有限公司的最低注册资本是5万欧元。法国和其他26个欧盟成员国及3个欧洲经

---

① See Eilis Ferran, *Principles of Corporate Finance Law*, Oxford University Press, 2008, p.91.

济区成员国按《公司法第二指令》要求,继续秉持股份公司的法定资本制度,包括不低于 25,000 欧元的法定资本最低限额。[1] 部分欧盟国家的最低资本要求如表 1[2] 所示。

表 1 部分欧盟国家的最低资本要求

单位:欧元

国家	最低资本要求	实缴资本要求
奥地利	35,000	17,500
丹麦	16,800	16,800
德国	25,000	12,500
希腊	18,000	18,000
匈牙利	12,170	12,170
卢森堡	12,500	12,500
荷兰	18,000	18,000
波兰	12,460	12,460
瑞典	10,650	10,650

为协调欧盟成员国的经济一体化,欧盟公司法指令中的公司资本规则不断修正。《公司法第一指令》主要规制公司设立与运营阶段信息披露的现代化,尤其是利用现代的信息传输系统实现信息公开和信息披露;《公司法第二指令》是典型的"债权人主导模式",对股份有限公司施加了法定资本限制要求,并对公司资本的形成与维持规则进行了全方位的规制,以防范可能的股东风险转移倾向。1999 年,欧盟统一市场简化立法委员会(Simpler legislation for the Single Market)对《公司法第二指令》进行"松绑、简化"改革,认为法定资本规则是"过于严格,甚至多余的,对现代公司的效率运营,尤其是上市公司的运营,起负面作用"的制

---

[1] See Second Council Directive 77/91/EEC, art. 6(1), 1977 O. J. (L 26) 1, 3.

[2] See Marco Becht, Colin Mayer & Hannes F. Wagner, *Where Do Firms Incorporate? Deregulation and the Cost of Entry*, Journal of Corporate Finance 14, No. 3, p. 241 – 256 (2008).

度安排,建议减轻《公司法第二指令》中关于法定资本条款的沉重负担。2001年,英国公司法审议委员会在其《竞争经济下的现代公司法最终报告》中指出,英国对公司资本形成与维持规则进行了全面的反思,其理念为:放松资本管制,为资本效率最大化的形成与运作提供最大的灵活空间;通过赋权型而不是强制性规则,寻求公司相关主体之间妥当的利益平衡。

综上所述,欧盟公司法仍倾向于保护债权人的利益,总体上处于法定资本制向授权资本制的变迁过程之中,一些法定资本制下的概念所承载的功能开始受到质疑,公司资本制度也进行了相应的修改,但如票面价值、法定资本、库藏股这些传统的法定资本概念依然存在,依然是公司资本形成与维持的规制标尺。欧盟大多数国家将最低资本要求扩张至非公众公司;作为公司股份对价的出资,仍然不得由承诺履行义务或提供服务来支付,现物出资仍须强制性的专家评估,无票面价值成为股份发行的一个可选择性安排;以法定资本作为公司资本维持的底线标尺,并适用于股利分配、对公司雇员的融资支持等领域;股份回购依然是以禁止为原则、允许为例外。这与致力于股东利益最大化和筹资机动性的美国资本制度相比,仍然存在理念上的巨大差异。

实证研究表明,2002~2005年有大约5.5万家来自欧盟其他成员国的私人有限公司在英国注册。如此众多的公司流入英国,与欧盟其他国家的最低资本要求之间存在关联关系。[1] 可以确定的是,如果仅从制度竞争的角度考量,显然取消了最低注册资本的英美法系国家的资本制度已经胜出。[2]

---

[1] See Marco Becht, Colin Mayer & Hannes F. Wagner, *Where Do Firms Incorporate? Deregulation and the Cost of Entry*, Journal of Corporate Finance 14, No. 3, p. 241 – 256(2008).

[2] 参见甘培忠:《论公司资本制度颠覆性改革的环境与逻辑缺陷及制度补救》,载《科技与法律》2014年第3期。

二、以美国为代表的弱资本规制模式

美国公司法一直走在公司资本制度变革的前沿,是各国仿效的对象,加拿大、澳大利亚等国家公司法纷纷借鉴了美国模式。美国公司资本制度的变革史,是一场以各州公司法的"竞争"为背景,以"追求效率与回应实践"为导向,以"放松管制且相信市场"为理念,以"赋权型规则"为主流的典型的资本制度改革。[①] 美国没有全国适用的统一公司法典,而是给各州立法机关提供一个可供选择或者部分选择的公司法范本,所以各州的公司立法不尽相同且差异较大。早在1928年,美国统一州法全国委员会即发布了《统一商事公司法》,由于立法技术和各州拒绝"统一"适用的联邦制传统,选择采纳或部分采纳该立法文本的州很少;1940年,全美律师协会开始起草《联邦公司法》;1943年,《联邦公司法》草案更名为《标准公司法》;1950年,全美律师协会商业公司委员会完成,并由美国法学会公布了《标准公司法》。1950年《标准公司法》的公布被认为是美国统一资本制度初步形成的标志,《标准公司法》被越来越多的州接受,仅到1979年就有35个州(包括华盛顿特区)实质上采纳了《标准公司法》。《标准公司法》公布后,全美律师协会商法部公司法委员会继续"致力于"评议和修订,并且事实上也屡次修订了《标准公司法》的条款,尤为重要的是1984年公布了修订版《标准公司法》。[②]《标准公司法》提取了美国部分州公司法中的精华,赋予公司及股东自由的权限,体现了自治的倾向,但它仍保留了一些法定资本的概念和制度。

1984年,美国在修订《标准公司法》之后形成了完整系统的授权资本制度,放松了资本形成阶段的资本规制。虽然从表面来看这似乎降低

[①] 参见傅穹:《重思公司资本制原理——以公司资本形成与维持规则为中心》,中国政法大学2003年博士学位论文,第2页。

[②] 参见沈四宝编译:《最新美国标准公司法》,法律出版社2006年版,第277~281页。

了债权人的保护程度,但实质是确立了保护债权人的新理念,即弱化事先防范和强制措施,转向完善的债权人差异化保护措施及事后救济机制。针对自愿债权人,更多依赖于契约机制,由债权人在与公司签订的契约中事先设置相应的限制性条款;对于非自愿债权人则可以通过"刺破公司面纱"制度等方式寻求事后的司法救济。

美国对于公司资本制度的规制是体系化的,既包括《标准公司法》及《统一欺诈性财产转让法》等成文法律规范,也包括判例法中所确立的董事信义义务及"刺破公司面纱"制度等事后救济制度。美国公司法的变革是其应对竞争与追求效率的结果,美国强大的资本规制体系不仅有效规制着公司向股东进行的各种分配行为,而且防止公司通过各种不当形式向股东转移财产,从而有效维持各方主体的利益平衡。"在公司治理层面上,强化了董事的信义义务,在司法救济层面上,加强了司法能动功能,营造了美国富有灵活性、机动性、自由度、效率化的公司资本制度:允许最低成本地设立公司,最大自由地效率化筹资,广泛的赋权型规则安排;允许董事基于商业判断,董事行为准则与责任机制的制约下,作出股份发行、股份对价、是否分期缴纳、应否回购或回赎等的判断。"①

定位于股东利益最大化的美国授权资本制度并非不关注公司债权人利益的保护,而是重新装配了债权人利益保障的制度链条。公司资本制本身不能担当保护债权人的全部功能,在配套制度上,美国设计和安排了一系列配套机制:"信息披露机制、州蓝天法案、公认财务会计准则,以及精致设计的债券契约和其他债权人保障合同、证券分析、资信调查与报告机构的发展、董事义务的不断强化,与'刺破公司面纱'、衡平居次规则、责任保险等机制一道,共同构成了美国公司法上的债权人利益保

---

① 傅穹:《重思公司资本制原理——以公司资本形成与维持规则为中心》,中国政法大学2003年博士学位论文,第3页。

障机制。"①

三、以日本为代表的资本规制模式转轨

1899年《日本商法典》仿效德国确立了法定资本制度。1950年《日本商法典》转变其价值取向,开始放宽对资本的管制,形成了折中授权资本制:资本额由公司章程的绝对记载事项变成了相对记载事项;引入了无面额股;允许股东在公司设立时只缴纳资本额的1/4,其余股份授权董事会决定发行。这些立法变革措施放松了公司形成阶段的资本规制枷锁,降低了设立公司的门槛,进一步拓展了公司的发展空间。

但是,日本立法并未沿着1950年的趋势走下去。1990年《日本商法典》出现了较为明显的转向,将有限责任公司的最低注册资本限额增加至300万日元,将股份有限公司的最低注册资本限额设定为1000万日元。对最低法定资本额的重新设定,表明了日本对设立阶段资本规制的强化,是对折中授权资本制的反向矫正。学界认为,"这一修改受到了德国公司法理论中主流观点的影响,希望通过资本制度保护公司债权人的利益"②。而这种改变的效果是值得商榷的,理念上未被学界一致认可,具体实施中也对中小企业造成诸多不便,最终,日本经济产业省于2002年11月通过《中小企业挑战支援法》,免除了商法典规定的最低资本金,③以实际行动抵制了法定资本制度的回归。

2005年日本制定公司法,将公司法从《日本商法典》中脱离出来并大力改革了公司设立阶段的资本规制:完全废除了最低资本制度,将提供缴纳机关的保管证明改为只提供余额证明,扩大了现物出资与财产引

---

① 傅穹:《重思公司资本制原理——以公司资本形成与维持规则为中心》,中国政法大学2003年博士学位论文,第3~4页。
② [日]森田章著、黄晓林编译:《公开公司法论》,中国政法大学出版社2012年版,第32页。
③ 参见[日]布井千博:《日本公司法的美国化》,于敏、杨东译,载王保树主编:《最新日本公司法》,法律出版社2006年版,第33页。

受中检查员调查的免除范围,废止事后设立的检查员调查制度。① 2005年《日本公司法》既彻底废除了最低资本制度,也大幅放宽了对非货币出资的限制,体现了对设立阶段公司资本规制的弱化。此外,日本也通过强化后端的公司分配制度,完善信息披露制度,强化董事、高管对公司债权人民事责任的承担以及司法判例当中确认的公司人格否认制度,加强对资本运行阶段资本弱化行为的管制,以期通过事后监督和个案司法救济周延保护公司债权人利益。

四、我国资本规制强度的比较法坐标

如前文所述,以欧盟公司法指令为代表的公司法体例总体上代表了强规制程度的公司资本立法模式,而以美国公司法为代表的公司法体例则总体上代表了弱规制程度的公司资本立法模式。当然,在这两种总的模式之下,欧盟各成员国之间的资本规制仍然存在程度差异,美国联邦之下各州公司法的资本规制强度也不尽相同。分析各国的资本规制要素,可以作为我国公司法资本规制强度在比较法上的参照。

公司资本规制涉及资本流入规制和资本流出规制两端。前者可分解为最低注册资本规制、股份面额规制、发行价格规制、出资形式规制、出资期限规制、股份发行规制等内容;后者可分解为一般意义上的资本维持规制和作为具体规则的利润分配规制、股份回购规制、减资规制、财务资助规制等内容。

(一)我国资本形成的规制强度坐标

在资本形成阶段,对于出资形式的规制,我国法律采取严格的出资形式法定主义立场。与之相比,美国公司法则采取公司自治立场。例如,美国《标准公司法》第6.21节(b)规定,董事会可以授权收取现金、本

---

① 参见赵树文:《公司资本规制制度研究》,人民出版社2015年版,第114页。

票以及已提供的劳务、待履行的服务合同或者公司的其他证券等有形或者无形的财产、利益作为股票的对价;①《特拉华州普通公司法》第 152 条规定,可以作为股份对价的财产包括现金、有形或者无形财产、带给公司的收益。比较而言,奉行法定资本制的欧盟公司法则同样对出资形式施加了法定限制。欧盟《公司法第二指令》第 7 条将履行劳务或者提供服务的承诺排除于法律允许的出资形式之外,同时规定了实物出资的可评估标准;第 9 条第 2 款要求股东必须于 5 年内完成交付;第 10 条则规定了非货币出资的评估程序。② 在欧盟公司法指令之下,各成员国公司法上的出资形式规制强度仍然不一。德国公司法规定非货币出资必须在章程中确定,并且应当在申请登记之前全部履行,将财产权利完全转让给设立中的公司。③ 出于规避规制的目的,实务中出现了所谓的"隐形的实物出资",司法上类推适用《德国股份法》第 27 条第 3 款,其法律后果是股东负担再次支付的法律义务,可谓非常严苛。④ 2008 年修改的《德国有限责任公司法》原则上承认"隐形的实物出资"是无害的,但股东要负责证明出资财产与认购金额之间是否存在差额。⑤ 法国公司法则较为自治,2001 年修改后的《法国商法典》允许有限责任公司中出资人可以劳务方式参加有限公司,劳务出资不构成股份公司的注册资本,劳务所得利益归于公司,但其可以分享利润、净资产份额和负担填补亏损的责任。⑥ 由此可见,我国公司法上对出资形式的规制强度与德国公司法相

---

① See Model Business Corporation Act, § 6.21(b).

② See Andreas Cahn & David C. Donald, *Comparative Company Law*, Cambridge University Press, 2010, p. 169 - 176.

③ See Andreas Cahn & David C. Donald, *Comparative Company Law*, Cambridge University Press, 2010, p. 171.

④ 参见[德]格茨·怀克、克里斯蒂娜·温德比西勒:《德国公司法》(第 21 版),殷盛译,法律出版社 2010 年版,第 364~365 页。

⑤ 参见[德]格茨·怀克、克里斯蒂娜·温德比西勒:《德国公司法》(第 21 版),殷盛译,法律出版社 2010 年版,第 365 页。

⑥ 参见《法国商法典》(上册),罗结珍译,北京大学出版社 2015 年版,第 70 页。

近,比法国公司法更为严格,远远超出了美国公司法的规制强度。

在资本确定和资本维持的理念下,在股份面额和发行价格规制上,长期以来,我国《公司法》一直固守面额股制度,2023年《公司法》修改之前,仅允许发行面额股票,并禁止折价发行。在美国公司法上,纽约州在1912年开创制度先河,允许发行无面额股;1984年修订《标准公司法》,彻底放弃了股票面额与法定资本概念,28个州先后采纳了《标准公司法》的该规定[①],形成了无面额股制度"赋权型"规制模式[②]。在德国法上,《德国股份法》第8条第1款规定,"股份可以采用面额股或部分股(无面额股)发行"。据此,公司可以依据自身融资需求与公司状况来决定是否采用无面额股制度。在无面额股制度之下,无所谓发行构成溢价发行抑或折价发行。需要指出的是,由于面额直接决定了股本和溢价部分的多寡,股份面额规制对后续的分配限制也有直接影响。由此可见,在股份面额和发行价格规制上,我国原公司法一直固守了传统法定资本制的藩篱,其规制强度甚至超过了强资本规制模式的德国,美国公司法更难以望其项背。值得肯定的是,在2023年《公司法》修订中,我国进一步弱化了面额股制度,允许公司根据章程之规定选择采用面额股或者无面额股方式发行股票[③],有助于公司更加灵活地确定每股价格,也适应了授权资本制的要求。

(二)我国资本流出的规制强度坐标

就资本流出的规则而言,分为一般制度和具体制度予以分别阐述。从一般制度来看,在资本流出层面,大陆法系国家普遍奉行高强度的资

---

① 参见[美]罗伯特·W.汉密尔顿:《美国公司法》(第5版),齐东祥等译,法律出版社2008年版,第127页。

② 所谓"赋权型"规制模式,是指公司法并不对公司股票有无面额作出强制性规定,而是将无面额股与面额股的发行选择权授予公司股东在公司章程中具体设定。

③ 参见2023年《公司法》第142条规定,"公司的全部股份,根据公司章程的规定择一采用面额股或者无面额股"。

本维持模式,而美国法则较为灵活自治。在我国法上,基于资本维持原则,对于公司的资本流出,《公司法》设定了禁止抽逃出资、限制减资程序、限制公司取得本公司股份、规定分配利润的条件和顺序、禁止折价发行股份等规则。[1] 亦有学者将公司股票和债券之间的转换受到严格的限制、禁止公司成为连带责任投资者、公司对外担保的限制、挪用或者私立账户等违反忠实义务等也视为资本维持的要求。[2] 德国公司法奉行了传统的资本维持模式,虽然在具体制度上存在差异,但整体规制路径和我国相同。与大陆法系的公司法不同,美国公司法则采用清偿能力标准,不追求高强制力的资本维持,回溯于资本规制的功能本源,即维持公司的清偿能力。1984 年修订后的美国《标准公司法》第 6.40 节规定,公司不得分配的条件为公司将无法偿还通常经营过程中的到期债务或者公司总资产将少于其总负债与公司所需金额之和。[3] 据此,在公司维持其清偿能力和资产负债表标准的前提下,公司具有更大的资产支配自由。综上所述,从整体规制强度上而言,我国法与德国法类似,属于高强度的资本维持模式。

从具体制度层面,分述如下：

第一,在利润分配规制上,各国公司法的规制强度差异主要体现在可分配利润的范围和各类公积金的提取要求两个方面。"无盈利不分配是各国公司法普遍奉行的一项利润分配规制,其目的是维护公司资本的完整性。"[4] 根据我国 2018 年《公司法》第 166 条的规定,公司分配当年利润的,需要满足严格的利润分配标准。在进行分配之前,需要弥补历年亏损、按照利润的 10% 提取法定公积金(直至注册资本的 50% 以上为止)、根据股东会或股东大会提取任意公积金等。对于分配的标准,2023

---

[1] 参见王军:《中国公司法》(第 2 版),高等教育出版社 2017 年版,第 158 页。
[2] 参见邓峰:《普通公司法》,中国人民大学出版社 2009 年版,第 320 页。
[3] See Model Business Corporation Act, § 6.40.
[4] 刘燕:《公司财务的法律规制——路径探寻》,北京大学出版社 2021 年版,第 328 页。

年《公司法》并未有实质性的降低。①

在德国法上,已发行资本、资本公积金、库存股准备金、其他利润准备金等均不属于可分配范畴。② 与之类似,法国法上也禁止对回购准备金和法定准备金进行分配。③ 但在公积金提取上,法国法要求达到公司资本的1/10时,即不再要求强制提取。在美国法上,《标准公司法》系典型的清偿能力的立法,对资本维持数额没有施加限制。《特拉华州普通公司法》第170条规定了两项可分配标准:其一,净资产标准,即公司净资产超过确定为资本的部分,净资产实质资产总额超出负债总额的部分;其二,快捷股利,即没有盈余时,从股利宣布的财务年度及/或上一财务年度的纯利润,此时适用的判断标准为净利润标准。④ 因此,从各国公司法对利润分配的规制强度来看,我国的规制强度不但超过了美国公司法,在大陆法系国家之中也属于高强度的规制之列。

第二,在公司股份回购规则上,我国2018年《公司法》修正专为此事。修正后的《公司法》第142条增加了"上市公司为维护公司价值及股东权益所必需"的回购情形,这一规定具有一定的模糊性,存在被过度解读的空间。2023年《公司法》继续调整了回购事项,基于我国股份公司的类型分化的实践需求,新增了非公开发行股份公司的异议股东回购请求权。⑤ 其余涉及回购的规定并未有实质性修改,更未规定任何财源限制,使我国公司法在股份回购规制上有所缺憾。在欧盟公司法上,对回购事由不予限制,但在回购条件上施加了股东大会授权、财源限制以及全额缴付股份的适格标的限制等三项条件。此外,在欧盟《公司法第二

---

① 参见2023年《公司法》第210条。
② 参见[德]托马斯·莱塞尔、吕迪格·法伊尔:《德国资合公司法》(第3版),高旭军等译,法律出版社2005年版,第610~611页。
③ 参见《法国商法典》(上册),罗结珍译,北京大学出版社2015年版,第398页。
④ Chapter 1 of Title 8 of Delaware Code, General Corporation Law, §170.
⑤ 参见2023年《公司法》第161条。

指令》第 61 条还规定有若干特别情形之例外。在德国法上,立法者不但采取原则禁止、例外允许的规制立场,还对回购事由和回购条件同时施加限制。在美国公司法上,对股份回购的规制问题普遍持开放立场。在美国《标准公司法》所确立的"大分配"概念之下,股份回购不过是分配的形式之一,并无必要予以特别规制。在特拉华州公司法上,股份亦为可交易财产,公司可以通过购买、回赎、质押等交易方式予以获取。总之,无论是采取德国法上的回购限制模式,还是美国法上的自由交易模式,均需要与其资本维持模式相关联,不能单独放松管制或者强化规制。因此,在股份回购问题上,我国公司法表现出了规制的宽严失度:在回购事由上,可能存在过度解释的空间;在实质条件上,财源限制的缺乏甚至可能导致公司产生清偿能力风险。

第三,在减资规制上,我国公司法一直规定了严格的减资程序以保护债权人的利益,但原公司法并未区分不同的减资情形,且缺少瑕疵减资的法律责任,仅靠 2018 年《公司法》第 177 条规制减资行为也显然过于简陋。比较而言,《德国股份法》详细规定了普通减资、简易减资和股份回赎减资三种减资方式,并规定了严格的减资程序、减资条件。[①] 在美国法上,《标准公司法》之下,减资遵循分配的实质条件即可。[②] 在《特拉华州普通公司法》中,其第 244 条规定,通过董事会决议即可进行各种形式的减资,但应当维持其清偿能力。[③] 由此,在减资问题上,我国公司法实际上亦呈现出了宽严失度的规制缺憾。值得肯定的是,我国 2023 年《公司法》增加了简易减资的规定,有利于公司在亏损状态下引入新的投资人,提高公司的融资效率。同时,2023 年《公司法》也规定了违法减资情形下,股东对公司应当承担的责任,包括向公司退还收到的资金,以及

---

① 参见《德国股份法》第 222 条、第 225 条、第 229 条。
② See Model Business Corporation Act, §6.40.
③ See Chapter 1 of Title 8 of Delaware Code, General Corporation Law, §244.

将减免的出资恢复原状,还规定了违法减资的董事、监事及高级管理人员的责任,[①]部分地填补了我国违法减资民事责任的制度空白。

本 章 小 结

自1993年我国《公司法》颁布以来,顺应我国市场经济发展的需求,资本规制的强度得以不断削减。然而,在资本流入和资本流出环节,现有的资本规制仍然存在诸多缺憾。资本规制从整体上而言系一项极具关联性和整体性的制度架构,具体资本制度上的改进需要进行宏观上的总体考虑,具体规制措施的增强或者减弱亦应权衡相关制度。通过本章的分析可见,我国公司法在资本规制上的强度可从资本形成和资本流出两个方面予以审视。

就资本形成而言,2013年全面认缴制实施以后,我国公司法在最低注册资本和出资期限上实现了完全自治,规制强度已达最弱。这也引发了实践中对债权人利益保护的担忧,2023年《公司法》改变了出资时间上的规制强度,对有限公司规定了5年的缴资期限。在出资形式规制上,尽管2023年《公司法》扩大了法定出资形式,将债权出资和股权出资纳入其中,但我国《公司法》对于出资形式的规制程度仍然过甚,与德国公司法相近,超过了法国公司法和美国公司法的规制强度。在股份面额和发行价格规制上,我国《公司法》原来一直采取强制性的面额股制度,而2023年《公司法》回应实践需求,引入了无面额股制度,大大降低了规制强度,这是公司资本制度的重大革新。在股份发行问题上,尽管2023年《公司法》引入了授权资本制,但其只适用于股份有限公司,对于有限公司,我国《公司法》仍然固守了传统法定资本制度的堡垒。

---

① 参见2023年《公司法》第226条。

就资本流出而言,我国《公司法》整体维持了高强度规制模式。具体而言,从利润分配制度来看,我国的公司分配标准较为严格,其规制强度不仅远超美国公司法,在大陆法系国家之中也归于高强度的规制之列。在股份回购规制上,我国《公司法》的规定看似严格,却具有极大的解释空间,并且未规定财源限制,使立法呈现出了系统性的规制缺憾,可能导致宽严失度的后果。在减资规制中,我国原《公司法》明确设定了严格的减资程序,旨在维护债权人的合法权益。然而,原《公司法》未能针对不同的减资情况作出区分,并且在瑕疵减资的法律责任方面存在空白,陷入了部分事项上规制过度、部分事项上规制缺乏的规制技术困境。2023年《公司法》部分地填补了违法减资民事责任的立法空白,新增了简易减资制度,一定程度上扩大了公司的经营自主权,也提高了公司资本的灵活度,但在资本制度的整体协调和法律适用层面,减资规则仍有待进一步的优化与完善。

第二章

公司资本制度的自治基础与强制缘由

为何需要公司资本制度以及公司资本制度中哪些需要强制性规定，哪些应交由公司自治，这些问题均有赖于理论上的澄清。公司资本规制的起点在于公司资本的功能，资本规制的强度实际上是公司资本功能的部分取舍；在此基础上，应探究公司资本规制所伴随的价值冲突，并对各种价值予以排序；各种资本规制手段，存在规制成本与规制效率上的差异，应当予以法经济学分析权衡，以避免成本高企的低效规制方式。

第一节 公司资本的功能预设

各种不同的公司资本制度都必须回答一个问题：公司资本的功能究竟是什么？在宏观公司法律体系中，公司资本制度处于基础性地位，调整从公司设立到终止的全方位法律关系，其中更涉及公司的变更、组织、运营等法律制度。暂且撇开世界各国立法论上的立场差异不谈，公司资本制度总是以资本的功能为基础的，制度实际发挥的作用如果超出公司资本应然的功能，其规范的正当性必将受到质疑。

一、公司资本的组织法功能

从组织法的视角来看,公司资本是公司得以成为独立法人的物质基础。公司作为法律拟制的主体,对外需要承担独立的财产责任,因此公司必须有独立于其设立者的财产。公司的独立财产,其初始来源即为公司设立时由股东投入公司的资本。

(一)形成公司的独立财产

资本为公司独立财产形成的基础。"注册资本是股东对公司做出的出资承诺,具有形成公司独立财产的作用,并以此隔离股东对债权人承担责任。"[1]从财产归属而言,股东以自己的财产向公司出资以后,股东就丧失了对出资财产的所有权,这些财产的所有权归公司所有,股东也因此取得了对公司的股权。公司据此取得的因股东出资而让渡的财产成为公司的独立财产,并与股东的财产相分离,成为公司取得独立人格的必备物质条件,在法律关系上切断了股东对公司财产的直接支配权。股东出资成为公司资本,转化为公司的独立财产之后,其所具有的区隔股东财产与股东责任的作用就得以发挥。此后,在公司的经营过程中,公司财产不可避免地会增加或者减少,对于债权人而言,公司资本更多的只具有"观念"上的价值,保障公司偿债能力的是公司的资产。债权人应该更多关注公司财产的减损、贬值或灭失的风险,公司法应该更多关注的是如何使资本制度发挥"避险"功能以维护交易安全,而不是纠结于资本的固化数字。

(二)支撑公司的独立人格

从法律制度演化的历史来看,早期各国公司法并不认可股东有限责

---

[1] 邹海林:《我国司法实务应对公司注册资本制度改革的路径选择》,载《法律适用》2014 年第 5 期。

任,强调公司的人合性,高度重视对公司债权人利益的保护,以维持交易安全。但股东对公司债务承担无限责任的这种制度模式抑制了股东的投资热情,限制了公司发展的规模,加重了投资者的财务成本和投资风险。于是,"公司资本"这一现代公司法上的核心制度"工具"出现了。股东将财产投入公司,成为公司的原始资本,公司财产和股东财产在法律上明确区隔,表明公司与股东彼此之间"财产独立",进而相互"人格独立",也意味着公司可以独立承担民事责任。

股东通过将个人财产注入公司,构筑了公司的资本基础,并因此获得了公司的股权作为回报。这一过程不仅赋予了公司独立的财产权,更为其独立人格奠定了基础。公司因为具有了独立的人格而使股东与外部债权人之间构建起了一道坚实的"隔离墙",有效隔绝了股东与债权人之间的直接关系。依据权利义务相统一的法律原则,股东向公司出资,实质上是对其财产所有权的让渡,而公司则以此为基础,向股东提供了有限责任的"庇护伞"。换言之,股东能够享有有限责任,是以其向公司缴纳出资为对价的。这一制度设计既是对股东投资行为的激励,也是对公司稳定运营与债权人利益保护的平衡考量。拥有了独立财产的公司,便拥有了独立承担法律责任的能力与资格。它不仅能够自主决定经营策略、表达公司意志,还能以自己的名义独立参与各类民事活动,并以其全部财产对外承担由此产生的民事责任。这种独立法律人格的赋予,使公司在市场经济的大潮中,能够作为一个独立的主体,自由经营,追求商业利益的最大化,同时也为市场经济的健康发展提供了坚实的制度保障。

(三)划定股东的有限责任

公司是人类文明进步和分工协作的产物,是在长期的商事活动中产生并不断发展的一种社会组织。划定股东的有限责任,亦是公司资本的原始功能。公司"既是经济制度的重要支柱,也是社会发展的重要主导力量"[①]。正如克拉克(R. C. Clark)教授所言,"公司这种组织形式之所以受到持久的青睐并可能成为现代经济的永恒现象,在于它的特性和使得这些特性发挥作用的社会环境,这些特性可以归纳为:投资人的有限责任;投资权的自由转让;法人人格以及集中管理"[②]。从制度根源上分析,公司资本与股东有限责任之间存在并不复杂的逻辑关系,公司资本通过一种近乎简单的路径促成了"公司"这样一种法律制度的伟大发明:一是要有股本,即股东认缴的、构成公司财产组成部分的可以用交换价值衡量并可以用"数字表述"的注册资本;二是用这些数字表述的注册资本组建公司,由公司代替股东与他人进行交易,股东不与他人直接进行交易;三是股东以"资本多数决"管理公司并依照其股本间接从公司盈利中获得利益。因此,公司资本区分了公司这个法律上的拟制"人"所拥有的财产与其投资人的财产,借助公司财产的独立达到了分隔公司债务与股东债务的目的。在此意义上,公司资本理所当然地充当了制度工具的角色,使股东从无限责任之中脱离出来。

更为重要的是,公司资本的独立性构成了股东有限责任制度的基石。它有效地将公司债务与股东个人债务相隔离,为股东提供了必要的风险屏障,激发了投资的积极性。因此,公司资本不仅是公司运营的物质基础,更是实现股东有限责任、促进市场经济发展的重要制度工具。"有限责任在界定了公司与股东之间的财产关系的同时,还限定了股东对公司经营风险的范围,明确了股东与债权人之间在市场风险分配上的边界,公司的债权人不得直接针对股东财产行使请求权,其范围以股东对公司的出资责任为限度。"[③]公司资本制度应当关注的焦点是公司与股东之间的利益(包括财产和责任)的分配问题;与此相关的公司资本制

[①] 参见邓峰:《普通公司法》,中国人民大学出版社2009年版,第1页。
[②] [美]罗伯特·C.克拉克:《公司法则》,胡平等译,工商出版社1999年版,第1页。
[③] 曹兴权:《公司法的现代化:方法与制度》,法律出版社2007年版,第78页。

度,也应当将其规范的内容限定于股东和公司之间,限定在公司资本划定公司有限责任的原本功能上。

(四)形塑股东与公司的关系

公司资本具有构造股东间权利义务关系、股东与公司间权利义务关系的直接作用。股东权利的取得源于出资,并以必要的外观为条件,股东权利的享有和股东义务的承担以其认缴并记载于公司章程的出资额为依据。股东之间因出资而产生的各种争议,公司与股东之间因出资而产生的任何争议,均可以公司资本制度作为解决的方式。因此,股东与公司之间、股东与股东之间因注册资本而形成的各种问题属于公司的内部性问题,均可由公司自治,依据股东间的协议和公司章程加以解决。公司资本天然具有形塑股东与公司、股东与股东之间法律关系的功能,突出地表现在确定各个股东的出资种类、比例和数额,以及确定股东对公司所享有的权利及承担的责任方面。"公司资本的存在,并不表明股东在承担有限责任时对公司的交易相对人作出了什么承诺,仅在于股东对公司作出了何种承诺"[①],即股东获得"有限责任"的前提是其对公司的出资承诺。注册资本是各个股东对公司承担出资义务的总和,股东违反出资义务,损害了公司利益,公司可以要求股东履行出资义务并要求其承担相应的违约责任。

二、公司资本的担保功能

公司资本理论上常被称为注册资本,立法上也通常将公司资本与注册资本同义化处理。如前所述,公司资本本来是只代表股东向公司投入的财产,该等问题囿于公司与股东之间以及股东与股东之间。但公司登

[①] 参见邹海林:《我国司法实务应对公司注册资本制度改革的路径选择》,载《法律适用》2014年第5期。

记制度将公司资本作为强制性登记事项,①如此,公司资本额因公示的登记(注册)方式是否产生了对世效力? 或者说,经登记的资本(注册资本)不再仅限于公司与股东、股东与股东之间,而是具有了某种面向公司债权人的效力? 对此类问题的回答涉及公司资本的担保功能。

(一)公司资本担保功能的作用机理

公司资本的注册登记并非公司资本设定的生效要件,只不过是资本的公示手段而已。未经登记的注册资本,不能对抗第三人,②因此公司资本的注册登记仅具有对抗效力。公司资本的生成仅取决于股东认缴出资的行为。要求公司登记注册资本,主要是出于对公司资本监管的需求,并不意味着资本一经登记就能直接产生保护债权人利益的效果。

从公司资本制度的发展进路来看,若将公司资本的功能仅定位在充实股东有限责任上,并不全面和客观。公司资本制度演变的历史,并非仅沿着唯一的路径展开,公司资本制度一经创设就迅速融入并永久性地改造了公司制度本身,它的功能也"爆发式"地拓展开来。一方面,公司资本区隔了股东与公司债权人的关系,与债权人进行交易的是因获得资本而具有独立人格的公司,而非公司的股东;另一方面,它又使股东充当了公司财产经营者和受益人的角色。通过"公司资本"这一工具,股东摆脱了公司债权人的直接追索,却仍可以借助资本的杠杆效应,以公司名义筹集和运用巨额资产,并因此获取收益。尤其是公司设立后,公司资本只是外化的经注册登记的"数字",与公司法人的独立财产之间没有必然的对应关系。事实上,公司资本是固定不变的数字,而公司的财产是处于不断的变化之中的。固定不变的公司资本,低成本地成就了股东的有限责任,股东因此可以"毫无顾忌"地创办公司,导致公司数量剧增;与此同时,股东基于其对公司的控制,也有机会"肆无忌惮"地运营和处分

---

① 参见 2023 年《公司法》第 32 条。
② 参见 2023 年《公司法》第 34 条。

公司不断变化的财产,由此引发公司的诚信危机。

公司与其债权人的关系十分微妙。股东有限责任对股东具有无比吸引力的同时,对债权人利益构成潜在威胁,而债权人又无法抗拒与"有限责任"的公司交易所带来的交易成本降低,只要考察公司的偿债能力而无须关注股东的偿债能力;公司制度发展的同时,债权机制也在发展,借助债权机能的发挥,公司得以施加杠杆获得更强的融资能力,即所谓与契约相结合后公司取得了越来越强的支配"他人资本"的能力;[①]债权机制的发育和成长使一个主体在这个法律关系中是公司股东,在另一个法律关系中可能是债权人,公司在商事活动中随时处于债权人或者债务人的地位;公司的有效率运营与公司资产增值之间高度正相关,充分保护公司利益即充分保障公司债权人受偿的另一种表述,公司资产增值意味着公司资产信用和实际偿债能力的增加。所以说,公司与债权人是交互影响的关系,处于矛盾的两个方面,既对立又统一,双方都有和谐共生的利益驱动。

基于和谐共生的美好愿望,人们相信公司资本可以应付公司存在的"诚信危机",这样的信赖朴素而且单纯。毕竟公司是以营利为目的的,没有人组建公司纯粹为了"烧钱"。人们认为,只要公司保持营业就应当具有营利的目的和营利的能力,所以严格管制资本形成,并要求登记和公示资本数额,实际是在观念上将公司偿债能力与公司资本建立了直接的关联。缘于这种观念,人们认为公司能够以自身"人"的名义对外承担责任必须具有实质意义上的资本,公司资本是公司与他人交易的重要基础。所以有学者认为:"为了降低与公司交易的相对人的风险,确保公司对债权人有足够的清偿能力,人们在创设公司这种形式的同时,在资本

[①] 参见[日]我妻荣:《债权在近代法中的优越地位》,王书江、张雷译,中国大百科全书出版社1999年版,第4页。

的创造价值功能的基础上又赋予其担保功能。"[1]这种表述极为深刻地揭示了基于人们观念上的认识而形成的公司资本的担保功能,也就是说,公司资本的担保功能是受保护债权人利益的驱动,而被人为设计出来的。担保不是公司资本原本的功能,从某种意义上讲,它是人们主观上强加给公司资本的功能,也有学者称之为"资本的附属功能"。[2]

在世界范围内,公司的诚信危机不断出现,也促使各国不断调整本国的资本制度,不断思考如何通过资本管制减少公司诚信危机的出现。正如有学者所言,公司人格的法律拟制,不仅成功地解决了公司法人人格独立的实际操作问题,还深刻揭示了自然人有限责任和公司法人制度之间的密切联系;公司经法律拟制而成为法人的历史过程,成就了股东有限责任被立法确认的结果,也正是因为公司独立人格与其成员有限责任的结合而形成了公司以独立主体的身份对市场承担信用,而此独立主体的身份又给传统朴素的信用体系带来了挑战,最终产生市场对公司资本监管的需求。[3]

因为立法者回应了市场对资本监管的需求,所以资本制度设定中隐含了"国家管制"的因子,反过来又强化了人们对公司资本承担信用功能的期待,这也是人们一般认为公司资本具有两个功能的缘由:公司资本可以有效落实公司业务开展所需要的基础资本,又可以借助公司注册资本保护债权人利益。[4] 这两大功能分别对应两大价值追求,即效率和安全,亦即将公司资本制度设定为平衡商事活动的效率价值和债权关系上对交易安全的追求的综合体。

---

[1] 仇京荣:《公司资本制度中股东与债权人利益平衡问题研究》,中信出版社2008年版,第2页。
[2] 参见邹海林、陈洁主编:《公司资本制度的现代化》,社会科学文献出版社2014年版,第43~45页。
[3] 参见徐晓松:《论公司资本制度与政府监管》,载《南京大学法律评论》2003年第2期。
[4] 参见冯果:《现代公司资本制度比较研究》,武汉大学出版社2000年版,第23页。

(二)公司机会主义与债权人利益的损害

如前文所述,在债权人眼中,股东实际控制公司的经营与财产却对公司的债务承担有限责任,因而公司的债权人面临着双重危险:正常交易产生的商业风险,以及实际控制者实施投机行为而带来的道德风险。有学者认为:"在几乎所有的一方当事人(代理人)向另一方当事人(被代理人)履行某种义务的代理关系中,最大的困扰在于,代理人有动力实施机会主义行为。"[1]从代理的角度而言,控股股东或董事很可能滥用控制权实施投机行为,降低公司对外履约的质量或者将债权人的利益通过某种内部的、不为债权人所知的方式据为己有,如不当增加企业负债、违法分配股利、违法向全体股东或部分股东回购股份、通过关联交易与利益输送等方式转移公司财产等,从而损害公司的偿债能力,使公司债权人面临巨大的非商业风险。

股东与债权人是公司中最重要的两个利益主体,他们之间的利益冲突是客观存在的,需要借助于公司法规则进行调整。公司契约理论"将法律上单一人格的组织解构,将之视为诸多利害关系人(如投资人、经营者、债权人、员工、供货商等)之结合,而这些族群皆希望在利害关系的交涉上,能够不落人后,势均力敌"[2]。公司希望所有契约当事人的目的都能得到实现。从利益平衡的角度而言,有限责任制度倾向于对股东利益的保护,若不通过其他公司机制的设计对债权人利益进行保护的话,会导致公司债权人面临过大的风险从而危及交易安全与交易秩序。如果债权人在缔约时处于强势地位,为了避免自己的利益遭受损失,债权人会反过来通过约定补强其债权担保措施,甚至通过绕过有限责任的方式

---

[1] [美]亨利·汉斯曼等:《公司法剖析:比较与功能的视角》,罗培新译,法律出版社2012年版,第37页。

[2] 王文宇:《进出公司法——几点跨领域的观察》,载王文杰主编:《月旦民商法研究:公司法发展之走向》第1辑,清华大学出版社2004年版,第5页。

(如要求股东或者实际控制人为公司债务提供担保)规避债权人的风险,最终危及公司的生存与发展。

作为独立法人的公司,其信用建立在两个基础之上:公司对股东的信用和公司对债权人的信用。前者解决的是公司设立者突破血缘及地缘的限制向不特定主体筹集资本的问题,后者是要补救前者造成的信用贬损,解决交易相对人对公司的信心问题,即公司在市场上能否生存。①由于损害债权人利益的不公平行为大都体现在公司资本流入和流出的过程中,因此在公司资本制度的设计上,必须关注股东与债权人的利益关系,利益平衡原则是设计公司资本制度时必须遵守的规则。

(三)公司资本担保功能的实现机制

公司资本对交易相对人的担保功能需要借助于法律的强制。正如"法定资本制度"预设的那样,法定资本规则的目的是保护债权人利益。这种规则背后的正当性来源于股东为获得有限责任这一特权(与传统的"自然人"状态出现的"商人"相比较所享有的特权)所必须支付的对价。这一推论的逻辑演绎是:"有限责任有利于股东,而有损于固定请求权益人(债权人)。为获得这一特权,认股人欲成为股东,公司必须拥有最低限额的缴付资本,公司在其生命期限内,不得将出资返回股东。"②公司资本的担保功能,实质是公司资本制度在管制公司资本方面所发挥的作用,并非公司资本原本的功能。公司资本的担保功能,与其说是公司资本的功能,不如说是公司资本功能的扩张。

公司立法为了实现资本的担保功能所选择的路径,几乎都是强化对资本事项的国家管制。然而,管制本身又会成为一个问题:公司资本的担保功能能否与公司资本原本的划定股东有限责任的功能相衔接?由

---

① 参见徐晓松:《公司资本监管与中国公司治理》,知识产权出版社2006年版,第38~39页。
② 傅穹:《法定资本制:诠释、问题、检讨——从公司不同参与人的利益冲突与衡量观察》,载《南京大学法律评论》2002年第1期。

于发挥公司资本所具有的划定股东有限责任的原本功能无须国家进行管制干预,"债权人保护和公司资本制度之间不具有契合性,是相互独立的制度体系"①,国家干预与资本发挥原本功能之间存有冲突,事实上也无助于公司债权人利益的保护。国家对公司资本的管制,尤其是实行金额过高的最低注册资本限额制度及实缴资本制,其结果均会妨碍投资的便利性及投资效率。况且,公司资本作为公司财产的抽象组成部分(抽象地表现为注册登记的"数字"),无法从公司财产中实质分离出来,始终隐藏在公司财产中。与公司进行交易的债权人所关心的不是抽象的数字,而是公司的实际经营和财产状况。因此,也有学者认为,公司资本保护债权人利益的功能,仅是公司资本制度的目的虚构,"注册资本制度的选择对债权人来讲是无关紧要的,法定资本制、授权资本制还是折中资本制,对于债权人利益保护来说没有太大作用。依赖一个没有作用的制度来保护债权人利益,实际上构造了一个人为的'幻象'和制度陷阱,不仅不能实现制度所追求的目标,反而会起相反作用"②。事实上,为防止公司滥设而设计的最低注册资本限额与实缴资本制度,已经被实践证明是没有效率的制度并已为大多数国家所摒弃。我国 2013 年资本制度改革的结果也表明,公司的注册资本事项,纯属股东自治领域,它不具有维持公司应有的信用以保护债权人利益的功能。③

三、公司资本功能与资本规制的权衡

资本制度是公司制度的重要组成部分,包含了公司资本的形成、运

---

① 魏建、褚红丽:《股东创业成本最小化与债权人利益的虚假保护——公司资本制度的法经济学分析》,载《思想战线》2007 年第 2 期。
② 魏建、褚红丽:《股东创业成本最小化与债权人利益的虚假保护——公司资本制度的法经济学分析》,载《思想战线》2007 年第 2 期。
③ 参见邹海林:《我国司法实务应对公司注册资本制度改革的路径选择》,载《法律适用》2014 年第 5 期。

行和退出等有关内容,其制度要义在于资本规制。公司资本的功能与公司资本制度的功能并不是同一概念。公司资本制度的功能是指公司资本规制所应发挥的效用预设。公司资本的功能决定着公司资本制度的功能基础,资本制度的功能是在围绕公司资本所形成的各种法律关系中,制度本身在效率和安全方面所发挥的作用。具体而言,公司资本规制应当重述或再现公司资本的功能,即公司资本划定股东有限责任、创设公司独立人格、形成公司独立财产以及形塑股东与公司间法律关系的功能。公司资本规制应当围绕公司资本原本的组织法功能展开制度设计,不同程度的资本规制实则是对公司资本不同功能的权衡取舍。

(一)资本的组织法功能与资本规制

若要资本制度担负起调节公司、股东与债权人关系,即在公司和股东的关系中引入债权人利益的变量,就超出了公司资本原本的功能限度,但对于人为设计的"资本制度",出于目的考虑,增加其功能也无可厚非。可是,公司资本制度对外的担保功能与公司资本的功能没有直接关系,因此将本书前面所称的资本的担保功能改称为"公司资本制度的担保功能"可能更为合适。公司资本制度是人为设计出来的,不论是在社会观念还是立法意图上,均具有保护公司外部债权人的目的,不论制度的实际运行效果如何,保护公司债权人利益的制度设计都是要发挥作用的。

法律应否以及如何对公司资本施加强制性干预,实际上不是公司资本的功能问题,而是一个制度性问题。在相当长的历史时期,公司资本制度的担保功能被立法者和司法实务者推崇,人们将管制股东"不滥设公司"以及"不滥用公司财产"的制度功能"一股脑"装进了公司资本制度,似乎把公司的资本管制好了,围绕着公司资本存在的一系列问题都会解决好。于是,人们设想在公司的设立、运营甚至是终止各个环节,公司资本制度均要扮演指导、控制和调节的角色,并能够妥善发挥效用。但严格的资本管制,附加在公司资本上的功能过多,将会使公司资本制度的效率和效用被整体拉低,难以适应市场经济和资本制度的发展要求。

在全球范围内都难以找到一个适合于我国国情的普适性原则,但我们在确定公司资本制度的选项时,"合理"或者"适当"应当被作为标准,这需要立法者基于经验和现实的判断,但也无法回避传统观念的影响。在公司资本制度的原本功能之外,以"合理"或"适当"规制公司资本的制度措施,将公司资本制度的功能扩张出担保功能未为不可,理论和实践都不能否认公司资本制度的担保作用,至少我国《公司法》的立法目的之一就是"保护公司、股东、职工和债权人的合法权益"[①],公司资本制度作为公司法的制度基础,对之不能没有反映。因此,我们注意到,我国《公司法》和《市场主体登记管理条例》规定公司的注册资本应当登记公示,2023 年《公司法》第 210 条规定的公司不能随意分配公司利润、第 224 条规定的公司不能随意减资等制度措施,都属于"以公司资本为基础"的债权人保护措施,这些措施或者规则对于公司债权人利益保护所发挥的作用,任何时候都不能忽略。

(二)资本债权担保功能的削减

公司资本作为登记事项,具有公示的外观,与担保法上的担保公示制度相合;按照最高人民法院《关于适用〈中华人民共和国公司法〉若干问题的规定(三)》[以下简称《公司法司法解释(三)》]第 13 条第 2 款之规定,公司资本似乎更具有股东提供最高额保证的意味,该保证的性质是一般保证:在出资期限届满或者出资加速到期的情况下,股东以其认

---

① 2023 年《公司法》第 1 条规定:"为了规范公司的组织和行为,保护公司、股东、职工和债权人的合法权益,完善中国特色现代企业制度,弘扬企业家精神,维护社会经济秩序,促进社会主义市场经济的发展,根据宪法,制定本法。"

缴出资额为限为公司债务向债权人提供补充清偿责任。①

但是,还是要从以下两方面理解公司资本制度扩张出的担保功能:第一,以公司资本为基础的债权人保护规则,并不是公司资本原本的划定股东有限责任功能中固有的内容,这些措施之所以能发生保护公司债权人利益的作用,是因为法律对公司资本附加了管制或者干预之后产生了制度功能与效用。这些管制和干预在所有类型的公司资本制度中都存在,只是强度不同而已。第二,以公司资本为基础的债权人保护规则,即使具有保护公司债权人利益的功能,但相对于公司资本而言,其作用是间接体现的,注册资本"隔离"股东与债权人的功能并没有因为这些措施而受影响。公司资本制度中,以公司资本为基础的债权人保护措施,是缘于保护公司债权人利益的需要而由立法者附加在公司资本制度上,从而使公司资本制度扩张出了担保的功能,公司资本制度也就当然地具有了保护债权人利益的作用。尽管如此,应清醒地认识到公司资本制度发挥担保的功能是有限度的,保护债权人利益不是公司资本的原本功能,只是在制度实际运行中被扩张的功能。公司资本制度既不能忽视债权人利益的保护,却也无法独立支撑保护债权人利益的重任,其作用远比不上合同法及民事普通法中担保的制度设计。② 公司资本制度的担保功能会随着市场环境的发展变化而适当调整甚至被取消。在保护债权人的问题上,不能仅依赖公司资本制度,而应当在"公司法人人格否认"、"董事、高级管理人员的责任强化"和"公司信息披露"等制度层面上寻求债权人利益保护的系统性解决。

就公司的信用基础而言,公司资本仅具有一定的象征意义,虽然现

---

① 《公司法司法解释(三)》第13条第2款规定:"公司债权人请求未履行或者未全面履行出资义务的股东在未出资本息范围内对公司债务不能清偿的部分承担补充赔偿责任的,人民法院应予支持;未履行或者未全面履行出资义务的股东已经承担上述责任,其他债权人提出相同请求的,人民法院不予支持。"

② 参见叶林:《公司法研究》,中国人民大学出版社2008年版,第240页。

在还不能完全否定公司资本的信用价值,但毋庸置疑,在公司存续期间,真正决定公司偿债能力的是公司现时的实有资产,而不是虚幻的资本。因此,在不断消减我国公司法中存在的大量强制性规范的同时,还要扩大任意性规范及其适用范围,通过设置更多的可选择性模式,强化公司在资本制度上的自治性。此外,在放松资本管制的同时,还需要完善其他配套机制的建设,以达成维护公司的财产独立与意思自治的目标。

公司资本制度的功能除了要服务于公司资本的功能,保证资本功能实现的便捷,还要防止或者修正原本的资本功能可能导致的公司资本利用效用的偏差,以保护交易各方的正当利益。公司资本制度产生出一系列管制或者干预公司资本的制度措施,应当围绕公司融资的安全和高效而设计,应当以是否有助于实现公司资本的原本功能为先决条件。在此基础上,可以在平衡各种交易相关者的利益方面附加公司资本制度在诞生之初所不具备的功能,以公司资本制度所包含的多样化功能实现保护公司、股东和债权人利益的立法目的。

公司资本制度的基本内容和体系构成应由公司资本的功能决定,无论施行何种资本制度,都有必要探究公司资本两个功能——资本的组织法功能和资本的债权担保功能。2013年的公司资本制度改革表明了我国公司资本制度在理念上的重大变化,公司资本事项交由公司和股东自治,对公司资本的必要管制仅以"合理"与"适当"为限。在资本制度中,管制已经不再是公司资本制度的最强音,股东在公司资本事项上的自治空间已经被有效延展,2023年《公司法》也体现了这一点,坚持"效率优先与放松管制"[1],扩大了可以用于出资的财产范围,全面肯认了股东认缴出资的加速到期制度;在股份公司中引入授权资本制和无面额股制度

---

[1] 赵旭东主编:《新公司法重点热点问题解读:新旧公司法比较分析》,法律出版社2024年版,第3页。

等,进一步强化了公司自治,提高了公司的运营效率。

我们还可以看到现代公司资本制度发展的一个普遍现象:对公司资本的管制在世界范围内呈现逐步弱化的趋势,在有些国家或地区的立法例中甚至被取消。全球资本制度的发展日益体现了放松管制或取消管制公司资本的趋势,这不仅发生在实施授权资本制的美国,还发生在创立法定资本制的德国。在公司制度超过200年的历史中,人们试图以管制公司资本的方式实现对公司债权人利益的保护,充其量是对公司资本所具有的"间接维护交易安全效用"的放大,而管制公司资本的各种制度设计也并未达到人们期待中的实益。

第二节　公司资本规制的价值顺位

任何法律制度都有其特定的价值追求,"从宏观整体来把握,法的具体价值目标大体包括正义、公正、公平、平等、自由、权利或人权、民主、法治、权力、秩序、安全、效益或效率"[①]。公司法追求的基本价值是效率与安全,其中效率主要反映的是公司及股东营利目标的实现,安全则反映了债权人对交易目的的最低要求。公司作为公司股东与债权人之间利益平衡的载体,必然体现着效率与安全的价值目标。

一、公司资本规制的效率价值

大卫·弗里德曼(David D. Friedman)曾言:"在对法律进行经济学的分析过程中,我们会发现正义与效率之间有着令人惊异的关联,在很多情况下,我们认为公正的原则正好符合那些根据我们的观察是有效率

---

① 刘爱龙:《法理学三十年之法的价值问题研究述评》,载《北方法学》2009年第1期。

的原则。"[①]尽管正义有着一张普洛透斯似的脸,"变幻无常,随时可呈不同的形状并具有极不相同的面貌"[②],但市场经济是法治经济,市场经济中的法律制度必然将效率作为自己的价值追求之一。

效率是经济学的核心词汇之一。市场经济催生了效率价值,效率被认为是市场经济时代正义的判断标准,市场经济要求法律规则在设计时确认并保障效率从而实现法律孜孜以求的正义价值。效率也是公司法领域的主导性问题。"公司法对公平和正义目标的追寻,在很大程度上完全等同于对效率即股东财富最大化的追求。"[③]自法经济学诞生之后,效率就不仅是纯粹的经济学术语,也被认为具有重大的法学价值。按照理查德·波斯纳等人的观点,效率不仅是法经济学最核心的概念,也被假定为一切法律应遵循的重要标准。依据法经济学的观点,能够实现效率价值的法律就是正义的法律,这也符合"商"的营利性和公司资本属性的要求。循此,公司法必须以促进公司这一组织体的效率为目标,增强规则在节约交易成本上的作用是立法上的一项基本共识。公司法应当指引公司构建稳定有效的交易规则、简约高效的内部机构以及简易顺畅的决策机制等,促进公司节约交易成本、达成效率目标的实现。

公司是市场经济条件下最重要的主体,是法律拟制的"人",基于理性人的角色,其可以对自身的利益做出最佳的商业判断。"公司法调整的是一个被抽象的理性经济人在公司运作中发生的经济关系,追盈逐利是各个微观主体的趋同性目标。"[④]股东作为理性的经济人,必然会追求

[①] [美]大卫·D.弗里德曼:《经济学语境下的法律规则》,杨欣欣译,法律出版社2004年版,第20页。
[②] [美]E.博登海默:《法理学:法律哲学与法律方法》,邓正来译,中国政法大学出版社2004年版,第261页。
[③] 罗培新:《公司法学研究的法律经济学含义——以公司表决权规则为中心》,载《法学研究》2006年第5期。
[④] 罗培新:《公司法学研究的法律经济学含义——以公司表决权规则为中心》,载《法学研究》2006年第5期。

自身利益的最大化。作为公司设立者和利益攸关者的股东,也必然会最大限度地利用公司资本追求自身利益。因此,公司法及公司资本制度应当尊重股东自治。现代各国公司资本制度均简化了公司的设立条件和程序,降低了公司的设立门槛,便利公司融资,防止资本浪费,就是秉承了效率优先的原则,也彰显了资本对于效率价值的追求。

经济学上的效率是指减去投入后的有效产出,表现为不断地追求以较少的资源投入获得较多的经济效益。[①] 公司是以营利为目的的商事主体,公司独立人格与股东有限责任结合,提高了融资的效率。公司及相关利益主体均为"理性的经济人",其投资与经营的目的均在于追求自身利益的最大化,这种个体逐利的冲动是社会财富增长的源泉,也是提升整个社会效率的推动力。公司独立人格和有限责任制度设计的目的就是希望通过个体效率的提升进而推动社会整体效率的提升。以罗纳德·H.科斯与波斯纳为代表的法经济学者充分论证了这一点,将效率论证为除经济平等之外,正义的另一个重要含义。[②] 公司法学家更是将公司治理看成是一种有效率的新技术(technology)[③],以此来评价公司法律制度对促进公司效率所发挥的作用。

效率是各国公司法必然的价值追求,不注重效率价值追求则很可能会导致一国在与别国经济制度的竞争中落后:"一个国家如果未能采取最有效率的规则,那么就会使公司承担高额成本,公司就会因此而变得没有价值,而且难以筹资;结果就是公司、工厂和商业都会遭殃,或者从本国迁移出去。"[④]资本是公司运营的物质基础,是公司具有独立人格的

[①] 参见赵旭东主编:《国际视野下公司法改革——中国与世界:公司法改革国际峰会论文集》,中国政法大学出版社2007年版,第66页。
[②] 参见罗培新等:《公司法的法律经济学研究》,北京大学出版社2008年版,第15页。
[③] 参见[美]杰弗里·N.戈登、马克·J.罗:《公司治理:趋同与存续》,赵玲、刘凯译,北京大学出版社2006年版,第81页。
[④] [美]杰弗里·N.戈登、马克·J.罗:《公司治理:趋同与存续》,赵玲、刘凯译,北京大学出版社2006年版,第81页。

物质基础。公司在资本形成与资本运行等方面的规则设计,都需要体现效率价值。公司对效率的不懈追求,是效率价值在公司制度上的映射。以最低资本制度为例,无论美国、日本还是我国,在资本制度的演进过程中对最低注册资本制度的不断优化无不是为了实现公司的效率,废除最低资本,优化公司的设立及股东的投资,使公司筹集资本、积累资本、运行资本的效率更高,避免公司资本的闲置。

二、公司资本规制的安全价值

安全通常被认为是法的基本价值。按照马斯洛的需求层次理论,安全是人类最基本的需求之一。尽管托马斯·霍布斯有著名的法律格言"人民的安全乃至高无上的法律",但是博登海默认为安全价值不是一种"绝对价值",安全只是提供了真实享受或者在时间上延续享受其他价值的可能性,所以"安全在法律秩序中的作用之一只具有从属性和派生性"。法律制度和法律手段有助于构建一个趋于稳定的框架,使置身其中的人们增强安全感,但是,"这种系统的僵化性质则会妨碍人们进行自由的探索并窒息有创见的思想……一味强调安全,只会导致停滞,最终还会导致衰败"[①]。安全价值的从属性和派生性地位决定了不能绝对地追求安全价值。通俗地讲,唯一可以避免死亡的方式就是避免出生,唯一可以避免做错的做法就是什么也不做,所以不能因为过于追求资本制度的安全价值而牺牲资本制度的效率价值。

"公司作为最重要的商务主体,其区别于其他民事主体的最重要的特征就是商业行为的风险性。"[②]出于趋利避害的本能,公司股东很可能通过各种内部安排把风险转嫁给债权人和社会,由此引发全社会对此种

[①] [美]E.博登海默:《法理学:法律哲学与法律方法》,邓正来译,中国政法大学出版社2004年版,第317~321页。
[②] 汪军民:《公司资本制度的基础:法定资本制》,载《湖北大学学报(哲学社会科学版)》2007年第3期。

道德风险的担忧。基于对股东机会主义与债权人商业风险的担忧,大陆法系国家通常将公司资本视为公司信用的基础,认为公司资本制度不仅要保护交易安全,还要彰显安全的价值理念。法国、德国等国家的法定资本制就是试图通过资本制度中的强制性规范,通过法的指引作用,规范公司的经营行为,避免因公司的经营风险而损害债权人利益,以维护市场秩序,保障交易安全,体现了规避公司经营风险的社会本位诉求。

虽然法经济学注重法律制度中的效率价值,但是"波斯纳在强调效率的同时,对法律制度的其他价值之维选择了尊重,而不是自负地试图解释"①。公司对效率的追求并不意味着必然排斥安全,即使是股东利益至上的观点也并不意味着利益相关者必然或者应当不受保护。② 所以,安全本身便蕴含着效率,其原理如同效率本身也包含公平一样。"公司资本规制的核心要义是保护债权人利益,防止控制股东、董事等公司控制者滥用控制权,以牺牲债权人利益为代价从事资本弱化机会主义行为。"③

公司资本制度关注因公司独立人格与股东有限责任所衍生出的商业风险,并对债权人的利益进行适度保护是为维护交易安全与市场秩序,以最终实现对效率的追求,类似的域外经验如美国公司制度中的欺诈交易规制、董事信义义务制度、"刺破公司面纱"制度等也表明,安全始终是资本规制架构中的重要考量因素。

---

① 仇晓光:《公司债权人利益保护对策研究——以风险控制与治理机制为中心》,中国社会科学出版社 2011 年版,第 22 页。

② 股东利益至上说更加重视交易安全的保障,甚至认为保护非股东利益相关者的有效法律机制——或者至少是除债权人之外的所有利益相关者应当存在于公司法之外,而对公司债权人的保护则在一定程度上应置于公司法之内。参见[美]杰弗里·N.戈登、马克·J.罗:《公司治理:趋同与存续》,赵玲、刘凯译,北京大学出版社 2006 年版,第 47~48 页。

③ 赵树文:《范式转换:系统论视阈下公司资本规制研究方法的修正及其制度实现》,载《学术论坛》2022 年第 1 期。

三、公司资本规制的效率优位与配套机制

公司资本制度,作为多方利益交织与平衡的产物,深刻反映着各利益相关者的价值诉求与博弈结果。鉴于各国在历史传承、现实条件及经济发展阶段上的不同,其侧重点也有所不同,并由此形成法定资本制、授权资本制及折中资本制等多元形态。在这一框架下,效率与安全的价值取向直接塑造着公司资本制度的演进轨迹。当效率成为制度构建的核心考量时,公司资本制度可能倾向于将债权人的保护责任转移至其他机制,以激发市场活力与企业创新。反之,若安全被置于首位,则可能引发其与公司运营效率需求的冲突,限制企业的灵活性与发展速度。理想的制度设计应寻求效率与安全之间的微妙平衡,既保障交易安全,又不妨碍市场效率,实现股东与债权人利益的和谐共生。

然而,在实际操作中,这种理想状态往往难以一步到位,要求立法者在设计具体制度时在效率与安全之间做出审慎选择。从历史视角审视,公司资本制度的演进就是一个不断在效率与安全之间寻求最优解的过程,两者在不同历史时期各有侧重,但长期而言,市场交易的内在逻辑不会让任何一方独霸舞台。大陆法系的法定资本制,以其"债权人本位"的鲜明立场,通过严格的资本三原则及注册资本最低限额等措施,为公司设立之初即奠定坚实的信用基础,有效防范了"空壳公司"的风险,展现了对安全价值的坚定追求。而英美法系,特别是美国公司法中的资本规制体系,则采取了截然不同的"公司本位"视角,简化设立程序,优化资源配置,以效率为引领,促进了资本市场的繁荣与发展。授权资本制作为这一理念的集中体现,依托自由竞争的市场环境,让市场机制在资本规制中发挥主导作用。

综上所述,公司资本制度的构建与演进是一个复杂而精细的过程,需要立法者根据本国国情及时代需求,在效率与安全之间找到最佳平衡点,以实现公司、股东与债权人之间的共赢局面。但是,由于"完整契约"

和"信息对称"的理想市场在实践中并不存在,因此市场失灵是市场经济的必然现象,需要通过国家干预,有选择地进行制度安排以修正市场行为,从而优化资源配置。因此,英美法系国家通过判例法确定了法人人格否认、追诉关联交易、股东债权衡平居次规则等制度,并依靠高度的商业透明度、完善的社会信用体系预警风险及健全的公司经营状态压力测试评估风险,不断修正授权资本制的弊端,使授权资本制有了较为明显的制度优势。

因此,除立法基本价值取向方面的区别之外,在具体的制度实践中无论以何种价值为本位,都不是单一、排他的制度安排,都需要通过系统化的法律体系来提供支持和保障。无论是立足于社会本位还是个人本位,立法者既不会因鼓励个人投资而置社会整体的交易安全于不顾,也不会因强调社会本位而泯灭社会大众的投资热情。从公司资本制度的运作机制来看,我们面临一个核心的价值选择问题:是应该通过公司资本制度贯彻效率价值,将安全价值留待其他制度填补,还是通过公司资本制度贯彻安全价值,将效率价值留待其他制度填补?本书认为应当遵循前者,其主要理由是:一旦公司资本制度确立强制性规则基础,其他制度很难对其进行调整或补充。以我国公司法实践中普遍存在的对赌协议为例,无论是对其效力的争议,还是对其履行的阻碍,其所面临的裁判困境,实际上都是资本制度僵化所导致的产物。除此之外,价值顺位取舍还应当关注公司资本制度的本土资源。从我国的立法实践来看,2013年公司资本制度改革出于鼓励创业、刺激投资并促进经济增长等动机放松了设立阶段的资本管制,正是因应了我国资本市场和企业发展的现实需求。2023年修订的《公司法》规定了有限责任公司资本的5年限期认缴制度,旨在解决股东认缴期限过长所导致的交易安全隐患和债权人利益受损的问题,这一规定反映了现实中公司对安全价值的追求。

基于前述理由,我国公司法应当奉行效率优位,并将安全价值释放至其他相关制度予以实现。譬如,在我国公司法实践中,社会诚信环境不佳,建立良好的社会诚信机制的文化基础尚不具备,各种风险因素依然未予妥善隔离,纠纷解决机制单一,尤其是当事人"自我解决纠纷"的机制和能力欠缺,对债权人保护的配套制度体系仍不完善。上述问题可以概括为:虽然立法上放松了公司设立阶段的资本管制,但缺少保障交易安全的配套制度的跟进,在这种情况下,公司资本制度变革在短期内不可避免冲击了交易安全价值。故而,应当从体系上通过其他制度建立配套机制进行填补,但这不应当消解公司资本制度的效率本位。

第三节 公司资本规制的法经济学分析

公司资本制度具有天然的理性基因。其根本原因在于公司是具有独立身份的法人,不仅与自然人一样具有自己独立的意思能力,更是被赋予了理性经济人的角色。从法经济学的立场来看,凡是理性的行为都可以用经济分析的方法加以解释。[①] 经济学本质上是一门研究在资源稀缺条件下如何做出理性选择的科学,而法律制度同样强调在决策过程中的理性选择。公司成立的初衷是营利,其一切行为都旨在追求自身利益的最大化。然而,单纯的逐利潜藏着高度的道德风险,作为公司行为规范的主要来源,公司法律制度对公司的行为具有重要的指引作用。公司法律制度的立法宗旨是引导公司理性地追求利润,而公司对这些法律规范的自觉遵守是实现其利益的基础。换句话说,公司的所有经济理性应当集中体现在对公司法律制度的遵守上。

一、公司资本规制的成本与效益

相对于自然人而言,公司的理性更为复杂。其复杂性在于公司所具

[①] 参见钱弘道:《法律的经济分析方法评判》,载《法制与社会发展》2005 年第 3 期。

有的是法律上被拟制的人格,公司内外诸多的利益相关者——股东、管理者、雇员、债权人等都是"理性人",也都始终不懈地追求着自身利益的最大化,以上主体之间交错纵横的利益关系,也一直处于博弈之中,这是一个矛盾而又协调、冲突而又变化的存在,其对公司的映射使所谓的"公司理性"成了一个高度复杂化的表达机制。按照公司契约理论,公司是理性光环之下的契约的结集。公司本身是这个结集的核心,公司的利益相关者通过网络状的多重化、复杂化契约关系和公司交织在一起,只有通过理性的专门化分工,才能使参与者各司其职,通过这个结集和链接达成实现巨大利益的目的。借用"物竞天择"理论,制度进化也是"自然选择"的结果,只有适应经济社会发展的制度才能获得生存和发展的机会。公司制度自创始以来广受推崇,前述基于公司契约理论对公司价值的评价应当是重要原因。公司契约论者深信,只有选择最适合自我的方式,才能在激烈的市场竞争中生存和发展,市场竞争是严酷的,不能迅速寻找到最适合的资本结构和治理结构是没有任何竞争力的,必将为市场所摒弃。在残酷的市场竞争下,有效率的公司契约将被采纳,无效率的公司契约则被摒弃。驱动公司法律制度调整的动力,是公司内外部各个利益相关者对效率的追求。质言之,市场机制能够催生最有效率的公司契约,在实现公司价值最大化的同时,达成社会财富的最大化。[①]

  理性的背后是各种利益的博弈与协调。公司资本制度背后的逻辑要求,必须在保护公司债权人利益和计算股东投资成本的博弈之间保持谨慎的平衡,因为不同的公司资本制度规则会带来利益各方不同的成本。从股东的立场出发,资本制度上过于严厉的管制会给其带来设立公司的高成本,高成本直接影响一个国家、地区全体投资者的投资热情。客观上,过于严厉的资本制度之下,投资热情可能会被暂时压抑,但以投

[①] See Michael Klausner, *Corporation, Corporate Law, and Networks of Contracts*, VA. Law Review, Vol. 81, p. 767 – 771(1995).

资谋取营利的欲望却绝不会缺席。充满"经济理性"的投资者"探索"出了大量的规避手段。如果将管制理解为政府设租行为的话,接受投资者的寻租自然是"有礼貌"的配合行为。于是,诸方合力导致了看似严苛的制度名存实亡,直至出现"两增一降"的社会怪相:守法成本增加——与寻租者获得的租金相比,守法者实际支付了更大的成本;"造假成本"增加——所有因造假而支付的费用原本都是不应产生的,无论直接的"造假成本"多寡,都会引致社会成本的巨大浪费;公信力下降——如果一项制度不能指引人们的行为,反倒是促使大家去规避它,必然造成国家公信力的下降。资本制度从严苛到宽松的变迁,是对规则实践经验的立法回应,是对经济基础和上层建筑关系客观规律的尊重,也是公司立法理性的进步。

二、交易成本理论对公司资本制度的映射

公司契约理论,始于1937年11月科斯发表的《企业的性质》一文。科斯认为,如果将企业当作市场价格机制的替代物,一系列契约将被一个主要作用在于限定企业家权力范围的契约所替代,通过市场订立的契约越少,就能够越多地节省交易成本,因为"市场的运行是有成本的,通过形成一个组织,并允许某个权威(一个'企业家')来支配资源,就能节约某些市场运行成本"。所以,企业"可以以低于他所替代的市场交易的价格得到生产要素"。[①]

按照公司契约理论,公司可以剖析解读为一系列契约的合集。公司作为一个组织体,它事先成就了一系列的契约以替代众多的零散交易——公司基于与股东的契约以及股东与股东的契约获得资本,基于与劳动者的契约事先购得各种所需的劳动力,基于与高管的契约获得经营

---

① 参见[美]罗纳德·H.科斯:《企业的性质》,陈郁译,载[美]罗纳德·H.科斯:《企业、市场与法律》,盛洪、陈郁译校,格致出版社、上海三联书店、上海人民出版社2014年版,第30~33页。

企业并使之营利的智力和经验,基于与债权人的契约获得所需的商品、服务以及借贷资金。公司的组织行为代替了市场交易行为,从而能够有效地降低交易成本,公司作为组织体代替了复数的个体与债权人进行交易也使债权人赢得了交易成本降低的机会。

公司法律关系的所有相关主体均内嵌于契约理论之下,他们作为契约的缔结者,其权利与义务的界定均由其契约勾勒。在制度经济学的视角下,契约理念自然成为公司自治的基石,合意与意思自治构成了公司存在的基础。申言之,如果通过当事人的契约足以促成公司的成立与运行,包括公司资本制度在内的公司法律制度存在的理性价值何在?公司契约理论的解答是,在现实经济生活中,基于多个意思自治的个体理性所形成的公司理性基因无法摆脱两大陷阱——交易成本高与契约不完整,公司的理性基因尚不足以克服这两大陷阱造成的风险,更多的时候,仅凭个体的理性反而会更趋向于损害公平的竞争秩序,引发道德风险在整个社会范围内的泛化。

交易成本的存在是交易稀缺性无法回避的结果。交易成本理论开创者科斯认为:"企业与市场的区别在于,市场透过契约性交换来决定资源的配置,企业内部则是由组织权威来决定资源的配置,而非透过契约自愿交换。相较于市场,企业内部依赖雇主命令来决定资源分配,只要命令—控制的成本低于企业外的磋商成本,在企业内进行生产活动就一定会比从市场上获得相同的成果更有效率。"[1]由此,可以将公司存在的根本理性理解为节约交易成本,那么基于契约上意思自治的根本属性,公司法的规制特征就应当是任意性的而非强制性的。[2] 交易成本的本质为市场运行之成本。市场信息要素的获取、为交易促成而所为的磋商、为履约而支

---

[1] Stephen M. Bainbridge, *Corporate Law and Economics*, The Foundation Press, 2002, p. 34.
[2] See Frank H. Easter-brook & Daniel R. Fischel, *The Corporate Contact*, Columbia Law Review, Vol. 89, p. 1416 – 1448(1989).

出的各项费用,均为交易成本的范畴。科斯说:"在市场交易的成本为零时,法院有关损害责任的判决对资源的配置毫无影响。"①换句话说,如果交易成本为零,"最终的结果是不受法律状况影响的"②。

遗憾的是,理想化的标准模型注定是缺乏现实性的。公司既然由繁复的契约所整合,其在实践运行过程中,契约协商以及契约履行需要成本,维持基于契约的合作关系必然会引发成本,当事人由于自身能力的不同(包括但不限于协商能力、风险预测能力、信息获取能力等)、信息不对称以及道德风险等问题的客观存在,这种成本的伴生无可避免。③ 交易成本是客观存在的,如果交易成本过高,无疑会影响公司参与者的热情,严重影响公司运营的效率。"在正交易费用的情况下,法律在决定资源如何利用方面起着极为重要的作用。"④也就是说,只要交易成本不为负数,权利界定和分配的差异即不可避免。"要发现和维持这种权利分配,就应该通过法律的清楚确定,通过使权利让渡的法律要求不太繁重,而使权利让渡的成本比较低。"⑤人们默认法律规范提供的权利义务安排的程度与交易成本的高低呈正相关,而不必在类似的合同条款上再行磋商,即使这些规范并不完全适应当事人的实际情况,为了避免过高的交易成本风险,人们也会"被迫"接受。⑥ 显然,在权利初始界定和效率目标的连线之间,凸显的是最优化资源配置的基本立场。

---

① [美]罗纳德·H.科斯:《社会成本问题》,龚柏华、张乃根译,载[美]罗纳德·H.科斯:《企业、市场与法律》,盛洪、陈郁译校,格致出版社、上海三联书店、上海人民出版社2014年版,第86页。
② [美]罗纳德·H.科斯:《企业、市场与法律》,罗君丽译,载[美]罗纳德·H.科斯:《企业、市场与法律》,盛洪、陈郁译校,格致出版社、上海三联书店、上海人民出版社2014年版,第11页。
③ 参见王文钦:《公司治理结构之研究》,中国人民大学出版社2005年版,第51页。
④ [美]罗纳德·H.科斯:《社会成本问题的注释》,张乃根译,载[美]罗纳德·H.科斯:《企业、市场与法律》,盛洪、陈郁译校,格致出版社、上海三联书店、上海人民出版社2014年版,第140页。
⑤ [美]罗纳德·高斯:《生产的制度结构》,银温泉译,载《经济社会体制比较》1992年第3期。
⑥ See Stephen M. Bainbridge, *Contractarianism in the Business Associations Classroom: The Puzzling Case of Kovacik v. Reed and the Allocation of Capital Losses in Service Partnerships*, Georgia Law Review, Vol. 34, p. 631 – 668(2000).

公司的经济理性驱动公司降低交易成本,公司的组织优势亦会降低交易成本,但是单纯的逐利行为产生的道德风险又会返回来增加交易成本。公司自治应是有限的自治而绝非无限的自治。无限自治将引燃交易成本的导火索,也无法完成激励公司利益相关者参与热情的基本目标。国家对公司自治轨道的切入是不可避免的。公司法的制定在某种层面上更揭示着国家对公司行为的预判,这种预设性规定进一步引导了利益相关者的行为导向,交易成本与运营效率之间呈现出健康的反比关系。当公司法提供了与之相关的法律规则时,公司利益相关者无须就此再做磋商与纠缠,而只需要花费时间在其他问题上讨价还价,从而节约交易成本。恰如我们在商事活动中经常出现的情形——凡是法律予以强制性规定的,各方无须再作讨论,甚至无须将法律已经强制性地配置了的权利义务再录入合同文本。由此可见,节约交易成本是公司法存在的初心,不忘初心方得始终。正如公司契约论在显微镜下将公司层层解离为法定的标准化契约一样,其"是一个具有示范意义的公司标准合同文本,在订立关系合约时完全可以依意思自治对这一标准合同文本,根据合同宗旨实际需要进行取舍"[①]。在这种视角下,公司法必须天然成为促成公司自治合理运行的重要保障。公司法本身也将蜕变为标准化的契约模板,在诚信义务的加持之下,激发和维持条款的弹性,作为公司合同条款的天然填充,以实现公司利益者订立契约成本的最小化。

任何契约都具有不完整性。从契约的不完整性来看,客观世界是无限的,人的认知总是有限的,实践的契约永远都在理论的契约模型之外,当事人之认知亦不可能达成理论上的完整。由于当事人的信息不充分或者考虑不周延等原因而无法预见,或过于自信而疏忽相关状况,注定这些契约都是对当时情形作出的判断,不可能预先针对未来可能发生的各种复杂情形,对于事物未来的发展变化不可能全部预见并包含在契约

---

① 郭富青:《公司权利与权力二元配置论》,法律出版社 2010 年版,第 77 页。

条款之中。所以,公司契约针对需要规范的问题,产生不完整契约是不可避免的,尤其是在公司契约往往表现为长期继续性契约的情况下,在相对较长的契约履行期内更是如此。而契约的不完整性为投机行为的衍生提供了条件。完整契约只存在于理论假设之中,中国俗语"从南京到北京,买的没有卖的精"恰如其分地表达了信息不对称是普遍存在的不以人的意志为转移的客观现实,人的自利天性虽属主观状态,亦是普遍存在的不以人的意志为转移的客观现实,加上时间和环境的变量,主客观交互作用的结果是任何契约都不可能完美。

但是,投机行为本身并非当然的失当行为,信息不对称正是商业和贸易发轫的原因,只不过为了追求更大的利益,交易各方争相成为信息不对称中的优势一方罢了。公司法乃至整个商法的体系实际上就是建立在商行为作为营利性行为的风险性之上的,客观上存在的风险与人主观上的投机冲动恰是一枚硬币的两面,没有风险就没有投机,投机又在一定程度上加剧了风险,完全杜绝投机也就彻底断绝了商行为的生机。因此,我们追求的并非所谓缔造完美契约,而是如何在承认契约不完整性的前提下,缩小、减少和控制个体投机行为可能造成的损害。

在微观经济活动中,公司是基本的主体,效率是公司自治的基本目的。但是,如果过分容忍契约不完整,不仅投机与道德风险会步入失控,各种腐败也会逐渐泛滥必然趋向于市场失灵,其后果是可以预期的灾难。恰如本书写作过程中发生的新冠肺炎疫情的病理那样,肺炎作为免疫反应是为了帮助人体消灭病毒,但过度的炎症又会使肺脏的功能衰竭从而杀死病人。投机行为如果不可避免,至少也要对其进行遏制,莫要使之成为杀死人体的炎症。投机行为一旦成为常态就会不断地被人的自利性催化,进而不断侵蚀公司的利益和发展空间,甚至固化于公司契约之外,这种行为模式将覆盖原先的公司契约而成为新的事实上的契约。

契约必须信守。契约的不完整性虽然客观存在,但契约自体必须在公司经营过程中,在新的环境条件下不断补充和完善,以限制投机行为可能造成的损害,这种具有自我免疫机制的契约才是公司契约应当追求的形态。

公司利益相关者对公司法的诉求是明确的,公司法作为实质上的"标准契约条款"施加于契约之上,成为公司契约的良性补充机制和持续化、可预测化的制度供给。在具体契约中,当事人的疏漏在所难免,而这种标准契约机制为利益相关者面对繁杂的各种现实风险与机会提供了可能的最优选择。因而,公司法律制度构建的是这样一个框架,即其通过为公司利益相关者勾勒组织方式,进一步整合及调和公司所伴生的各种冲突,在提振公司发展、保证公司效率的前提下,亦满足对其他利益相关者的统筹兼顾。

第四节 公司资本规制中的自治与强制

公司自治与国家强制之间存在天然的矛盾。公司自治以效率为导向,以个人利益的追求为表,以优化资源配置为里。国家强制以公平为导向,以各主体的公平竞争为表,以公共福祉的增进为里。公司自治应该得到显扬,但也并非绝对;国家强制可能是需要的,但应该保持限度。公司自治的保障、国家强制的实现是一个交互影响的系统工程,在法律上应当求解其正当性逻辑,并提供规范上的划界。

一、公司资本自治的逻辑基础

从某种意义上讲,公司制度如何生成,决定了我们对于公司自治的态度与看法。由于公司制度是人类社会制度中的一部分,因此关于社会制度生成的路径分析,在一定程度上也可以化约为公司制度的生成路径;对社会制度生成路径的考察与检讨,也可以为公司制度的生成提供一个科学的分析框架。鉴于新自由主义法学派杰出代表人物弗里德里希·冯·哈耶克在社会制度的生成、型构与变迁的机理与路径的认识上有着深刻的理论洞识,因此,本书也高度认同哈耶克的演进理性主义的思想,通过对演进理性主义的解读,来阐释公司自治与强制的法哲学基础。

(一)法哲学基础:演进理性主义

如何理解公司制度的生成,决定了我们对公司自治的态度。公司制度是社会制度的一部分,对社会制度生成路径的考察与检视,可以为公司制度提供一个科学的分析框架。演进理性主义思想对社会制度的生成、型构、变迁机理及路径有着深刻的理论洞识,也为公司自治提供了法哲学基础。

演进理性主义的学说,最早可以追溯到苏格兰哲学家大卫·休谟、亚当·弗格森等人,他们的早期著作中就已经闪烁出这样的思想:"人类赖以取得成就的诸种实在的社会制度,是在没有先前计划和某种指导思想的预设下自然产生出来的。它们内生于人们的经济活动与交往之中,反过来又规约着人们的社会活动,发生着作用,但是,它们并不是人类刻意设计的结果。"[1]这一杰出思想被英国古典经济学家亚当·斯密发扬光大,他用"看不见的手"形容了"利己的动机如何以一种奇迹的方式润滑了经济齿轮,从而形成了自我调整的自然秩序。人们有理由相信自由和自律的市场机制的最大敌人不外乎外来的强制干预"[2]。人类社会的各种经济制度,并非设计或谋划的产物,而是人类行为的非意图结果。亚当·斯密显然对个人自治无比坚信,他认为每一个人都会从自身的利益出发,做出有利于自己的决定,而社会资本也会随着个人利害关系的引

---

[1] 韦森:《社会秩序的经济分析导论》,上海三联书店2001年版,第33页。
[2] 周林军:《市场强制与国家干预》,载《西南师范大学学报(人文社会科学版)》2002年第1期。

流,自然规划为最为适当的比例,达到最优化的配置,从而促成整个社会的公共利益与大众福祉的实现。①

哈耶克继承发展了古典自由主义思想,提出了"自生自发的秩序"理论。哈耶克认为:"人类进步尤其是制度进化,虽然在很大程度上依靠理性,但是,由于理性是有限度的,因此,人类之所以能够在包括公司制度在内的各种社会制度中取得巨大成就,完全是依赖于一个'非个人的无个性特征的社会过程',而这种在人们的社会交往的行动过程中经由'试错'和'优胜劣汰'的实践,以及'积累性发展'的方式逐渐形成的社会秩序就是'自生自发的秩序'。这种秩序并非人的智慧预先设计的产物,这种秩序的出现,完全是适应性进化的结果。"②也就是说,整个文明的进步都是经过许多人的才智和无数代人的共同努力,在不断试错的基础上逐渐累积演进而成的;各种实在的社会制度(包括公司制度)的生成也不是人类的智慧足以预先设计或者先验先觉的产物。社会制度的生成是一个极其复杂的过程,它可能是经由自生自发的路径演进而来,可能是经由人们刻意的设计建构出来,也可能是两种路径同时并存,恰似车之两轮。自生自发出来的制度未必有效率,而经由人们设计的制度也未必无效率,但毫无疑问都是经验的总和。哈耶克的"自生自发秩序"理论,捍卫并使古典自由主义的基本信条进一步升华,亦使人们对人类社会现象的认知随之进一步丰富和拓展。

---

① 根据亚当·斯密的理论,人都是理性的,都是专为自己打算的,都受强烈的自我利益驱使,如果任凭每个人都追求自我利益,他同时也就促进了社会利益,也许促进社会利益并非他的本意。他追求自己的利益,往往使他能比在真正出于本意的情况下更有效地促进社会利益。各个市场主体都受一只"看不见的手"的指引,他总能不断地为资本找到对自己也对社会最有利的用途。也就是说,如果双方都是在自愿的基础上参与交易,那么交易将只有在双方都受益的情况下才会达成。在这种情况下,价格将发挥传递信息、向人们提供激励、收入分配的功能,最终将可用资源用于价值最高的用途。参见[美]米尔顿·弗里德曼:《弗里德曼文萃》(上册),胡雪峰、武玉宁译,首都经济贸易大学出版社2001年版,第28页。

② 韦森:《社会秩序的经济分析导论》,上海三联书店2001年版,第43页。

在哈耶克看来,社会不能被某个权威所控制,而应当交由社会个体根据自己的选择自由行动。公司的历史发展即为这一理论强有力的佐证。公司之经营必然以营利为目的,而营利性的商业活动离不开资本的支撑,商业活动中资本的集中与引导一直是人们致力于解决的难题。在古罗马时代,虽然还没有公司制度,但基于个体经济实践而形成的商业社团却已经开始显现出经济组织的集合魅力,个体的自主自利是此时催生经济组织成长的唯一动力,也是要求法律对商业社团给予承认的根本诱因。商业社团的运行完全取决于商人的意思自治,并不牵扯立法者的所谓理性干预。之后,以协议安排为特征的合伙,依托于个体的经济主张,在中世纪及以后很长一段时间内赢得了社会的广泛认可。至16、17世纪,特许公司的出现虽然表面上为公司制度的自生自发涂抹了一层国家管制的色彩,但商人参与的动力却始终是公司制度发展的核心之源,也是公司制度演进变迁的根本推动力。

随着自由资本主义时代的到来,商人的力量获得了最大限度的显扬,多样的公司形态被商人们"试制"出来,并帮助他们在追求财富与个人私益的过程中取得了一次又一次的成功,公司制度更是获得了最大限度的发展。尽管垄断资本主义时期,国家出于社会公益的考虑,开始大力介入公司的经济生活,但渐趋完整的公司制度已经向世人宣称,它源于私人的逐利动机,是自生自发的演进产物。可以说,公司的成长史充分说明了公司制度的生成与发展在很大程度上不是靠外部力量强加和推动的"理性产物",而是由其内部因素结合习惯、惯例与制度的逻辑进路自主自发发展的结果。

从法哲学层面上讲,我们强调理性的有限性,更重要的原因还在于,我们对于实现目的及福祉所需的众多基础因素,都存在不可避免的无知。正如卡尔·波普尔和其他论者所指出的,我们对世界的了解越多,我们的知识越深入,我们也就越是能够自觉地、具体地和明确地认识到自己不知道什么事情。① 之所以这样认为,是因为当人们使用概念、符号、语言等来认知世界时,所获悉的认识是不完全的,都是源于自身的理解与诠释,"从一定意义上讲,所有社会科学无疑都是解释学,因为它们能够描述任何情境'某人正在做什么',而这就意味着能够了解在行动者或行动者活动建构中他们知道并应用了什么"②。然而,在认识过程中,由于学术视野与个人偏好相异,人们对一个事物的判断也会存在不小的偏差。对此,有学者进行了归纳:一是在认识的过程中,受外界因素的影响而不能准确地把握认识对象;二是在认识对象上,因简化处理略去了一些次要因素,而这些因素可能会导致认识产生极大的误差;三是主体因自我意识、概念系统、理论思维、认知结构、思维方式、先前经验,以及主体的价值观念、需要、兴趣、情绪、性格等的影响,在认识过程中会产生偏差;四是认识所依据的先前认识与经验可能掺杂着一些虚假的成分。③ 马克思主义否定不可知论,认为"世界上的一切事物都是可以认识的",但"这是指可能性说的"④。尽管在哲学上认为人的认识是无限发展的,但在某一个特定的时点,人的认识总是存在局限与偏差。

有限理性的存在为公司自治的合理性与正当性寻求了理论基础,也为公司利益相关者构筑起抵御外来干预的理论屏障。公司作为人类经济活动实践的产物,不是立法者的理性设计,而是当事方的自发行动。鉴于理性的有限和知识的不完整,立法者不应当也不能够对社会的各个因素做出数学般精确的计算,并对社会生活发展所可能发生的各种变量进行准确预见,因而,立法者并没有能力也没有必要对公司的各个层面

---

① 参见邓正来:《自由主义社会理论:解读哈耶克〈自由秩序原理〉》,山东人民出版社2003年版,第89页。
② [英]安东尼·吉登斯:《社会学方法的新规则———一种对解释社会学的建设性批判》,田佑中、刘江涛译,社会科学文献出版社2003年版,第65页。
③ 参见欧庭高、肖成池:《论科学研究的不确定性》,载《科学·经济·社会》2004年第2期。
④ 艾思奇主编:《辩证唯物主义 历史唯物主义》(第3版),人民出版社1978年版,第156页。

进行统一的制度安排与规则设计,应当为公司的发展留出自治空间,由公司的当事方在自治空间内不断实践与探索,不断积累足以创新法律制度的经验。

(二) 价值脉络:从私法自治到公司自治

私法自治与公司自治有着一脉相承、不可分割的关系。私法自治是市场经济的基本原则,是维护自由竞争的基础,是人格独立与个性解放的基本要求,自治空间内的市场主体"权利自主、行动自由与责任自负"。私法范畴内,法律给予个体极为广泛的机会,为其划定一个宽阔的任意范围,允许依照自己的自由意愿,去塑造与他人之间的权利义务关系。① 私法自治为市场主体提供一种受法律保护的自由,使市场主体有自主决定的可能。② 私法自治不仅意味着市场主体在法律范围内可以基于自我意愿,自主地与其他市场主体缔造权利义务关系,而且意味着其必须独立承担行为后果,国家只需要消极地加以确认而不妄加干涉。私法自治所表达的自由观,有利于当事人形成对权利义务的预期,并预见自己行为的法律后果,而国家的作用则在于承认私权并确保私权的实现。

罗马时代,"公法是有关罗马国家稳定的法,即涉及城邦的组织结构,私法是调整公民个人之间的关系,为个人利益确定条件和限度,涉及个人福利"③。公法的目的是明确权力的边界,而私法则致力于保护个人权利的实现。因此,公法以管理和控制为其主要特征,而私法则更加注重自治和意志自由。在管理控制的环境中,意志自由难以实现,只有在自治的框架下才能得到保持。契约就是私法自治的典型代表。如果我们认同公司是由一系列契约组成的集合体,那么就能理解私法自治

---

① 参见龙卫球:《民法总论》,中国法制出版社2001年版,第480页。
② 参见[德]迪特尔·梅迪库斯:《德国民法总论》,邵建东译,法律出版社2000年版,第143页。
③ 参见[意]彼德罗·彭梵得:《罗马法教科书》,黄风译,中国政法大学出版社1996年版,第9页。

在公司法中的重要性。从契约的订立到终止,包括其成立、形式、内容、解除以及履行,都是当事人意思自由的体现。契约自由的核心意义,就是在私法领域内贯彻个人的自由,不受他人干涉,以确保个体利益的实现。

作为商事主体,公司之地位优势更为明显,其作为被法律赋予人格之独立法人,理论上存在"永续经营"的可能;公司凭借资本制度为投资者提供了增值财富的机会;股东有限责任既降低了股东的参与风险,又简化了股东与公司之间的关系。[1] 纵观公司制度之诞生与发展,无论立法如何变迁,商人于营利性主导之下的自治,其地位始终不曾削弱。公司制度被认为是人类历史上最伟大的商业创造,"私法自治"借由"公司自治"这一载体,缔造出了今天公司制度的繁荣。在公司法框架下,公司拥有法律上的人格,而公司自治正是对这种私权利的确认与维护。[2] 公司契约理论认为,公司是理性光环之下的契约集合,公司的利益相关者通过网络状的多重化、复杂化的契约关系和公司连接在一起,通过理性的专门化分工,使利益相关者各司其职,最终达成利益最大化的目标。驱动公司法律制度不断改革和发展的动力,正是公司内外部各个利益相关者对各自权利的追求与处分。

契约本身奉行意思自治的基本原则,当事人有权对诸如公司设立、公司治理等进行自主安排,正是契约精神在公司领域的体现。公司制度的形成与变迁历史性地证明,以营利为目的的商人自治行为,在公司与公司制度的发展过程中始终居于主动和主导的地位。只有选择最适合自我的方式,才能在竞争激烈的市场中生存和发展。经过严酷的市场竞争之后,有效率的公司契约将被采纳,无效率的公司契约则被摒弃。质

---

[1] 参见[英]约翰·米克勒斯维特、阿德里安·伍尔德里奇:《公司的历史》,夏荷立译,安徽人民出版社2012年版,第8页。

[2] 参见董慧凝:《公司章程自由及其法律限制》,法律出版社2007年版,第52页。

言之,市场机制提供的自治空间能够有效地产生出最有效率的公司契约,在实现公司价值最大化的同时,达成社会财富的最大化。① 用市场自发的规则代替国家强加给市场的规则,让当事人自己做主而不是由自负的立法者为他们做主,在纠纷产生或者权益受损时让当事人通过仲裁或者诉讼获得救济,而不是出于防弊心态不计成本地推行所谓"规范化",② 这既是公司发展的内在需要,也是市场经济发展的客观规律。

市场竞争环境下的优胜劣汰之后,经过"自然选择",被验证适应公司发展的契约模式被保留和积累下来,形成公司法律制度的组成部分,公司法认可公司利益相关者自主选择制度安排的法律效力,给公司自治预留广阔的空间,于是公司法的大部分条文就是立法者为公司利益相关者供给的契约条款,而非强制性规定。只有立足于私权保障基础,公司法才能为公司利益相关各方供给更高效的公司契约条款。

二、国家强制的介入因由及其泛化

强调公司自治并不代表放任股东或经营层恣意而为谋取私利、损害其他利益相关者权益,国家强制依然有产生和持续存在的理由。

（一）国家强制的介入因由

国家强制又称国家管制、公共管制,可以定义为国家公权力对于私人主体或者部门进行的直接的规定或者限制。③ 市场失灵说认为公司法上的国家强制是一种当然的普遍存在。公司自治失灵属于市场失灵的一种,即公司自治失灵与市场失灵是矛盾的普遍性与特殊性的问题,美

---

① See Michael Klausner, *Corporation, Corporate Law, and Networks of Contracts*, VA. Law Review, Vol. 81, p. 767–771(1995).
② 参见徐洪涛:《公司自治与公司法的改革——以公司治理为中心》,载王保树主编:《全球竞争体制下的公司法改革》,社会科学文献出版社2003年版,第437页。
③ 参见[美]丹尼尔·F. 史普博:《管制与市场》,余晖等译,上海人民出版社、上海三联书店1999年版,第5页。

国公司法学者詹姆斯·M.布坎南(James M. Buchanan)将之表述为"公司自治失灵是市场机制失灵的具体化表现"[1]。公司自治失灵的直接根源在于有限责任的制度安排与公司治理中的代理成本,由此带来了在公司、股东、管理层、债权人乃至社会公众之间较强的负外部性等问题。任何国家的公司法文本上都存在或多或少地体现国家强制的强制性规范,在法官进行公司纠纷裁判累积经验而成的一些公司法判例规则上也有强制性规范的身影。[2] 外部效应与福利经济学理论为国家强制提供了有力的学说支持。外部效应学说源于英国经济学家阿尔弗雷德·马歇尔提出的"外部经济",即企业外部各种因素的叠加所导致的企业成本的降低。之后,阿瑟·庇古继续深入研究了外部效应现象,开创了福利经济学理论。

1.外部效应理论

外部效应又被称为外部性、溢出效应或第三方效应,是指市场主体不需要对其行为后果承担对价责任的现象,包括市场主体不因其行为获利而支付价格,或者不因其增加的成本获得补偿。前者被称为负的外部效应(或者负外部性),后者被称为正的外部效应(或者正外部性);前者是私人行为有损于他人的影响,后者是私人行为有利于他人的影响。外部效应理论认为,私人的经济活动对不属于该法律关系的其他人会产生影响;即使在同一个法律关系当中,一个主体的活动也可能对"外部"产生影响,一个主体的生产或者消费决策可能有意,也可能无意地影响到另一个主体的效用,并且受益的一方不必为此支付价格,受损的一方不能为此得到补偿。在得到的报酬或支付的补偿与实际发生的影响不相等的情况下,仍然存在外部效应。外部效应是一种非自愿和非互利的外部影响关系。

---

[1] James M. Buchanan, *Liberty, Market and State*, Harvester Press, 1986, p.14.
[2] See Lucian A. Bebchunk, *The Debate on Contractual Freedom in Corporate Law*, Colum Law Review, Vol.89, p.1936 (1989).

在亚当·斯密"经济理性人"假设当中,在每个交易都自愿的前提下,追求私利的同时会产生增益社会利益的效果,但"经济理性人"假设的前提是存在理想的充分竞争的市场,但事实上理想市场并不存在,个体理性便不再仅有"利己亦利他"这个唯一结果,因私人逐利的道德风险失控而造成的损人利己,甚至损人也不利己的现象屡见不鲜,在一个市场机制不成熟、诚信缺乏、纠纷解决机制单一的环境里,负外部效应的影响可能会更加突出。随着技术发展和生产方式的革命性变革,外部效应越来越普遍,市场竞争的不充分、契约的不完整、交易成本尤其是代理成本过高都直接影响公司效率,损害交易安全。国家必须提供公共产品消弭外部效应的影响,国家的强制性干预即公共产品之一种,通过国家强制介入公司运营,来平衡利益冲突,消弭负的外部效应,帮助增益公司效率和社会财富。

2. 福利经济学理论

20世纪20年代兴起的福利经济学将国家当作公共利益的代表,市场失灵系施加国家强制的动因,为矫正市场失灵造成的负的外部效应而进行的国家强制,意在保护社会公众利益,提高整个社会的福利水平。[1]福利经济学的逻辑前提是,在边际私人收益与边际社会收益、边际私人成本与边际社会成本相背离的情况下,市场机制已经不能实现社会福利最优,只能由国家施以制度干预以矫正市场失灵。市场机制导致经济偏离一般均衡状态,产生无效率与不公平且无法自愈。国家作为公共利益的代表,应社会公众的要求对微观经济活动施以强制性手段,进而提高市场效率与实现社会福利的最大化。

在福利经济学学者看来,国家强制不仅正当而且必要。福利经济学认为,国民收入的总量及其在社会成员间的分配是决定经济福利的两大

---

[1] See Micheal Hantkc-Domas, *The Public Interest Theory of Regulations*: Non—Existence or *Misintermpretation*, European Journal of Law and Economics, Vol. 15(2), p.68(2003).

因素。所谓"福利",实为经济之福利,其要素为总量与分配。所谓总量,即国民经济收入之总数;所谓分配,即前述总量于全体社会成员之间的分配。而要增益国民收入总量,就要追求资源配置的最优;正是由于"完全竞争"的条件不可能成就,资源的自由流动以及由此最终可致的"边际私人纯产值与边际社会纯产值相等"的"社会资源配置最优状态"不可能实现,因此应当采取国家强制手段,干预资源配置,以实现资源配置的优化。正是由于市场失灵是客观物质世界的规律性存在,监管才普遍存在,即使为了对冲市场失灵,也需要国家强制。前文围绕效率与安全价值的讨论中也已述及,市场失灵带来的扭曲资源配置的无效率,损及交易对方的不安全,均需要强制手段加以修正。值得注意的是,福利经济学理论倡导的国家强制仅是手段而非目的,干预的目的还是优化资源配置、增益国民收入总量,强制手段的加入是为了提高市场效率,而非排除市场功能的发挥。

(二)国家强制的泛化

国家强制的目的是优化资源配置、增益国民收入总量,提高市场效率,而非排除市场功能的发挥。在公司法律制度内,国家强制应当是一种以保障为目的的"强制",即国家运用立法、行政、司法等手段保障公司自治的正常运行,维护公司内外部利益的平衡与协调。但在实然的公司法领域,国家强制呈现出泛化的倾向。

1. 立法强制的泛化

本书所称立法强制,是指立法上通过调整权利义务的配置实现对公司自治的限制,主要体现为《公司法》的强制性规范。2023年《公司法》条文中,"应当""不得"字样的典型强制性规范数量仍为数不少。在前述强制性规范中,既有维护公司财产独立确保公司有限责任基础的"股东不得抽逃出资"的规定,也有为维护公司利益相关者当中相对弱势一方的职工利益而规定的"公司应当保护职工的合法权益"。但是,前述强制性规范中还有关于非货币出资形式的"可估价性"与"可转让性"的规定,也有关于董事任期、召开董事会会议的次数的规定,这些事项不涉及外部当事人的利益,也不涉及社会公共利益的公司组织体纯内部事务,完全可以交由公司自治,《公司法》却没有将其安排为任意性规范。

2. 行政强制的泛化

本书所称行政强制,是指行政机关及其授权单位对于公司所实施的监督与控制。国家强制的表现形式尤以行政强制为甚,既包括特许经营权的授予以及公司股份和债券发行的审批与许可,也包括对公司经营过程中公司业务及财务状况以及会计账簿的核查,又包括依照公司法所制定的程序对公司申请登记或变更登记的审查,还包括追究公司及董事、监事、高管行政法律责任的方式对公司行为的规范与约束。仅以资本形成中的出资形式为例,股东以何种形式向公司出资、公司及其他股东是否接受该等出资形式,本是纯粹的公司与股东之间的"私"行为,属于公司自治范畴,应尊重当事人对投资资源的充分利用及公司的实际需求。但我国《公司登记管理条例》(已失效)第14条明确禁止以劳务、信用、自然人姓名、商誉、特许经营权、设定担保的财产作为出资形式,2022年3月1日生效实施的《市场主体登记管理条例》第13条第2款继续沿用了这一规定,此等限制给公司及投资者造成了不必要的制度束缚。

3. 司法强制的泛化

本书所称司法强制,是指司法机关在裁判争议过程中,基于公共利益及市场规制等方面的考量所采取的国家强制手段,往往对公司自治施加影响,因而又称"司法介入"。[①] 对公司内外事务的司法强制是通过对具体公司案件进行裁判的方式进行的。公司是自身利益的最佳判断者,作为商主体的公司注重效率,其决策行为具有很强的专业性和时效性,

---

① 参见刘桂清:《公司治理的司法保障——司法介入公司治理的法理分析》,载《现代法学》2005年第4期。

需要专业人士的商业判断。法官并不比商人更有判断力,也不应代替公司作出商业判断。司法应当固守裁量权行使的审慎原则,在合法性判断之外,尽量不干预公司的自治行为,不对公司行为的妥当性或者合理性作出司法判断。但司法实践中对公司纠纷滥用司法权的行为也不在少数。例如,股东出于各种目的主张分配利润的纠纷应属公司内部纠纷,应当根据公司法上的"资本多数决"原则,将利润分配决定权交由股东会行使,而甘肃省高级人民法院作出的(2013)甘民二初字第 8 号一审民事判决和最高人民法院作出的(2016)最高法民终 528 号二审民事判决(庆阳市太一热力有限公司、李某军公司盈余分配纠纷案)以公司股东未能召开股东会,无法就公司盈余分配形成决议等为由,通过委托司法鉴定形成的审计报告确认了公司净收益,并以审计报告为基础确定了公司可分配利润,判决公司向股东支付盈余分配款。

三、公司资本的自治本位与国家强制的特殊性

公司自治旨在追求效率,通过对个体利益的追逐促进资源的优化配置;国家强制则更侧重公平,通过维护公平竞争的市场秩序增进公共福祉,公司自治应该得到张扬,但也并非绝对。绝对的自治必将激化负的外部效应,危及交易安全;国家强制可能是需要的,但应该保持限度。绝对泛化的国家强制,必然消解经济发展的内生动力,其结果将与增进公共福祉的初衷南辕北辙。通过制度安排实现公司自治与国家强制的平衡,主旨在于一般性地保障和发挥公司自治的效用,以国家强制作为特殊情形下的例外。

(一)公司的自治本位

公司自治是公司治理的基石。公司自治是公司的自我管理、自我经营和自我实现,是市场经济条件下自由竞争的自然延伸。从设立目的而言,公司本质上是一种创造财富的经济组织,公司创造的财富构成一国财富最重要的组成部分,若缺乏独立行使权利的能力,没有保障竞争的市场配置,公司不可能健康成长,市场经济也没有持续发展的动力。

公司自治系公司制度的基本要素,在公司法上具有本位性。公司具有法律拟制的独立人格,作为市场主体的公司有自己的利益追求,有自己的内部组织机构,也有自己的运行机理和利益预期,无自治则公司无以产生和存续。"虽然国家是相对于社会而存在的一种必要的外部力量,但社会发展的主要动力和人类文明的主要创造者是分散的个人和团体"[1],"某种意义上,没有自由就没有企业,如果说自由是企业的天性,那么自由主义就是公司法的精髓和灵魂。自由主义应当成为公司立法的基础和支点,任意性规范应当成为公司法的主要规范"[2]。

揆诸我国公司法之沿革,总的趋势是放松管制并不断扩大公司自治的空间。自由主义的修法立场贯穿了2023年《公司法》的全部内容,从总则到分则,从公司设立、营运到公司解散都体现了自由主义倾向。[3] 例如,在公司设立阶段,《公司法》取消了最低注册资本的限制,取消了首次出资比例及现金出资比例的限制,改资本实缴制为资本认缴制,出资时间由章程设定;在公司治理方面,《公司法》扩大了章程自治的范围,对于股权转让、表决权、分红权等均可由章程作出规定;在对外事项方面,《公司法》放松了对于公司担保和转投资的限制,拓宽了公司回购的事由等,体现了公司的自治本位。

(二)国家强制的特殊性

国家强制的特殊性是相对于公司自治的一般性而言的,具体是指在公司自治能够发挥效用的领域,任何形式的国家强制都应该主动回避;

---

[1] 蔡立东:《公司自治论》,北京大学出版社2006年版,第6页。
[2] 李建伟:《公司资本制度的新发展》,中国政法大学出版社2015年版,第56页。
[3] 参见蒋大兴:《公司自治与裁判宽容——新〈公司法〉视野下的裁判思维》,载《法学家》2006年第6期。

而在信息不对称、负的外部效应等导致市场失灵的情形下,才需要必要的、合理的国家强制予以干预。① 国家强制的具体适用情形如下:

1. 存在信息不对称时

交易相对人能够获得完整信息只是一种理想的假设,信息不对称体现在优势主体和劣势主体地位的严重失衡。优势主体对自身优势地位的滥用将损害劣势主体利益;与此同时,劣势主体却因信息的时效性滞缓甚至丧失了维护自己利益的可能性。在公司经营过程中,同样存在信息不完整、不对称的问题,需要强制性的信息披露制度加以矫正。

2. 存在负外部效应时

负的外部效应的存在会使不良行为获益,如果不对其加以制度性的强制干预,则会形成"破窗效应",不良行为被纷纷效仿,从而激励出更多负的外部效应。单靠市场这只"看不见的手"无法阻止公司利益相关者向利背义,在诚信不佳的环境中某些投机行为甚至还会被视作"机智"。因此,只能通过国家干预的途径来平衡利益冲突,以消弭负的外部效应为适用强制性法律规范的界碑。

3. 存在公平性问题时

"公平问题是一个人类价值问题,是人类的一个恒久追求,是政治社会中所有价值体系追求的一个最高目标。"②国家干预以实现公平为目标,给予相对弱势者更多的偏向,严格限制公司实际控制人,将其囿于诚实与信义的"铁笼",防范其对弱势者施加误导、胁迫或者欺诈。此时,国家强制的目的是建立一个系统化和规范化的体系,以实现主体利益之平衡,为市场创造公正的准入机制和运行机制,迫使公司相关利益主体恪守市场的基本准则。

---

① 参见[加]布莱恩·R.柴芬斯:《公司法:理论、结构和运作》,林华伟、魏旻译,法律出版社2001年版,第137~175页。

② 邵诚、刘作翔主编:《法与公平论》,西北大学出版社1995年版,第2页。

在市场经济条件下,公司自治与国家强制均具有不可忽视的价值:自治代表公司经营的自主性权利,只有在充分尊重公司自由意志、保护公司营业自由的前提下,才能最大限度地发挥公司的积极性和创造力,实现公司的营利性目的;而国家强制则更多出于公共目的之考量,为维护社会公平和交易安全而对公司进行约束和矫正。但需要注意的是,即使公司自治有不完美之处,但其仍是原则,必须坚守,国家强制手段的介入,目的在于克服市场失灵,实质上仍然是为了保障公司自治的充分实现。尽管公司自治具有一般性,而国家强制具有特殊性,但"纯粹的、绝对的经济自由从来就不曾有过"[1],信息不对称、负的外部效应等情形时常存在,单凭公司自治无法使公司发展中的病症得到自愈,需要国家强制手段的有限介入。唯有实现公司自治与国家强制之平衡,才能发挥公司法之于公司实践的作用。

四、公司资本制度中自治与强制的界分

无论是公司自治还是国家强制,最终目的都是激发市场主体活力、提高经济效率、促进社会财富增长。但过多的国家强制会妨碍各方对自己权利义务的灵活安排。处于私法定位的公司法,面对缤纷多姿、活力四射的社会经济生活,一个超稳定、封闭性的规范体系既不正常,也充满危险。[2] 交易主体不同,交易者的偏好也不尽一致,对有些交易者而言它是有益的决策,对于其他人可能并不适合。如果没有明确的、合理的具有可操作性和可行性的标准,国家强制有可能会无限扩张与膨胀。因此,从应然角度来看,有必要在妥当的价值判断基础之上为公司自治和国家强制设定合理的边界,否则,过度的国家强制措施会阻止取得有效

---

[1] 陈孝兵:《论企业的经济自由及其限度》,载《江淮论坛》2005年第5期。
[2] 参见江平:《制订一部开放型的民法典》,载《政法论坛(中国政法大学学报)》2003年第1期。

率的结果,①甚至会泯灭交易的机会。"强调国家强制并不意味着对公司自治的削减或否定,更不意味着国家公权力可以任意侵犯私权的正当行使。"②只有在公司自治无法实现社会福利最大化时,国家强制才有其存在的空间。当然,即使是在公司自治不完美的地方,也不必然需要国家强制干预,还应当考虑成本的因素,只有在国家强制干预所带来的收益高于干预的成本时,才有国家强制干预的必要。

(一)因公共利益之目的

无限的公司自治可能造成对社会公共利益的破坏和对公平理念的侵蚀。从前文的理论梳理来看,无论是外部性还是福利经济学理论,学者之所以认为国家强制或政府干预是必需的,往往是基于"为了公共利益"的目的。质言之,为了公共利益,即为了克服公司自治的局限性及市场失灵的现象,国家强制是必需的。公司法中的强制性规范是不可避免的,但强制性规范只应当为了公共利益的目的而存在。遗憾的是,公共利益往往难以界定,且话语权通常掌握在国家机关手中。正如学者所认为的那样,"公共利益是一个非常重要但又相当模糊的法律概念,公共利益内涵的法律界定处于理论困惑与现实需求的矛盾之中"③,如果以公共利益作为界定国家强制干预公司自治的限度标准,那么公共利益如何界定、由谁来界定,的确是一个难题。公司法中的公共利益,"它不同于公法中经常说到的公共利益,它没有那么宽泛,可能是公司团体的利益,也可能是债权人团体的保护,还可能是小股东作为整体的保护",在公司法

---

① 参见[加]布莱恩·R. 柴芬斯:《公司法:理论、结构和运作》,林华伟、魏旻译,法律出版社2001年版,第246页。

② 贺少锋:《公司自治与国家强制的对立与融合——司法裁判角度的解读》,载《河北法学》2007年第6期。

③ 胡鸿高:《论公共利益的法律界定——从要素解释的路径》,载《中国法学》2008年第4期。

中,将公共利益定义为"公共性目的"可能更为合适。① 强制性规范应在公司自治失灵,无法保障公共性目的实现的情况下才可能出现。缘于大股东控制和操纵公司,中小股东无从知晓公司的经营状况和财务信息以致无法行使分红权等权利,《公司法》及其司法解释规定了股东的知情权,以解决公司经营过程中存在的信息不对称的问题;针对公司董事、监事、高级管理人员篡夺公司商业机会谋取私利,《公司法》特别规定了董事、监事、高管的责任和义务以禁止此类不当行为。上述两例即因应公司法领域的利益失衡现象,基于公共目的而做出的强制性规定。

(二)基于成本之考量

任何干预都存在成本,国家干预会带来制度成本、牺牲效率的成本和其他成本。干预所费之成本并不会总是理想化地与收益保持平衡,而是经常出现远远高于收益的情况,从"成本—收益"分析可以推理出只有在国家强制干预所带来的收益高于干预的成本时,才有干预的必要,一般情况下国家在干预市场行为时应该采取消极态度。国家强制可能是必要的,但这并不意味着国家强制性干预的全面覆盖,国家强制的收益与成本平衡是必须考虑的因素,国家强制应是尊重和保障公司自治前提的干预,即使在必须强制的场合,也应考虑以最小的成本实现适度的国家强制干预。

1. 立法强制的成本

立法是创设制度的过程,立法环节的成本容易被忽视。通常认为,立法成本乃指"立法过程中人力、物力、财力及所花费的时间、信息等资源的支出"②。但这其实只是立法的"直接成本",立法本身还会产生"间

---

① 参见蒋大兴:《公司自治与裁判宽容——新〈公司法〉视野下的裁判思维》,载《法学家》2006年第6期。
② 具体来说,立法成本一般包括下列成本要素:立法机关及其工作人员的办公与生活费用、采集立法信息与形成立法草案的费用、审议立法草案与修订立法文本的费用、制作和公布法律法规文本的费用、传播法律法规信息的费用。参见钱弘道:《经济分析法学》,法律出版社2003年版,第262~263页。

接成本"①。在立法过程中,立法者受各种因素的影响,可能仅仅局限于应时立法,表现为同时存在重复立法与结构性的基本立法阙如现象,存在立法漏洞甚至立法之间抵牾。上述立法技术问题导致的立法成果可能成为公司发展的障碍,由此对经济社会产生的负面影响可谓之立法的"间接成本"。此外,法律对人们有行为指引和后果预测的作用,修改法律或者更直接地说是频繁地修改法律,将会降低公司利益相关者对自己行为的期待阈值,增加商事行为后果的不确定性,由此增加的社会成本亦当属于立法的"间接成本"。因此,在立法上应当重视"成本—收益"分析,重视我国公司实践对制度的实际需求,妥善安放公司制度中国家强制干预的冲动。

2. 行政强制的成本

借用物理学上的概念,政府更像是一个"气态"的组织,如果没有相应的压力,它会占满空间的全部。正如哈耶克所说,"法治意味着政府的全部活动应受预先确定并加以宣布的规则的制约,这些规则能够使人们明确地预见到在特定情况下当局将如何行使强制力,以便根据这种认知规划个人的事务"②。所以,应当经由立法的预先授权,限制政府行政干预公司事务的尺度,评估行政强制的成本与效益,以免得不偿失。当然,政府对公司事务的行政强制干预属于国家强制体系的重要组成部分,亦应当以消弭市场失灵的影响为限度。试举一例,2020年年初,因新冠疫情蔓延,口罩的供需矛盾突出。2020年2月2日,中央政府相关部门承诺疫情过后对多余的产量予以收储。③ 从公司法视角观之,在新冠疫情严峻之时,如此行政干预当会激励企业"开足马力"生产符合标准的口罩,如果仅依靠市场机制,制造商必然处于卖方市场的卖端,按照供求关

---

① "间接成本"包括牺牲效率的成本和其他成本。

② [英]弗雷德里希·奥古斯特·冯·哈耶克:《通往奴役之路》,王明毅等译,中国社会科学出版社1997年版,第71页。

③ 参见《口罩产能恢复六成》,载《人民日报》2020年2月3日,第2版。

系决定价格的市场原理,制造商大可提高价格,用价格杠杆平抑需求;但是疫情肆虐,口罩脱离了相对固定需求的医疗耗材的原本定位,其供求关系因疫情这一强外部因素而被扭曲,其社会总产量已经事关公共利益。于是,限制价格的国家干预及时出现了。价格受限以后,制造商的自利驱动又使产能受限,合乎市场规律的理由是,制造商处于信息不对称的劣势,谁也不知道疫情还要持续多久,假如过多地生产造成疫情过后的库存积压,则会使制造商受到损失,多出的成本无法获取相应的对价,从而造成新的市场扭曲。政府宣布的收储即对市场机制的行政干预,其目的是实现公共利益和矫正因过强外部性而造成的市场扭曲。

3. 司法强制的成本

公司各方利益难免冲突碰撞,比如出现经营管理层的代理问题、大股东过度控制公司以及大股东侵害小股东利益问题、股东滥用有限责任攫取公司利益或者损害债权人利益问题等。调整公司利益相关者行为的主要依据是公司法规范、公司章程、公司决议和股东协议。在公司治理结构内,上述调整依据主要属公司自治范畴。但是由于信息不对称、机会主义行为的刻意隐蔽,利益相关者基于自治的意思表示而事先预设的"自我监督"措施名存实亡,所以有法官谓之"公司纠纷难以自愈",需要转自力救济为公力救济,引入司法干预介入公司治理。① 司法干预不仅涉及法官报酬、法庭维护、法院运作、法律援助计划等大量费用支出,还包括当事人为寻求司法救济必须要支出的时间成本和律师费等,更深层次的司法成本还在于国家通过司法进行的强制干预对公司利益相关者产生的诸多不利影响。以公司司法解散之诉为例,按照公司自治理论,股东之间关于公司是否解散应属公司内部的契约性安排,通常情况下国家公权力不应介入,但当公司出现僵局、小股东受到大股东的压榨时,如果不施以国家强制,就会产生公司陷入僵局或者任由小股东遭受

---

① 参见金剑锋等:《公司诉讼的理论与实务问题研究》,人民法院出版社2008年版,第9~11页。

压榨之不公平现象。但如若司法解散公司,成本着实较高,会产生公司人格消灭的后果,使股东投资目的不达,还可能造成员工失业,严重的还会影响社会的稳定。因此,司法强制也应当慎用,司法干预介入公司内部纠纷应当适度。

当然,如果进行"成本—收益"分析,司法强制是国家强制中的低成本手段。从价值取向上而言,立法强制和行政强制重事先的预防,从制度上对公司利益相关者(尤指债权人)的利益进行防范性的保护。但是,在公司成立与运营过程中一方损害另一方利益的结果并不一定必然发生,如果以"防弊"的心态对利益相关者普遍设防,则牺牲的是公司法上的效率价值,"对或然性的结果一律采取事先限权的方式,必然伤及无辜",而运用司法手段个案处理"就会极大地降低调节利益关系的成本"。① 总之,在必须强制的情形下,须考量国家强制干预的成本与收益,并基于该等考量采取合理且适当的强制干预手段。

法律只按当时的情况具有适当性,2013 年《公司法》第三次修正的成果表明围绕资本信用设计的公司资本制度已经结束了历史使命,公司信用的基础业已正本清源,回归到了资产基础,而捐弃了资本基础。公司经营之起点从资本萌发,偿债并非资本之结果,而为经营之结果。资本之担保功能是有限的,其正确的认知应是资本仅在"资本性资产"的意义上具有债之担保意义。因此,股东出资的真实性与公司分配资产于股东的合法性之间,构筑起了一道法律对资本制度规制的天然界限。在此,资本制度改革的导向被进一步明确,授权资本制下解开股东出资形式的桎梏,捐弃法定资本制成为最优之解。任何要素,只要其具有相应的价值,在自治的基础上,获得股东同意即可成为当然的出资,这是为公司契约理论以及长期的公司实践所证明的公司自治属性的必然要求。

---

① 参见仇京荣:《公司资本制度中股东与债权人利益平衡问题研究》,中信出版社 2008 年版,"序言"。

但是,即使公司自治也需要公司法规范的支撑,如果绝对地贯彻契约自由,反而会实质性地违反契约自由精神。

公司法的生命在于实践,而不仅仅是逻辑。从实然意义和各国立法、执法与司法实践来看,完全意义上的公司自治或者绝对的国家强制在各个实定公司法上都是不存在的。至于二者的存在与发展,可能与经济形势关系很大。每当自治状态出现混乱的时候总会有较强的干预性措施出台。2015年8月最高人民法院发布并于9月生效实施的《关于审理民间借贷案件适用法律若干问题的规定》即国家通过司法强制干预应对民间资金市场乱局的实例。每当经济形势趋向疲软的时候,放松管制的措施就会出现。2013年对原《公司法》第23条第2项"法定资本最低限额"的修改就是国家通过立法放松管制的实例。实然世界中的国家策略在强制与自治之间摇摆,正如在一个生命的初期观察它的特性更具有典型意义一样,上述这种摇摆出现在中国改革开放初期的20世纪80年代,整个经济社会明显出现了"一放就乱、一管就死"的局面。"摇摆"的状态也说明,自治和强制的边界是不断变动的,如同潮起潮落,海水与沙滩的界限不断变化一样。洋溢着制度理性的公司法规范应当尊重公司实践,认识和运用自治与强制之间界分的规律,在消弭外部效应、平衡保护公司各相关主体利益方面为公司内部和外部定分止争提供规范依据。

本章小结

公司资本规制强度的设定,应当建立在妥当的价值判断基础之上。本章通过对公司资本规制的功能取舍、资本规制的价值冲突和资本规制的成本效益三个方面的系统论证分析了公司资本自治的逻辑基础和资本强制的介入因由,认为资本自治构成资本制度的根本前提,而资本强制则应负担正当性论证义务。

其一，公司资本具有组织法和合同法的双重功能。在组织法层面，它的功能包括形成公司的独立财产、支撑公司的独立人格、划定股东的有限责任、形塑股东与公司的关系等，应以私人利益关系冲突为主要规范对象；在合同法层面，它则表现为债权担保功能，关系到主动和被动债权人的利益。公司资本制度规制强度实际上是对前述功能的取舍，近年来各国公司法对纷纷降频公司法的债权保护功能，也奠定了资本规制强度不断弱化的功能基础。

其二，在资本规制的价值取向上，效率与安全的冲突贯穿始终。基于商事投资的本质性价值导向，效率及其基础上的自治规范应处于根本地位，安全价值的介入应以必要性为限。

其三，公司资本规制带来了立法、行政和司法上的多重成本，但其规制效果缺乏有力的论证，存在成本过高而效益不足的问题。唯有强制的收益超过强制成本时，公司资本强制措施方有介入必要。

总之，在公司资本规制领域，应当坚持自治的基本框架。强制性规制的介入需要满足以下两种情形方具有合理性：第一，当涉及社会公共利益，或者缘于公共性目的时，方可由国家对公司施加强制性干预；第二，对于私人利益的保护，当国家强制的成本低于公司自治的成本时，亦可由国家对公司施加强制性干预。

| 第三章 |

公司资本形成规制

资本形成制度是公司通过资本(也指股份公司的股份)的发行或认缴并确保股东将出资真实地注入公司形成公司资本的制度。公司资本形成制度可以类型化为三种,包括法定资本制、授权资本制和折中资本制。依据法定资本制与资本缴纳制度立法设计的不同,可进一步区分为实缴制和认缴制。[①]

公司资本对资本流入的规制体现为资本形成规范,其关注的重点在于公司资本如何能够有效地形成并支撑公司运行。2013年修正《公司法》肯认了认缴制之后,在出资期限问题上已经达到了制度竞争的底线,但在出资形式、股票发行权限等问题上,我国公司法却保持着迥异的规制态势。资本形成在法律性质上系股东与公司之间的契约,包括出资期限、出资形式、票面价格、发行价格及发行权限等均属于契约的典型要素,应当以自治为基础;当然,针对契约负外部性的溢出,应当通过适当的方式约束当事人的意思自治。2023年《公

---

① 参见赵旭东主编:《新公司法讲义》,法律出版社2024年版,第184~185页。

司法》在有限公司部分,对完全认缴制有限公司施加 5 年的期限限制,就是对出资期限的适度的强制。而在股份公司中采取授权资本制,是我国公司资本形成制度的重大变革,标志着我国对于股份公司资本形成规制的进一步弱化。

本章论述旨在从宏观与微观的双重视角审视资本形成制度中各项要素的效用及积弊,求解具体要素与资本规制之间的关系。

第一节 公司资本形成的自治基础

资本流入的结果为形成公司资本。虽然各国公司法上资本形成的规制有相当程度的相似性,但其也存在诸多实质性差异。例如,欧盟公司法对资本形成规范施加了诸多强制性规则,包括最低注册资本制度等,实际上导致了公司注册程序上的烦琐和耗时;[1]相比较而言,美国公司法则运用大量的自由规则,略去了欧洲公司法上的繁文缛节,节约了公司设立的成本。资本形成具有组织法上的组织形成价值,重新审视资本形成的自治因子,有助于厘清在资本流入阶段设定妥当法律规制的限度,并基于此进一步改革公司的设立程序。

一、公司资本形成的组织法契约属性

资本流入系资本形成的过程。从不同的角度观察公司资本形成,能够得出不同的结论。从公司组织形成的角度而言,资本形成的过程具有组织形成的属性,因此需要受到组织建构的法律规制。大陆法系民商法多将企业视为经济上的目的统一体,包括所有形式的动产、不动产以及

---

[1] See Andreas Cahn & David C. Donald, *Comparative Company Law*, Cambridge University Press, 2010, p.133.

权利均可能被囊括其中,其权利能力的取得来自国家的主权行为,即经济性社团的登记。① 民法上关于法人本质的各类学说虽有差异,在实务上的重要性也各不相同,但均重视法人的团体属性。例如,法人拟制说与目的财产说之下,法人作为法律上拟制之存在,各项权利义务只能借助于法律规范上的界定,即立法者的认可。② 即使如法人实在说那样更为看重法人的社会实在性和意志独立性,但其理论重点仍然侧重实体财产和意思的实然存在性,仍然强调国家通过法律形式对法人所施加的法律义务。③ 法人本质的诸多争议在民法上并不具有实质的理论价值,对团体法的单一视角的思维方式并无法妥当阐释公司的内外部关系,其中也包括通过公司出资形成资本的过程。如果从公司作为组织形态的财产基础考量,资本形成的过程将必然产生规制需求,其规制强度完全有赖于立法者的价值预设。

将公司视为单一主体进行规制的视角掩盖了公司作为组织的内外部关系的复杂性和多元性。从构建公司债权债务关系的角度而言,资本的形成具有契约色彩:公司设立、组织架构、登记等诸多事项都来自设立前的公司章程以及股东协议;增资过程既需要有股东的决议程序,亦需要有增资股东与公司之间的股份和出资对价交付的互动。有学者指出,股东在初始章程或增资合同中作出的认缴意思表示属于为自己设定负担的行为,本质上是债权债务关系的建立,公司进而成为出资关系中的债权人。④ 这种观点建设性地指出了双方债权债务关系的存在形态。在进一步穿透了可能存在的多种合同形式之后,我们可以实质性地将出资

---

① 参见[德]本德·吕特斯、阿斯特特丽德·施塔德勒:《德国民法总论》(第18版),于馨淼、张姝译,法律出版社2017年版,第124页。
② 参见[德]托马斯·莱赛尔:《德国民法中的法人制度》,张双根译,载《中外法学》2001年第1期。
③ 参见[美]约翰·齐普曼·格雷:《法律主体》,龙卫球译,载《清华法学》2002年第1期,第232页。
④ 参见丁勇:《认缴制后公司法资本规则的革新》,载《法学研究》2018年第2期。

过程概括为公司作为债权人与股东作为债务人的出资契约关系。这一关系分别体现在章程、股东协议、增资协议以及其他无名合同之中的权利义务，即使经由公司法被设定为公司组织规则，也并不影响其合同的本位所系。公司法对诸多事项的规制实际上建立在合理的商业逻辑和习惯基础之上。例如，英国公司法对章程约定有限责任的习惯最终予以立法上的认可，使立法上确认了有限责任的合法性。① 所以，立法的正当性并不在于立法者对价值的前见和预设，而在于商业习惯的合理性。

契约的内涵丰富，在经济学、社会学和法学上含义各有不同。社会学上的契约，系有关未来交换过程的当事人之间各种关系的规划，可以分为个别契约和关系性契约，前者关涉简单的物品交换，后者则关涉继续性的变动不居的契约条款，并可以形成复杂的契约网络。② 而经济学上的合同理论则包含了指代合意理性关系的显性合同，以及指代非合意理性关系的隐性合同，囊括了除规范意义上的合同之外的非正式契约形式。③ 从传统的公司合同理论角度来看，公司与股东之间的资本形成契约仍然是由一系列不完全的合同所构成，也不可避免地会遗留空白和漏洞。④ 经典的公司契约论只是提供了一种分析方法，包括科斯的市场和企业理论在内的诸多企业理论，都在于阐述企业的功能而非本质。⑤ 如上所述，关于法人的本质理论争议对于包括公司出资形成在内的诸多规则并不具有实际的指导价值。从公司法的功能角度而言，契约理论能够建构起包括法律上的规范权利义务和非法律上的权利义务结构，如经济学上的隐性合同及其实现机制。

---

① 参见[英]罗纳德·拉尔夫·费尔摩里：《现代公司法之历史渊源》，虞政平译，法律出版社2007年版，第120页。
② 参见[美]麦克尼尔：《新社会契约论》，雷喜宁、潘勤译，中国政法大学出版社1994年版，第4页。
③ 参见李建伟：《公司法学》，中国人民大学出版社2008年版，第10页。
④ 参见朱慈蕴、沈朝晖：《不完全合同视角下的公司治理规则》，载《法学》2017年第4期。
⑤ 参见罗培新：《公司法的合同解释》，北京大学出版社2004年版，第29页。

关系契约论和公司合同理论对于我们认识资本流入制度的本质具有重要的启发意义,能够帮助我们在并未直接签订合同的出资股东和公司之间建立合意关联,可以将这种已然通过组织法上权利义务方式予以规范表述的契约称为组织法契约。正如有学者所言,与合同法上的契约自由不同,公司法领域虽然处处存在可合同空间,但契约不自由的现象普遍存在,包括公司的设立、存续乃至解散,组织性契约均存在法律上对意思自治的限制。[①] 从实定法上来看,包括目前的出资形式、出资期限、股票面额、发行价格、发行权限等均由法律设定,存在诸多限制,背离了契约自由本质。这种对契约自由的限制与出资的契约基础共同作用下产生了明显的规范张力,并基于立法者不同的价值判断,在强规制的契约自由干涉和弱规制的契约自由尊重之间游移。

综上所述,资本形成的过程既可从组织法的维度审视,也可从合同法的角度剖析,甚至两者并行不悖,提供双重视角。然而,最为妥帖的理解是将这一过程视为一种组织法契约或组织法合同,它融合了完全自治的合同精神与立法者基于秩序考量所施加的规制力量。这两种方向相悖的牵引力在资本形成制度内部交织作用,形成了独特的规范张力。可以明确的是,即便作为组织法契约的资本形成规范体系,其根基也依然深植于契约的本质之中。因此,我们应当坚定不移地维护自治原则,确保资本形成过程中的自主决策与自由协商得以充分展现。同时,法律的强制性干预应当被严格限制在合理且必要的范围内,以避免过度干预削弱市场的活力与效率。总之,在自治与规制之间寻找平衡点,是构建健全、高效的资本形成制度的关键所在。

二、公司资本形成的强制界限

各国公司法上普遍对资本形成施加相应的事前规制,唯存在强度差

[①] 参见蒋大兴:《公司法中的合同空间——从契约法到组织法的逻辑》,载《法学》2017年第4期。

异。由于债权人的权利主张建立在公司的资产之上,有限责任又切断了债权人向股东主张权利的可能,因此,为确保债权人利益得到保障,一个看似合理的逻辑便是要求股东的出资必须真实,并在公司存续期间维持相应的资产。① 至少从表象上看来,维持较好的资产水平有助于对债权人进行保护。从逻辑上来看,债权人作为固定回报索取人,股东作为剩余权利索取人,债权人优先于股东受偿的权利,只有在资本冲突并且资本维持的情况下才有意义。这种观点不但存在于奉行法定资本制的大陆法系国家,也存在于奉行授权资本制的英美法系国家。曾主导美国《标准公司法》修改的曼宁(Manning)教授指出,法定资本制完全是法律上的创造,系历史的产物,公司的经济情况和法定资本在任何方式上都没有关联。② 也如邓峰教授所言,用一个静态数额去约束动态过程,法定资本制无异于刻舟求剑。③ 从商事实践来看,这种静态的资产托管视角,必然会背离公司的运营宗旨。由此,法定资本制与授权资本制对于资本发行的不同态度,并不反映两大法系对资本规制的实质强度,两者的实质差别体现在出资形式、出资缴付期限、股份面额、发行价格、发行权限等诸多领域。对于前述要素,既有的研究多关注单一视角,但前述要素之间并不具有实质性差异,均系股东与公司之间就出资所形成的组织法契约的各项要素,如果规制动因保持不变,则应坚持资本形成制度建立在契约之上的自治基础。

需要对资本形成规制的动因有二:其一,存在社会公共利益的保护需求。在公司资本形成问题上,涉及的利益主体包括公司、股东和公司债权人,其中公司债权人依照其特点又可以分为自愿债权人和非自愿债权人。前述主体均为私法上的主体,即使权利受到损害,但并未涉及公共利益,亦可通过私法手段获得救济。因此,根据民商法的基本原理,对

---

① See Paul Davis & Sarah Worthington, *Principles of Modern Company Law*, Sweet & Maxwell, 2012, p. 255.
② See Bayless Manning, James J. Hanks, Jr., *Legal Capital*, Foundation Press, 1990, p. 45.
③ 参见邓峰:《普通公司法》,中国人民大学出版社 2009 年版,第 310 页。

交易关系背景下民事主体与公共利益之间的关系进行调整,才需要依靠强制性规范。① 因此,立法上通常不宜为资本形成设定强制性的规范。其二,即使不存在公共利益的保护需求,但规制手段被证明比私法手段更有效率。如果强制性规则具有超过自治性规则的效率,能够更有效应对公司及其管理者的机会主义,那么强制性规则的引入即具有正当性,否则将有害于自治规则及其效率。② 由此,在资本形成的规制中,实际上存在两项实体性的论证规则:其一,存在需要保护的社会公共利益,方可施加资本形成上的强制性规制;其二,在不存在社会公共利益保护需求的情况下,只有强制性规则更具有效率时,方可施加强制性规制。

第二节 公司资本形成的具体要素与规制强度

资本形成作为组织法契约,出资股东对公司负担出资缴付义务,公司则对股东负担股份或股权缴付的义务,双方互负履行义务。股东缴付的出资形式、缴付期限,公司作为对待给付的股票面额、价格乃至股份发行的公司决策权限,从组织法契约的角度来看显然均系自治性事项,仅在前述存在社会公共利益抑或规制效率的动因下,方具有强制介入的需要,但应当保持适度的规制强度。

一、出资形式规制

对公司而言,股东以何种财产出资,关系到公司的资本构成与营业基础,是公司经营和发展的原始依托;对股东而言,股东的出资形式主要取决于投资者拥有何种可供公司利用的财产性资源;对制度构造而言,

---

① 参见王轶:《民法典的规范类型及其配置关系》,载《清华法学》2014年第6期。
② See Paul Davis, *Introduction to Company Law*, Oxford University Press, 2010, p. 70.

以何种财产出资关涉股东、公司及债权人之间的利益平衡,应当在安全与效率两个价值维度上思考出资形式的规制强度。

(一)我国公司法上出资形式的规制现状

我国 1993 年《公司法》对股东出资形式采取了严格的法定主义立法模式,该法第 24 条以列举方式规定了 5 种出资形式,即货币、实物、工业产权、非专利技术和土地使用权,并且规定以工业产权和非专利技术作价出资的金额不得超过公司注册资本的 20%。① 2005 年《公司法》第 27 条相较于 1993 年《公司法》第 24 条,对股东出资形式的规定有一定程度的放松,将非货币出资比例的上限由 20% 增加到了 70%(规定货币出资的比例下限为 30%,相当于将非货币出资比例的上限增加到 70%),并改原法条的列举式规定为但书兜底式规定,即除法律和行政法规禁止的以外,其他可以用货币估价并可以依法转让的非货币财产均可作价出资。② 与法律修订相配伍,国务院于 2005 年 12 月修订了《公司登记管理条例》,在第 14 条以列举方式规定了禁止作为出资的财产形式:劳务、信用、自然人姓名、商誉、特许经营权或者设定担保的财产等。2013 年《公司法》删除了 2005 年《公司法》第 27 条第 3 款关于货币出资比例不低于 30% 的规定③,事

---

① 1993 年《公司法》第 24 条规定:"股东可以用货币出资,也可以用实物、工业产权、非专利技术、土地使用权作价出资。对作为出资的实物、工业产权、非专利技术或者土地使用权,必须进行评估作价,核实财产,不得高估或者低估作价。土地使用权的评估作价,按照法律、行政法规的规定办理。以工业产权、非专利技术作价出资的金额不得超过有限责任公司注册资本的百分之二十,国家对采用高新技术成果有特别规定的除外。"

② 2005 年《公司法》第 27 条规定:"股东可以用货币出资,也可以用实物、知识产权、土地使用权等可以用货币估价并可以依法转让的非货币财产作价出资;但是,法律、行政法规规定不得作为出资的财产除外。对作为出资的非货币财产应当评估作价,核实财产,不得高估或者低估作价。法律、行政法规对评估作价有规定的,从其规定。全体股东的货币出资金额不得低于有限责任公司注册资本的百分之三十。"

③ 2013 年《公司法》第 27 条规定:"股东可以用货币出资,也可以用实物、知识产权、土地使用权等可以用货币估价并可以依法转让的非货币财产作价出资;但是,法律、行政法规规定不得作为出资的财产除外。对作为出资的非货币财产应当评估作价,核实财产,不得高估或者低估作价。法律、行政法规对评估作价有规定的,从其规定。"该条规定与现行《公司法》第 48 条一致。

实上废除了非货币出资的比例上限。2022 年 3 月 1 日实施的《市场主体登记管理条例》(《公司登记管理条例》同时废止)承继了《公司登记管理条例》中关于出资形式的限制,继续禁止公司股东以劳务、信用、自然人姓名、商誉、特许经营权或者设定担保的财产等作价出资。① 2023 年《公司法》虽然增加了债权和股权两种出资形式,但事实上,这两种出资形式早已在《公司法司法解释(三)》和公司实践中得到认可。因此,2023 年《公司法》并未对出资形式做出实质性的修改。② 从上述规定来看,尽管严格的法定主义有所松动,但以资本信用为基础的债权人利益保护主义仍然是我国出资形式制度的主色调,体现了严格监管的理念。

(二) 出资形式的过度规制

我国公司法一直坚持对出资财产形式的管制。一般认为,货币是最常见,也是最普遍的出资形式。作为一般等价物,无论是在学说上还是在实践中,货币是唯一没有引起过争议的出资形式,其他非货币出资形式是否被接受,某种意义上取决于该等非货币财产能否转化为货币。非货币财产出资受限,在一定程度上是因为将不同形式的非货币财产转化为货币的过程会产生交易成本。但事实上,公司"生产"的过程不仅需要货币,货币并非唯一能与劳动力结合以创造更多货币价值的资产形式,要实现货币与劳动力的结合,还需具备生产资料,而通过货币购买生产资料同样伴随着交易成本。因此,若考虑到经济性,允许和接受非货币出资符合公司和股东减少交易成本的目的。财产形式的多样化必然导致股东出资形式的多样化,但并非所有的财产形式都能形成公司的资本,能够用于出资的非货币财产需要具备一定的条件。股东出资对于公司而言具有重要意义,因而各国公司法对可出资财产有一定的限制。

---

① 参见《市场主体登记管理条例》第 13 条。
② 参见 2023 年《公司法》第 48 条。

1. 非货币出资形式适格性标准的不确定性

出资形式的适格性要求就是法律对财产形式转变为出资形式设置的规制条件。对股东出资形式的不同规制强度,反映了不同立法者的价值取向,对出资形式规制的强度会影响到以不同财产形式出资的股东之间的利益以及股东与债权人之间的利益,所以一般认为这种对出资形式的规制更多是为了平衡利益关系的需要。这主要体现在:一是为了确保股东出资的公平性;二是为了保证公司财产的价值,保护债权人的利益。

(1)非货币财产出资的适格性标准

关于非货币财产出资适格性的理论学说,有日本学者志村治美提出的四要件说,即"确定性、现存的价值物、评价可能性和独立转让可能性"[1];也有中国学者的三要件说,即"价值上的确定性、价值的稳定性和可转让性"[2]。根据现行法律规定,我国对非货币财产出资的适格性采用的是"可以用货币估价"和"可以依法转让"的两要件说,但这是一个"可以弹性掌握的概念"[3],具有法律适用上的不确定性,导致司法实践及商事实践中的诸多困惑。

(2)对我国"适格性"标准的评析

其一,"可估价性"之疑惑。不可否认,"可估价性"对于实现资本的功能的确具有重要意义。首先,就股东与公司、股东与股东之间的关系而言,出资须与股份相对应,只有满足"可估价性"条件,才能在同股同价的基础上实现股东平等,"因为是出资,所以作为对价会被给予股份,这时,由于金钱具有作为价值标准的机能,因此股份的对价与金钱能够无误地处于等价关系上"[4],因此,"可估价性"不仅是量化非货币出资,确定公司独立财产的要求,还是体现"同股同价"、固定股东与公司关系的

---

[1] [日]志村治美:《现物出资研究》,于敏译,法律出版社2001年版,第14页。
[2] 赵旭东:《企业与公司法纵论》,法律出版社2003年版,第268~269页。
[3] 李建伟:《公司资本制度的新发展》,中国政法大学出版社2015年版,第237页。
[4] [日]志村治美:《现物出资研究》,于敏译,法律出版社2001年版,第6页。

要求。其次,"可估价性"关涉资本的担保功能,涉及公司债权人利益的保护。股东的货币财产和非货币出资共同构成公司的独立财产,也即公司责任财产的基础,"可估价性"能够使非货币出资与股东认缴额之间建立等价联系,当出现非货币出资不真实、不充分的时候,瑕疵出资股东承担责任才具有可能性。

传统上的"可估价性"被限缩理解为可以通过专业机构的评估确定作为出资的非货币财产的价格,从这个意义上讲,"现物的作价不是一个法律问题,而是一个资产评估方面的专业问题。评价可能性取决于评价技术的发展"[1]。在价格确定机制中,交易双方之间的共识与合意往往凌驾于专业评估之上,尤其是在考量成本与效率时,专业评估往往不是最优选。以日本为例,实物出资的估价通常由发起人集体决策,仅在特定情境下才诉诸具备专业知识的第三方进行评估。任何财产均蕴含价值,其大小各异,而价格作为价值的货币镜像,既受价值本质的制约,也随市场供求波动。

"以货币估价"的核心理念根植于资本的原初形态——货币,而"可估价性"的强调则源于价值认知与需求的多元化,导致不同人对非货币财产的价值评估存在分歧。当法律为非货币财产设定了普遍接受的评价标准,或该财产的价格能被公众广泛认同时,其"可估价性"自然不言而喻。然而,这并不意味着缺乏法律标准或公众认同就必然否定其"可估价性"。首先,法律标准的制定与公众认同的达成,往往因高昂成本而难以普遍实现。其次,市场信息不对称是市场活力的源泉之一,它促进了交易的多样性与创新性,而单一、标准化的价格可能违背市场规律。再次,不同主体对非货币财产的偏好各异,正如资源价值的相对性所示。最后,在价格争议中,评估机构的介入虽能提供专业意见,但其结论亦非绝对,正如司法裁判中的事实认定亦非绝对真实。因此,非货币出资的

---

[1] 赵旭东主编:《新公司法制度设计》,法律出版社 2006 年版,第 277 页。

价格确定,应首先鼓励股东之间、股东与公司之间的自由协商,这不仅是公司自治精神的体现,而且是高效、灵活解决价格问题的途径。非货币财产的"可估价性"实质上依赖于利益相关者的相互评价与共识,只要价格得到各方认可,非货币出资便能发挥其作为资本的基本功能。仅当共识难以达成时,才需借助专业评估机构的力量,以辅助解决争议。

其二,"可转让性"之商榷。"可转让性"事关股东出资的财产是否能够转移至公司并成为公司的独立财产,这关系到股东的财产是否能与公司财产相分离,也关系到公司的独立人格及股东的有限责任。此外,不具有"可转让性"的财产也无法成为公司清偿债务的责任财产,该非货币财产如果无法由股东转让给公司,也一样无法由公司转让给债权人或者其他愿意购买该财产的人。

在传统公司法理论中,股东通过向公司转让财产以换取股份,这一过程要求财产必须正式转移至公司名下,实现与公司财产的明确分离,并赋予公司对这些财产的排他性直接控制权。这一"可转让性"原则,旨在确保公司能够独立、无碍地享有和利用股东出资的财产利益,同时规避因不可转让财产可能带来的潜在风险,保护公司及债权人的合法权益。然而,我国《公司法》对于"可转让性"的具体界定,似乎与强调公司独立性与自主性的公司本位主义理念存在微妙张力。在理想状态下,若公司能够实现对非货币财产权利的实质性、排他性支配,即便尚未完成形式上的财产权转移手续,亦应视为满足"可转让性"要求。在此逻辑下,过分强调"办理转让手续"作为法律规制的重心,可能产生不必要的限制效应,间接限制了原本具备"可转让性"但缺乏法定转让手续程序的财产形式(如劳务)作为合法出资的可能性,这与促进公司灵活治理和商业实践创新的初衷相悖。因此,对于"可转让性"的法律规制应当采取更为灵活与务实的态度。在确保公司能够实质性控制并利用出资财产的基础上,可适度放宽对形式化转让手续的要求。对于未完全遵循转让手续但实质上已实现转移控制权的情形,可通过股东差额补足责任、其他股东或公司高管的连带责任等机制进行事后调整与补救,而非将其作为出资有效性的前置条件或绝对障碍。这样的调整有助于丰富股东出资形式的多样性,促进资源的有效配置,同时也不失对公司及债权人利益的保护力度。

虽然"可转让性"有其合理性,但是《公司法》据以作出"可转让性"判断的直观标准也已不太切合实际。仅对于我国现行法而言,就存在并非所有的权利转移都有明显的外观的问题,如有限责任公司股权登记仅具有对抗第三人的效力,动产的租赁、借用等占有的外观与所有权转移无关,严格的不动产登记主义在实践中也已经产生动摇。例如,最高人民法院《关于人民法院办理执行异议和复议案件若干问题的规定》第28条和第29条说明,不动产受让人的物权期待权已经被司法机关接受为足以对抗不动产产权登记,足以排除执行的权利;根据《公司法司法解释(三)》第7条第1款的规定,股东以非自有财产出资的,准用《民法典》中的善意取得的规则。[1]

当现象级的观察已经不能解决我们的困惑时,就应当从学理中找寻答案。法律规范意义上表现的"可转让性",其实是为了满足出资财产成为公司的独立财产以使股东财产与公司财产相分离并成就公司独立人格和股东有限责任,无论股东出资的财产是有体物还是无体物,转让与否的标志都仅是公司是否获得了该等财产的权利而已。无论是康德的

---

[1] 《公司法司法解释(三)》第7条第1款规定:"出资人以不享有处分权的财产出资,当事人之间对于出资行为效力产生争议的,人民法院可以参照民法典第三百一十一条的规定予以认定。"《民法典》第311条规定:"无处分权人将不动产或者动产转让给受让人的,所有权人有权追回;除法律另有规定外,符合下列情形的,受让人取得该不动产或者动产的所有权:(一)受让人受让该不动产或者动产时是善意;(二)以合理的价格转让;(三)转让的不动产或者动产依照法律规定应当登记的已经登记,不需要登记的已经交付给受让人。受让人依据前款规定取得不动产或者动产的所有权的,原所有权人有权向无处分权人请求损害赔偿。当事人善意取得其他物权的,参照适用前两款规定。"

意志理论,还是耶林的利益理论,都认为权利的本质在于自治,①公司法规范上应当将权利的转让与否及是否具有"可转让性"等的判断标准交于私法自治去表达。在当今鼓励投资、鼓励创业的时代背景下,公司法律规范不宜对非货币出资财产的转让"形式"作过于严苛的限制。

2. 对现行法上禁止性规定的质疑

有观点认为,《公司法》规定的"可以用货币估价并可以依法转让"是可以弹性掌握的概念,但实际上这种弹性很大程度上是被具体行政法规严格限制的。《公司登记管理条例》第 14 条的限制性规定被《市场主体登记管理条例》承继,作为《公司法》的配伍制度,明确禁止劳务、信用、自然人姓名、商誉、特许经营权、设定担保的财产等作为出资形式。禁止的原因可能是担心以该等非货币形式出资会损害债权人的利益,但是这样的担忧和禁止都是值得商榷的。

(1)劳务

劳务出资,根据其性质可分为已履行与待履行两类。对于已提供的劳务,其作为适格的非货币出资形式几乎无争议,因其既满足了"可估价性"——价值明确且已为公司所实际享有,也体现了"可转让性"——使用价值及经济价值已顺利转移至公司名下,这一做法在英美普通法体系中尤为普遍,且在美国全境得到了广泛接受。

反观未来提供的劳务,其作为出资形式的历程则显得更为曲折。早年间,英美普通法体系内,特别是如得克萨斯州等地,曾明文禁止此类做法,认为其存在不确定性及潜在风险。然而,随着商业实践的深入发展,人们逐渐认识到,在特定情境下,允许以未来劳务出资能够有效促进资源优化配置,尤其是在公司急需特定技能或知识而资金有限时,通过发

---

① Vgl. Marietta Auer, Subjektive Rechte bei Pufendorf und Kant: Eine Analyse im Lichte der Rechtskritik Hohfelds, AcP 208, 2008, S. 594; Gerhard Wagner, Rudolf von Jherings Theorie des subjectiven Rechts und der berechtigenden Reflexwirkungen, AcP 193, 1993, S. 324. 转引自朱庆育:《民法总论》(第 2 版),北京大学出版社 2016 年版,第 400~502 页。

行股份换取个人未来服务承诺,既是对商业活动的积极促进,也是对人力资本价值的高度认可。将劳务视为一种特殊形式的"劳动力商品",其市场价格的存在为"可估价性"提供了坚实基础。至于"可转让性",关键在于劳务提供者与公司、其他股东之间的协议安排。当各方就劳务的具体内容、期限及估价达成一致,并明确劳务出资者不再因提供该劳务而额外获取报酬,转而通过持有股份享有分红权时,这种劳务出资实际上已具备了与分期缴纳货币出资相似的法律与经济效果。在我国,尽管现行法律对公司直接接受劳务出资持谨慎态度,但"员工持股"与"股权激励计划"等创新模式的兴起,正是对这一需求的积极回应与变通实践。这些计划通过巧妙设计,既规避了法律上的直接限制,又实现了劳务出资的实质效果,即吸引并留住关键人才,促进公司长期发展。因此,未来在立法层面,或许可以进一步探索如何在保障交易安全与维护市场活力的平衡中,为劳务出资开辟更为直接、高效的路径。

(2)信用

"信用"这一词汇蕴含了丰富的内涵,但本书聚焦于其作为履行债务承诺之认可度的特定维度,这一维度的信用是时间与信誉的结晶。信用不仅承载着无形的价值,更能在市场中以商品的形式流通交易。《全国法院民商事审判工作会议纪要》(以下简称《九民纪要》)第19条第1项中提及的担保公司,便是典型例证,它们以提供专业担保服务为核心,收取担保费,实质上是在出售其信用背书,担保费即为此信用的市场定价。同样,保险公司通过承保各类责任保险,也是在以保险费为媒介,交易其背后的信用保障能力。在专业评估领域内,企业信用的量化评估已不再是难题,商业估值技术的精进使信用的"可估价性"得到了充分验证。至于"可转让性",我们可以设想这样一个场景:股东甲凭借其良好的银行信用记录,轻松获得贷款支持。而新成立的A公司,由于缺乏信用基础,难以直接从银行融资。在此情境下,甲利用自身信用优势助力A公司获得银行贷款,作为回报,A公司向甲发行股份,实现了以信用作为出资形式的转换。这一过程清晰展示了信用如何在不同主体间流转,并转化为实际的经济利益。当然,信用出资并非无风险之举。若股东未能如约履行其信用承诺,如未能协助公司获得预期贷款等,理应承担相应的责任。这种责任机制与劳务出资中的类似规定相呼应,都体现了对出资行为严谨性与实效性的要求。至于对信用可靠性的质疑,诚然,任何形式的出资都可能面临价值波动的风险,包括股权在内。但关键在于,完善的制度设计与监督机制能够最大限度地降低这些风险,确保出资的真实性与有效性。因此,我们不能因噎废食,而应积极探索信用出资的更多可能性,以更好地服务于企业融资与经济发展的需要。2023年《公司法》第48条规定出资人可以用股权出资,也并未对作为出资的股权的贬值问题产生过多的担忧。既然承认股权可以作为出资的形式,那么就不应以上述理由否定信用是适格的非货币出资形式。

(3)自然人姓名

在民法的权利分类中,自然人姓名被归于人格权的范畴,其并不属于财产权之列,非财产性的权利从根本上不符合《公司法》第48条对非货币出资形式的"财产"定性。《市场主体登记管理条例》作为行政法规,将非财产属性的自然人姓名列入禁止出资的形式,在立法技术上是不恰当的。倘若自然人姓名与商标或者商誉相结合,则应当按照商标或者商誉予以规制,没必要在行政法规中单独对自然人姓名作出禁止性规定。

(4)商誉

商誉是经营者在市场经营活动中,对其产品的市场推广、技术研发以及广告宣传等领域经过长期努力建立起来的企业形象和市场评价,[1]属于特殊的无形资产,并兼具人格属性。良好的商誉能够为公司的长期稳定发展奠定基础,而不良商誉则意味着公司可能被逐出竞争性市场。

---

[1] 参见甘肃省高级人民法院民事判决书,(2019)甘民终591号。

商誉虽然与主体人格不可分离,但其确实具有财产性价值,司法中已有通过评估方式相对量化商誉的例子,①证明了商誉具有"可估价性"。有学说认为商誉的实现方式有两种,一种是内化利用并获得更多的利润,另一种是外化的转让。②被内化利用并盈利的能力可以体现其财产性的价值,能够外化转让的商誉即具有价格。商誉的转让具有不同于一般财产性权利的特殊性,商誉本身并不会独立存在,而要加载于商标、包装、企业名称等载体之上,与企业的"人身"密不可分,但是这并不意味着商誉不能转让。从现实可能性上讲,如果将享有商誉的企业的股权(或者部分股权)、商标权(或者商标使用权)、包装的外观专利权(或者专利使用权)等一并作为出资转让给公司,即可实现商誉的"可转让性"。换句话说,当股份作为出资形式的时候,股份上附带的商誉等无形资产被单独定价就是以商誉出资。

(5)特许经营权

根据特许人不同,特许经营可以分为行政特许经营和商业特许经营。特许经营权均来源于合同,特许人和受许人在特许经营合同上对权利义务作出安排,受许人获得特许经营权的同时负担有合同上的义务(甚至是先合同义务),只有履行了该等义务才能获得特许经营权。作为一项财产性权利,尤其是基于合同产生的权利,其"可转让性"应当根据《民法典》第545条第1款③予以规制,是否能够转让应当依法律规定而不是由行政法规确定;同理,特许经营权负担的相应义务是否能够转让

---

① 参见山东省淄博高新技术产业开发区人民法院刑事判决书,(2014)新刑初字第31号;河南省焦作市中级人民法院刑事裁定书,(2018)豫08刑终316号。
② 参见刘继峰:《竞争法学》(第3版),北京大学出版社2018年版,第360~361页。
③ 《民法典》第545条第1款规定:"债权人可以将债权的全部或者部分转让给第三人,但是有下列情形之一的除外:(一)根据债权性质不得转让;(二)按照当事人约定不得转让;(三)依照法律规定不得转让。"

也应当仅受《民法典》第 546 条第 1 款①的规制,并且依特许人的意思表示即可。所以,特许经营权是否具有"可转让性"主要属于特许人和受许人意思自治范畴,在法律规制已经周延的情况下,无须再由行政法规单独对特许经营权是否可以作为出资形式作出规定。

(6)设定担保的财产

对设定担保的财产的"可估价性"是没有争议的,即使实现了担保物权,担保财产可能还有剩余价值;设定担保的财产一定是能够转让的财产,否则担保物权无法实现,只不过对担保物的转让要受《民法典》的限制②,但是《民法典》并不禁止设定担保的财产转让,《公司法司法解释(三)》第 8 条还专门就"设定权利负担的土地使用权出资"作出了规定③,因此,可以认为设定担保的财产在"可转让性"上也是适格的。应担心的是一旦实现担保物权的条件成就,以担保物的出资就会落空。但是,就像担保物权的设立基于当事人意思表示一样,是否接受有权利负担的财产作为出资,以及该等设定担保的财产的评估作价完全可以交由公司与股东意思自治。根据 2023 年《公司法》第 15 条的规定,公司成立以后,也可以用公司财产对外提供担保,这说明法律没有必要禁止设定担保的财产作为出资形式,只要严格公司对外公示出资信息义务、严格瑕疵出资责任,债权人利益应当可以得到保护。而笼统地拒绝设定担保

---

① 《民法典》第 546 条第 1 款规定:"债权人转让债权,未通知债务人的,该转让对债务人不发生效力。"

② 例如,《民法典》第 406 条规定:"抵押期间,抵押人可以转让抵押财产。当事人另有约定的,按照其约定。抵押财产转让的,抵押权不受影响。抵押人转让抵押财产的,应当及时通知抵押权人。抵押权人能够证明抵押财产转让可能损害抵押权的,可以请求抵押人将转让所得的价款向抵押权人提前清偿债务或者提存。转让的价款超过债权数额的部分归抵押人所有,不足部分由债务人清偿。"由此可知,其他的动产质物、权利质物,经担保权人同意,也可转让。

③ 《公司法司法解释(三)》第 8 条规定:"出资人以划拨土地使用权出资,或者以设定权利负担的土地使用权出资,公司、其他股东或者公司债权人主张认定出资人未履行出资义务的,人民法院应当责令当事人在指定的合理期间内办理土地变更手续或者解除权利负担;逾期未办理或者未解除的,人民法院应当认定出资人未依法全面履行出资义务。"

的财产作为出资不一定能够照顾公司、股东和债权人的利益,还影响对物的充分利用,违背《民法典》规定的"发挥物的效用"原则。

3. 对我国出资形式制度的反思

从上述分析可以看出,严格的法定主义虽有松动,但以资本信用为基础的债权人利益保护主义仍然是我国出资形式制度的主色调,这种价值追求与严格的法定主义一脉相承,体现了严格监管的理念。传统上,对公司资本功能的理解侧重于保障公司正常营运和为债权人提供担保两个方面,然而随着公司法理论与实践的发展,公司资本的功能已经被重新认识和理解,基于传统理论构建的股东出资制度也应当随之发生变化。

域外经验表明,无论是大陆法系国家还是英美法系国家,对股东出资形式的差异化规制正在弱化甚至消失,传统认为难以估价和转让的劳务、商誉等,也越来越多地被接受为股东向公司出资的形式。例如,欧盟《公司法第二指令》第7条规定,"实际认购资本必须由能够作出经济评估的资产组成,但是完成工作或提供服务的承诺不在此限";《英国公司法》(2006年)第582条规定,"公司的出资形式可以是货币或者商誉、专有技术以及其他与货币等值的财产";美国《标准公司法》第6.21节(b)规定,"董事会可以授权收取现金、本票、已提供的劳务、待履行的服务合同或者公司的其他证券等有形或者无形的财产、利益作为股票的对价";《特拉华州普通公司法》第152条规定,"可以作为股份对价的财产包括现金、有形或者无形财产、带给公司的受益"[①]。

出资形式制度更多是出于债权人保护之目的,属于资本制度中的事前限制模式。而实践已经证明,事前设限的方式在债权人保护中的作用并不十分有效,"公司资本不过是公司成立时注册登记的一个抽象的数额,而绝不是公司任何时候都实际拥有的财产","从实际的清偿能力而

---

① Chapter 1 of Title 8 of Delaware Code, General Corporation Law, §152.

言,公司资本几乎是没有任何法律意义的参数,以资本为核心所构筑的整个公司信用体系根本不可能胜任保护债权人利益和社会交易安全的使命"。[1] 以公司为本位,首先要考虑的是公司如何经营而非如何偿债,"经营是出发点,是根本的目的性问题,而偿债则是经营行为的后果问题"[2]。若基于债权人利益保护之目的,法律应当更多关注公司在经营管理活动中如何保障其资产的保值增值,通过对出资形式的强制实现债权人利益保护本身就进退失据,也给公司以及投资者造成了不必要的制度束缚。事实上,在我国现实的经济社会中,超出《市场主体登记管理条例》限制的出资形式并不鲜见,只不过是以规避法律的其他形式出现罢了。例如,被行政法规限制或者禁止的特许经营权、商誉等出资方式,在国企改制、并购重组等交易中,都可以打着"生产经营性资产"的旗号,以"国企改制""资产重组""吸收合并"等名义"打包"出资入股。[3] 为了实现私法自治而损害法律制度的权威,牺牲制度利益的同时又增加了"守法成本",明显得不偿失。

向公司出资是纯粹的"私"行为,应属私法的调整范围,应尊重当事人对投资资源的充分利用及公司的实际需求,是否能够出资以及是否接受此等形式的出资由当事人自行议定更为妥当,在《公司法》第48条的原则规定之外,行政法规不必对出资形式强加过多干预。此外,由于公司与债权人系对立统一的共生关系,现行的出资形式制度限制股东出资自由的同时,与债权人利益保护的初衷可能也是相悖的。所以,只有大力拓展股东的出资形式,才能更好地适应市场竞争和社会经济发展的需要,才能实现公司资产多元化,强化公司资产的保值增值能力。

---

[1] 赵旭东:《从资本信用到资产信用》,载《法学研究》2003年第5期。
[2] 赵旭东等:《公司资本制度改革研究》,法律出版社2004年版,第30页。
[3] 参见王军:《中国公司法》(第2版),高等教育出版社2017年版,第116页。

(三) 出资形式规制的自治化进路

无论是从立法技术上的文义构造观察,还是从制度设计的理念考虑,我国现行出资形式制度的缺陷已出现,应当以拓宽股东出资形式、便利公司设立和融资作为制度重构的方向。出资形式的多样化自然会导致瑕疵出资的风险,但法律、行政法规没有必要通过事先限制出资形式来防范这些风险,对债权人和公司利益的保护完全可以通过事后的规制来实现救济。因此,为实现资源的优化配置,应当重构我国的出资形式法律制度,以提高融资效率,鼓励投资和创业。

1. 出资形式自治化的逻辑基础

从法经济学的视角来看,扩大出资方式的范围对于减少交易成本和提升经济效益具有积极意义。首先,这种做法为企业提供了更广泛的资本构成选项,这既体现了企业自主权的原则,同时也简化了企业的设立流程,并满足了企业运营的各项需求。只有企业能够根据其运营需求自由选择适合的出资方式时,各种资产才能最大限度地发挥其价值,从而实现效益最大化。其次,扩大出资方式是资本信用向资产信用转变的自然趋势。通过这种方式,企业资本结构将更加多元化,这不仅有助于增强企业的竞争力,还能提高企业的发展潜力和抗风险能力。最后,扩大出资方式有助于提高经济效率。虽然对出资方式的法律限制旨在保护交易安全,但同时也需考虑到交易的自由度和效率,不应通过牺牲交易自由和效率来保障交易安全。在我国取消了最低资本额制度之后,资本形成机制在降低交易成本方面已向前迈出了一步。因此,在确定出资方式的"质"方面,股东的出资方式制度也应进行相应的改革,以激励股东的出资热情,充分利用股东的资源禀赋,促进各类资源的高效利用。

从利益平衡的角度来看,出资形式的自治化有利于公司、出资股东与其他股东,亦不致损害债权人利益。法律是利益博弈的产物,立法的过程是利益衡量的过程。"立法的目的在于公平合理地分配与调节社会利益、不同群体的利益和个人利益,对社会上各种现存的利益和将来可能产生的利益加以综合平衡,促使各种不同利益各得其所、各安其位,做到相互协调,避免相互冲突,从而促进社会的进步和发展。"[1]"既然资本不再负有债权担保的使命,股东的出资也就不再必须具有债务清偿的功能,凡具有经营功能的资源和要素都可以作为股东的出资,唯一条件只是股东的认可和同意。"[2]利益平衡是公司资本制度的立法理念之一,出资形式涉及的利益主体主要包括公司、出资股东与其他股东以及债权人,因此,出资制度应当考虑如何平衡好公司、出资股东、其他股东以及债权人之间的利益关系。首先,出资形式的扩展有利于股东利益。对于出资股东而言,以自己所拥有的资产出资而不必交付货币,对自身而言自然是最便利和经济的选择。以劳务出资为例,对提供劳务的股东而言,他是以自己的知识、技能、智慧和经验作为出资成为股东,而不必向公司缴纳货币财产,不必通过储蓄或者借贷来筹措资金,节省了股东的出资成本。这体现了对其人力资源价值的认同,也体现了社会对智识的尊重。[3] 对其他股东而言,采纳人力资源作为出资方式同样带来诸多裨益。它促进了公司获取运营所必需的技术及知识等无形资产,有助于吸引志同道合的创业伙伴,并简化了公司成立的流程。其次,出资形式的多样化并未对公司及其债权人的权益构成威胁。公司若能自主决定其资本构成,定会倾向于选择最能促进其发展的资源,诸如劳务、信用及特许经营权等,只要这些资源对公司有价值,均可纳入出资范畴。赋予公司出资形式的扩展权与自治权,不仅便于其甄选最契合自身利益的出资形式,还能使其自主构建理想的资本架构。

就公司与股东间的投资关系而言,出资形式的多样化并不改变其本

---

[1] 梁上上:《利益的层次结构与利益衡量的展开——兼评加藤一郎的利益衡量论》,载《法学研究》2002年第1期。
[2] 赵旭东:《从资本信用到资产信用》,载《法学研究》2003年第5期。
[3] 参见梁上上:《人力资源出资的利益衡量与制度设计》,载《法学》2019年第3期。

质。关键在于股东需依章程规定足额缴纳出资,并确保其真实性与充分性,如此便能维护公司利益不受损害。即便股东未能履行出资义务,完善的出资责任制度亦能加以纠正,如要求股东以货币形式填补出资差额,并承担因出资不足而给公司造成的损失赔偿责任。对于债权人而言,尽管股东的出资形式与其利益有所关联,但他们更为关注的是公司的整体资产状况。因此,法律应聚焦于确保非货币出资的真实性与充足性,而非过分限制出资形式。通过建立全面的信息披露机制,公开公司资本构成的详细出资形式,赋予债权人充分的事前评估能力,并结合契约机制、司法救济等手段,有效保障债权人的权益。这样,便无须为保护债权人利益而过分限制出资形式的多样性。

综上所述,从利益均衡的角度出发,放宽出资形式的限制,赋予公司更大的自治权,既有利于公司、出资股东及其他股东,同时也不会损害债权人的利益。这不仅是激发投资热情、提升投资者积极性的有效途径,还是出资形式制度应秉持的基本价值取向。我们应当致力于降低公司设立门槛,加强公司经营阶段的监管,并完善股东责任机制,以实现公司、股东与债权人之间的利益和谐共生。

2. 出资形式自治化的目的性标准——"有益性"

如前所述,出资财产的"可估价性"不是指财产所有人的自我评价,而是他人对该等非货币财产的评价,亦是利益相关者相互之间的评价,只要利益相关者对价格达成一致即可实现非货币出资作为资本的原本功能,只有当利益相关者因为非货币出资的价格产生分歧和争议的时候才有必要借助专业评估的力量予以辅助。因此,对于非货币出资,完全可以由股东之间、股东与公司之间自由协商以确定评估价格,这也是公司与股东自治的体现。而法律规范意义上表现的"可转让性",其实是为了满足出资财产成为公司的独立财产以使股东财产与公司财产相分离并成就公司的独立人格,无论股东出资的财产是有体物还是无体物,转让与否的标志都仅是公司是否获得了该等财产的权利而已。无论是康德的意志理论,还是耶林的利益理论,都认为权利的本质在于自治。① 因此,我国公司法对于出资形式"可估价性"和"可转让性"的要求都最终实质性地指向了公司自治。公司法规范上应当将财产的估价以及是否具有"可转让性"等的判断交于私法自治去表达。

自治条件下,"有益性"是公司的必然选择,所谓"有益性",又可以称之为"公司目的框架内的收益力"②。以美国为例,《特拉华州普通公司法》第152条规定:"可以作为股份对价的财产包括现金、有形或者无形财产、带给公司的受益。"资本是公司营运的基础,对出资形式进行规制具有正当性,而规制的最终目的在于保证股东的出资形式对公司有益。股东用作出资的非货币形式应当切实有益于公司,不能对公司没有实际的利益甚至纯粹使公司增加负担,能够实现公司营利目的的财产形式才可以成为资本。

出资形式是否符合"有益性"的标准确实是基于主观形成的判断,不同公司的情况和处境不同,得出的判断结论也会不同,因此需要结合公司和出资形式的具体情况"由公司进行自由判断"③。"有益性"是建立在不同公司对出资形式具有不同偏好的基础上的。比如一项汽车节油器发明专利,对于汽车制造企业而言具有"有益性",甚至会产生巨大的市场价值,但对于一个餐饮公司而言,则不能立即体现"有益性",当然,这并不是说餐饮公司绝对不会接受该发明专利作为出资,其是否接受取决于其他股东的认可,包括是否接受该出资形式以及是否能对该出资形式的价格达成共识。对"有益性"的判断,包括对该项专利将

---

① Vgl. Marietta Auer, Subjektive Rechte bei Pufendorf und Kant: Eine Analyse im Lichte der Rechtskritik Hohfelds, AcP 208, 2008, S. 594; Gerhard Wagner, Rudolf von Jherings Theorie des subjectiven Rechts und der berechtigenden Reflexwirkungen, AcP 193, 1993, S. 324. 转引自朱庆育:《民法总论》(第2版),北京大学出版社2016年版,第400~502页。
② 李建伟:《公司资本制度的新发展》,中国政法大学出版社2015年版,第232页。
③ 赵旭东主编:《新公司法制度设计》,法律出版社2006年版,第278页。

如何使用的判断,是将该项专利择机变现,还是储备该项专利用于公司日后转型进入汽车制造行业完全可以由公司自治。至于发明专利变现所产生的交易成本由出资股东承担还是由公司承担则属于非货币出资的价格调整机制需要解决的问题,价格调整也完全可以由股东和公司通过合同机制予以实现。正如赵旭东教授所言,"既然资本不再负有债权担保的使命,股东的出资也就不再必须具有债务清偿的功能,凡具有经营功能的资源和要素都可以作为股东的出资,唯一条件只是股东的认可和同意"①。

(四)股东出资形式自治化的具体制度安排

1. 建立合理的价格评估机制

由于出资必将与股份对应,价格评估的公允性就显得格外重要。确定非货币出资的价格不仅是一个资产评估方面的专业问题,更是一个法律问题,需要法律提供一套能够保障公允的估价结果的合理规则来确保非货币出资价格评估的真实可靠,从而实现非货币出资和股份之间的等价转换。② 域外不乏通过立法支持对非货币出资的价格评估来解决这一难题。美国《标准公司法》第 6.21 节(c)规定股票的对价是否充足以及是否需要重新评估的决定权在于董事会,美国《标准公司法》第 6.21 节官方注释中,对董事会为什么要对非货币出资充足性进行判断做出了说明。起草者认为,非货币出资的价格评估制度,能够很好地保障股东出资价值的公允,实现股东间利益的平衡。无论是从公司法学理还是从法律文本的表达上进行分析,在立法者考虑为什么或者如何进行非货币出资价格评估之际,主要关注的是股东权益是否存在被稀释的可能。在价格评估问题上,美国法偏重效率优先,将非货币出资的价格审查交由董

---

① 赵旭东:《从资本信用到资产信用》,载《法学研究》2003 年第 5 期。
② 参见傅穹:《重思公司资本制原理》,法律出版社 2004 年版,第 122 页。

事会判断,这种模式对我国亦有借鉴意义。① 日本学者则从如下方面解释了价格评估的必要性:第一,为了防止现物出资被过大评价而产生掺水股,引起现物出资人和货币出资人之间的对抗关系;第二,因为有限责任制度使股东对债权人只负间接的有限责任,现物出资的过大评价使以公司资本作为唯一担保而提供了信用的债权人从一开始就受到了欺骗,从而危及公司与债权人通过合同安排双方权利义务的真实意思基础。

公司接受某种非货币形式出资,或许是其生产经营活动所必需,若于公司成立后再取得反而会增加交易成本。② 既然非货币出资的存在具有现实必要性,意在对价格作出公允判断的价格评估就不可或缺。换言之,立法者构建非货币出资价格评估制度的必要性在于:第一,为贯彻股东平等原则,需要平衡货币出资人与非货币出资人之间以及非货币出资人之间的权益;第二,为保护债权人利益,需要通过非货币出资价格评估制度来确保出资的真实性与充足性。

在我国构建出资评估作价体系时,首要原则是坚持商事自治的核心理念。特别是在新股发行的背景下,应鼓励股东间通过协商自主确定评估价格,并将此共识视为合法且合理的评估基准。这一做法的合理性基于以下几点考量:第一,股东间"约定"的价格深刻体现了意思自治的原则。作为成熟的投资者,股东们能够凭借自身的商业判断力,综合考量非货币出资对公司潜在价值的贡献与潜在风险,从而达成一个双方都认可的公平价格。第二,该约定价格是股东间充分博弈与协商的产物。作为市场参与者,他们拥有丰富的商业经验和足够的理性,能够在复杂多

---

① 从《公司法司法解释(三)》第9条的规定来看,我国亦存在将非货币出资的估价交由股东和公司自治,当公司利益相关者对非货币出资的估价产生争议和分歧的时候由专业的评估机构给出估价结论的制度可能性。《公司法司法解释(三)》第9条规定:"出资人以非货币财产出资,未依法评估作价,公司、其他股东或者公司债权人请求认定出资人未履行出资义务的,人民法院应当委托具有合法资格的评估机构对该财产评估作价。评估确定的价额显著低于公司章程所定价额的,人民法院应当认定出资人未依法全面履行出资义务。"

② 参见赵旭东等:《公司资本制度改革研究》,法律出版社2004年版,第128页。

变的因素中寻求平衡,即使最终的价格是基于某种妥协,也确保了它至少对各方都是无害的。第三,股东间的自然制衡机制在很大程度上消除了对第三方评估的依赖。若某股东的非货币出资被过高估价,其将直接获得更多股权与权益,相应减少其他股东的份额,因此在价格谈判中,每位股东都会出于自身利益的最大化进行审慎考量,最终达成的价格必然是各方都能接受的均衡点。第四,第三方评估在此体系中扮演的更多是辅助角色,作为非货币出资作价的一个参考选项。在无异议的情况下,股东间的约定价格即被视为合理;而在出现分歧时,则可借助第三方评估机构的专业意见作为调解或仲裁的依据,或作为谈判的参考点。此外,股东亦可主动寻求第三方评估,以获取更为客观的评估结果支持其价格谈判。第五,在增资发行的场景下,对于新增资本中出资标的物的价格评估,可借鉴国际先进经验,如美国《标准公司法》第6.21节所规定的模式,赋予董事会以专业判断非货币出资价格的权力,从而在保证商事自治的同时,也兼顾了评估的专业性与效率。

2. 完善配套的风险防范机制

非货币出资作为公司资本的重要组成部分,其最大的潜在风险在于瑕疵出资现象,这直接威胁到公司资本的稳固与充实,进而可能影响债权人的权益保障。为此,推行非货币出资价格评估的法定化机制,被视为有效降低此类风险、强化公司资本稳定性的有效手段。然而,这一措施也不可避免地会增加公司设立过程中的成本负担。为了平衡风险管理与成本效益,包括我国在内的多国采用了公示制度作为关键策略。该制度通过公开非货币出资的相关信息,鼓励并依赖社会公众的广泛监督,以此作为对股东自治权的一种外部制衡。同时,配套建立了股东连带责任及高管补充责任等制度框架,旨在严格约束股东行为,确保其非货币出资的真实性与有效性,防止股东滥用权利或逃避出资责任。这些制度安排共同构成了对公司资本风险管理的专项体系,旨在全方位保障公司资本的充实与债权人利益的安全。

(1)完善各类非货币出资的信息公示

公司除了要公示注册资本数额,对于非货币出资形式也应予以公示,方便债权人知情,将交易风险交由债权人自己去判断,债权人可以通过拒绝交易、提高价格(或者利率)、要求增加担保等手段来保护自己,这是域外公司立法的成功经验。以2005年《日本公司法》为例,该法第28条第1项规定,设立股份公司,不在章程中记载或记录以金钱以外财产出资者姓名或名称、该财产及其价额和对其分配的设立时发行股份数的,不生效。① 德国、法国、日本都将非货币出资列为公司章程的相对必要记载事项,② 通过公示方式将非货币出资的信息公开,以便相对人对公司资本状况作出正确的风险评估。日本还要求通过认股书公示,在发起人制作的认股书上记载有关非货币出资的事宜;③德国规定在对公司登记进行公告时应当告知可向法院查阅包含实物出资等内容的设立审查报告;④《韩国商法典》第544条第1项也规定,将实物出资作为相对必要记载事项记载于章程,对外公示,如果发现在公司成立之际非货币出资的实际价格显著低于章程中规定的价格时,公司成立之际的股东应向公司承担连带支付该差额的责任。⑤ 依照我国现行法,也有非货币出资的登记公示规定:第一,记载于公司章程⑥;第二,通过企业年度报告向社会公示⑦;第三,通

---

① 参见王保树主编:《最新日本公司法》,于敏、杨东译,法律出版社2006年版,第66页。
② 参见《德国股份法》第27条第1款;《日本商法典》第168条第1款第5项。
③ 参见《日本商法典》第175条第2款第7项。
④ 参见《德国股份法》第40条第2款。
⑤ 参见《韩国商法》,吴日焕译,中国政法大学出版社1999年版,第148页。
⑥ 依照我国《公司法》第46条的规定,非货币出资的价额应该记载于公司章程。
⑦ 《企业信息公示暂行条例》(2024年修订)第8条第1款规定,企业应当于每年1月1日至6月30日,通过国家企业信用信息公示系统向市场监督管理部门报送上一年度的年度报告,并向社会公示。根据该条例第9条第1款第4项的规定,股东或者发起人认缴和实缴的出资额、出资时间、出资形式等信息属于年度报告的内容。而且,根据第9条第2款的规定,第1款第1~6项规定的信息属于"应当向社会公示"的信息,第7项则由企业选择是否向社会公示。

过企业信用信息公示系统向社会公示①。

(2)完善出资责任机制

"从非货币出资的一般规律看,的确会存在高估的可能,从而损害资本充实原则,造成货币出资者与非货币出资者之间的不公平,并损害债权人的利益。"②因此,大陆法系国家公司法中普遍有非货币财产不得高估的规定。例如,《德国有限责任公司法》第9条第1款规定:"在公司申报商事登记簿登记之时,实物出资的价格未达到其对应的认缴份额的面值的,股东必须以货币补足差额。"③我国《公司法》第49条、第50条也有类似的规定。对于瑕疵出资股东的责任,《公司法司法解释(三)》第13条第1款规定了瑕疵出资股东补足差额的责任,第2款规定了瑕疵出资股东在未出资本息范围内对公司债权人承担补充赔偿责任。④

(3)连带责任及补充赔偿责任的设置

针对股东以及董事、高级管理人员在非货币出资高估中的责任,我国《公司法》及《公司法司法解释(三)》设置了严格的连带责任和补充赔偿责任。其具体为:第一,发起人股东的资本充实责任。依照《公司法》第50条、第99条的规定,公司成立后,发现设立公司时作为出资的非货币财产的实际价额显著低于公司章程所定价额的,除瑕疵出资股东补足差额的责任以外,有限责任公司设立时的其他股东、股份有限公司发起

---

① 《企业信息公示暂行条例》第10条第1款中规定,企业应当自有限责任公司股东或者股份有限公司发起人认缴和实缴的出资额、出资时间、出资方式等信息形成之日起20个工作日内通过国家企业信用信息公示系统向社会公示。该条第2款规定,市场监督管理部门发现企业未依照前款规定履行公示义务的,应当责令其限期履行。这说明前述信息公开是公司的强制性义务。

② [日]前田庸:《公司法入门》(第12版),王作全译,北京大学出版社2012年版,第29页。

③ 《德国商事公司法》,胡晓静、杨代雄译,法律出版社2014年版,第30页。

④ 《公司法司法解释(三)》第13条第1款规定:"股东未履行或者未全面履行出资义务,公司或者其他股东请求其向公司依法全面履行出资义务的,人民法院应予支持。"第2款规定:"公司债权人请求未履行或者未全面履行出资义务的股东在未出资本息范围内对公司债务不能清偿的部分承担补充赔偿责任的,人民法院应予支持;未履行或者未全面履行出资义务的股东已经承担上述责任,其他债权人提出相同请求的,人民法院不予支持。"

人承担连带责任。依照《公司法司法解释(三)》第13条第3款的规定,公司、其他股东、债权人均可要求公司的发起人对瑕疵出资股东的补充赔偿责任承担连带责任。第二,董事、高级管理人员的责任。依照《公司法司法解释(三)》第13条第4款的规定,公司、其他股东、债权人均可以要求对公司未尽忠实义务或者勤勉义务而使增资时出资未缴足的董事、高级管理人员承担相应责任。第三,评估机构的补充赔偿责任。2023年《公司法》第257条第2款规定:"承担资产评估、验资或者验证的机构因其出具的评估结果、验资或者验证证明不实,给公司债权人造成损失的,除能够证明自己没有过错的外,在其评估或者证明不实的金额范围内承担赔偿责任。"

二、出资期限规制

2013年《公司法》实行了完全的认缴制,这种出资期限上的完全自治促进了投资,激发了创业热情,但在实践中也催生出一系列难题,主要体现在对"远期"或"无期"认缴出资的规制阙如,以及因此而导致的公司缺乏运营资金等现实问题,也对债权人利益保护形成了挑战。

(一)出资期限的完全自治及附生问题

1.实践中的无限期缴付现象

在认缴制框架下,公司章程中设定的过长出资期限已成为社会关注的焦点议题。现代公司法理论普遍尊重股东自主决定出资期限的权利,2013年《公司法》的修正是这一理念的体现,它赋予了公司通过章程灵活规划出资期限的权限,旨在减少政府干预,激发公司自治活力。然而,在实际操作中,部分公司章程竟设定了数十年乃至跨世纪的出资期限,这显然与自然人有限的寿命相悖,构成了一种名义上的承诺而实质上难以履行的局面,严重违背了法律的公平正义原则。在商业实践中,理论上公司可以无限期存续,但现实中这种可能性微乎其微。

如此不切实际的出资期限设定，不仅反映出股东对公司长远发展及债权人利益保护的漠视态度，更是对商业道德和诚实信用原则的公然挑战。法律在此问题上的沉默，似乎无意中纵容了这种极端不负责任的行为，引发了社会各界对立法初衷与效果的质疑。将这类无法兑现的出资承诺写入公司章程，不仅揭示了部分股东道德水准的低下，而且凸显了现行制度在约束股东行为、保障公司资本充实性方面的明显不足。鉴于维护商业伦理、促进市场诚信及保护相关方合法权益的迫切需要，当前亟须采取措施，对"无限制的自由缴资期"现象进行有效干预，确保公司法的实施能够真正体现其促进公司健康发展、维护市场秩序的立法宗旨。

2. 催缴规则和迟延缴资责任

2013 年公司资本制度改革后，股东只需要认缴出资即可设立公司，而对于缴资期限则由公司和股东自治，由此可能产生有些股东未按期缴纳出资的情形。股东迟延缴纳出资往往会对公司的正常经营造成负面影响，比如因资金短缺而导致公司业务难以开展，或者需要支付高额利息借贷经营等。迟延出资导致部分股东事实上占用了其他股东的资金参与公司经营，形成股东之间权利义务的不平等状态。所以，若部分股东违背当初认缴出资之承诺，则公司理应有权向未履行出资义务的股东催缴出资并要求其承担延迟缴资的责任。值得肯定的是，2023 年《公司法》增加了催缴失权制度，但催缴出资本来包括两种情况，一种是认缴期限尚未到来时的催缴，另一种是未按期足额缴纳的催缴。目前，《公司法》仅规定了后一种情形，未涉及前一种情形。实际上，在全面认缴制的背景下，期限未届至，而公司急需资金情形下的催缴可能更为重要，但遗憾的是 2023 年《公司法》只规定了到期的催缴，并未涉及出资未到期的催缴。

3. 缴资期限未届时债权人利益的保护

2013 年《公司法》生效之前，股东通常会约定诸如 30 年、50 年等较长的缴资期限,甚至有的公司约定在公司清算时才实际缴纳出资。2013年《公司法》生效后实施全面的认缴制,那么,如果股东的缴资期限尚未到来,而公司已经资不抵债,又该如何保障债权人利益？债权人能否要求股东提前出资,或者在其认缴出资额度内对公司债务承担补充责任？对此,实践中有两种不同的观点:一种观点认为应当由公司债权人申请债务人公司破产,根据《企业破产法》第 35 条的规定,由管理人向股东追收其认缴的全部出资,使出资期限加速到期。然而,破产程序本身烦琐且周期漫长,由于种种原因又存在相对严重的"立案难",这种选择显然不是上乘。另一种观点循着破产法的思路,建立相对缓和的加速到期制度。既然未届出资期限的股东出资义务可以在破产程序中提前到期,为何不可在不启动破产程序的情况下,在个别债务的追偿中使出资期限加速到期呢？2023 年《公司法》就全面引入了加速到期规则①,并将其作为认缴制重要的补足制度之一。

(二)双重视角下出资期限的规范定位

2013 年公司资本制度改革后,《公司法》不再强制规定出资期限,而是将这一事项完全交由公司自治。然而,这是否意味着股东可以随意设定出资期限,甚至设定长达数百年的不合理期限？法律是否需要对此类过长的出资期限进行强制性干预？在公司需要持续运营资金或面临无法偿还债务的情况下,股东的出资期限是否可以提前触发？这些问题都需要在理论层面进行深入探讨和明确。

1. 契约法视角下的出资期限

在契约法构建的框架内,股东的出资义务植根于他们之间相互达成的出资协议之中。这一制度设计的核心在于尊重股东的意思自治,允许他们基于各自利益考量,自由设定出资的时间表。公司章程中关于出资

---

① 参见 2023 年《公司法》第 54 条。

期限的条款,往往是对公司设立初期发起人协议内容的承继与深化,随着公司的正式成立而转化为公司内部的自治规范,对全体股东、公司本体及其高级管理人员均具有法律上的约束力。在此逻辑下,股东的出资义务本质上是一种契约性义务,它体现了股东与公司之间基于合意而产生的债的关系。具体而言,在公司筹建阶段,股东承诺的出资额及其缴付时间表构成了对公司的一项自愿性债务负担,而出资期限则是界定股东履行此项债务时间边界的关键要素。

2. 组织法视角下的出资期限

转换至组织法的维度,公司与尚未完成实际出资的股东之间的关系则超越了单纯的债权债务范畴。这是因为即便出资期限尚未届满,只要股东已经认缴了公司资本,他们便拥有了公司股权,进而成为公司组织架构中不可或缺的一员。这一身份赋予了他们参与公司治理的权利,特别是表决权,使他们有可能在实质上掌控公司的运营方向。对于公司外部债权人而言,公司虽对未出资股东享有债权请求权,但这种内部债权却极易受到股东(同时作为公司债务人与实际控制人)的潜在侵害,从而引发复杂的利益冲突。因此,在审视股东出资法律关系时,我们需采取双重视角:一方面,运用契约法原理明确出资债务的主体、期限等核心要素;另一方面,借助组织法理论,认识到出资债权作为一种特殊类型的债权,其履行状况不仅关乎股东与公司之间的内部平衡,更可能波及公司外部相关主体的合法权益,要求我们在制度设计上给予充分的关注与保障。

股东出资义务不仅具有约定性,还具有法定性,股东出资事项是章程中的绝对必要记载事项。依据商法基本原则,绝对必要记载事项既不能不予记载也不能违法记载,否则将导致公司章程无效。"在公司法上,出资义务是股东应为的一项法定的给付义务,如果股东未按规定缴纳所认缴的出资,即构成对其出资义务的违反,按公司法规定应承担相应的法律责任。"①除章程需记载外,公司资本还必须进行登记,而经过登记的资本就具有了公示公信力,这是股东的出资还兼具法定性的另一个理由。

综上所述,股东出资既具有契约法性质即具有约定性,也具有组织法性质即具有法定性,重视股东出资的契约性有助于通过股东的意思自治实现股东平等出资,从而实现促进交易及鼓励投资之目的;但目前我国的市场环境尚存在信息不对称等交易风险,只单纯强调股东出资义务的契约属性而不加以任何限制的话,可能会损害债权人的利益,甚至损及交易安全及市场秩序。

(三)限期认缴制的规制逻辑

自1994年我国《公司法》施行起,公司资本的缴纳制度经历了从实缴制向完全认缴制的转变。2013年的资本制度变革实行了完全认缴制,这一改革既激发了广大民众创业的热情,同时也给公司资本的充实度带来了挑战,对交易安全产生了影响。针对公司实践中存在的因认缴期限过长而影响交易安全、损害债权人利益的情形,2023年《公司法》对我国的资本缴纳制度进行了重大修改。2023年《公司法》第47条明确规定了有限责任公司资本认缴的5年限期制度。另外,2023年《公司法》第266条还对限期认缴制对于现有公司的法律效力及其溯及力的适用方式作出了规定。

资本限期认缴制是指公司法对有限责任公司股东应当足额缴纳其认缴出资的最长期限作出限制的制度。②与完全认缴制相比,限期认缴制无疑更为严格,体现了对公司资本监管的强化。然而,限期认缴制的推行并不代表我国在资本形成制度上全面实施了强制性措施。实际上,

---

① 郭富青:《资本认缴登记制下出资缴纳约束机制研究》,载《法律科学(西北政法大学学报)》2017年第6期。

② 参见赵旭东主编:《新公司法讲义》,法律出版社2024年版,第73页。

在资本流入阶段,即公司资本制度的前端,2023年《公司法》在多个方面增强了公司的自治性,如在股份有限公司中引入了授权资本制和无面额股制度。因此,在评价2023年《公司法》中资本形成制度的规制强度时,应当采取系统化的视角,不能仅因为某一规则的管制强化就做出片面的评价,而应该结合相互关联的各项制度,全面审视我国的资本形成制度改革。

1. 限期认缴制的规制价值

尽管有部分学者对于限期认缴制持否定的态度,认为5年期限无法消除公司和股东之间的对抗紧张关系,反而剥夺了认缴制赋予股东的完全认缴权利,立法退回2005年的部分实缴制。[①] 但完全认缴制由于过于宽松,存在一定的缺陷,导致债权人的利益受损的情况时有出现,需要通过其他制度来弥补这些不足。毫无疑问,限期认缴制仍然属于"认缴制"范畴,依然具有降低公司设立门槛、提高资金使用效率的功能。此外,限定最长出资期限的设定,也在一定程度上有助于保护债权人的利益。从国际比较的角度来看,许多国家的法律都规定了出资的最高期限。因此,限期认缴制的推出既具有其时代背景,又具备必要性和可行性,也符合出资制度的本质和目的。

第一,有利于降低公司的设立成本,提高资金使用效率。限期认缴制允许股东和公司自行约定股东出资的数额以及缴纳期限,这样既满足了股东和公司根据实际情况调整股权投资的灵活性,也避免了资金的闲置浪费。对于股东来说,股权投资仅仅是财产运用的方式之一,限期认缴制赋予了股东在投资金额和期限上的自主权,使股东能够根据不同阶段的投资能力和意愿灵活配置个人财产,无须一次性将大量资金转入公司账户。对公司而言,资本是开展经营活动的基础,但公司在不同发展

---

① 参见丁勇:《股东出资期限对抗的矫正与规制》,载《北京大学学报(哲学社会科学版)》2023年第6期。

阶段对资本的需求并不一致。若强制要求公司在成立时即缴纳全部资本，可能会导致资金浪费。而限期认缴制允许公司根据实际生产经营需求，制订合理的资本缴纳计划，从而有效避免资金闲置，提高资金利用率。同时，公司在需要扩大股权融资时可以增资，限期认缴制不会束缚公司的资本规模。在这种制度下，股东的投资安排与公司的经营发展更为匹配，既减少了资金闲置，也便于及时筹集生产经营所需资金。限期认缴制也未设定注册资本最低限额和公司设立时股东的最低实缴出资额，因此并未提高公司设立的资金门槛，创业者的制度红利依然得以保持。从这个角度看，实施限期认缴制并未增加企业登记的成本。

第二，强化公司资本信用，保护债权人利益。公司信用的基础在于公司的资产，而非公司的注册资本。尽管如此，这并不表示公司资本在评估公司信用时毫无价值。公司资本由股东出资构成，是公司资产的重要来源之一，对公司债务具有一定的担保功能。在现实中，债权人通常会依据公司的注册资本额来评估公司的信用等级。在完全认缴制下，公司注册资本额可能较高，但股东实际缴纳的部分与未缴纳的部分差距较大，这种情况下公司的资本信用可能含有较多的"水分"，容易误导债权人。而实施限期认缴制有助于消除公司资本的"水分"，确保公司资本的真实性，从而加强公司资本的信誉。完全认缴制给公司、债权人及社会带来了负面影响，主要是因为它没有对股东出资的时间设限，从而为不负责任的股东和公司提供了可乘之机。通过设定股东出资的最长期限，可以在合理范围内强化股东的出资责任，避免他们利用过长的出资期限来逃避责任。限期认缴制对未按时履行出资义务的股东实施一定的处罚，可以起到监督股东和公司诚信经营的作用，促使股东根据自身的经济能力来认缴注册资本，减少因注册资本虚高而对债权人造成的误导，进而营造一个更加诚信的营商环境。

第三，域外亦有类似制度可供借鉴。《德国有限责任公司法》也对股东的出资缴纳义务作出了限制，但其限制的重心在于公司设立时股东应当实缴的最低数额,而非股东应当在哪一时间节点之前完成履行出资的义务。根据《德国有限责任公司法》的规定,有限责任公司的初始资本数额由公司章程确定,其最低数额不得少于 25,000 欧元;在公司提出设立登记的申请时,"每份股权最低必须缴纳其名义价值的 1/4,所缴纳的现金总额必须达到法定最低初始资本金的 1/2,即 12,500 欧元";股东以实物出资的,出资的标的物须处于公司董事最终自由支配的状态下。① 而在英美法系国家,也普遍允许认缴,在法律中不对出资期限作出规定,转而规定公司有权随时催缴,然后通过催缴后的事后责任机制,强化认缴股东的出资约束机制。②

2. 限期认缴制的衔接适用

下一步,针对新设立的公司,依照 2023 年《公司法》的规定进行注册登记,有限责任公司采取限期认缴制;针对存量公司,则应当逐步调整至规定期限以内;为推动 2023 年《公司法》平稳施行,消除存量公司对于调整出资期限不确定的担忧,为存量公司调整出资期限预留较为充裕的时间,2024 年 7 月 1 日,国务院总理李强签署国务院令,公布国务院《关于实施〈中华人民共和国公司法〉注册资本登记管理制度的规定》,为存量公司调整出资期限设置了为期 3 年的过渡期。具体而言:一是有限责任公司剩余认缴出资期限自 2027 年 7 月 1 日起超过 5 年的,应当在 2027 年 6 月 30 日前将其剩余认缴出资期限调整至 5 年内,股东应当在调整后的认缴出资期限内足额缴纳认缴的出资额;二是股份有限公司的发起人应当在 2027 年 6 月 30 日前按照其认购的股份全额缴纳股款。对于出资期限、出资额明显异常的,公司登记机关可以依法要求其及时调整;在公司登记实践中,存在长达 7000 多年出资期限的公司,也存在注册资本高

---

① 参见[德]托马斯·莱塞尔、吕迪格·法伊尔:《德国资合公司法》(第 3 版)(下),高旭军等译,法律出版社 2005 年版,第 513、529、534 页。

② 参见沈朝晖:《重塑法定资本制——从完全认缴到限期认缴的动态系统调适》,载《中国法律评论》2024 年第 2 期。

达153万亿元之巨的公司，显然属于出资期限或出资额明显异常。①

(四)催缴失权制度的引入

前述关于股东出资义务性质的讨论已经表明，无论是从契约法角度还是从组织法角度而言，股东负有按照章程规定的出资期限出资的义务，逾期未缴的，公司当然可以催缴，其请求权基础为债权请求权，因为股东出资义务本质上属于对公司的债务。1985年《英国公司法》第101条规定："股份所承载的股东义务是按照股份的票面价值在规定的时间内足额缴付。当公司召集缴付或者发行条件规定缴付的固定日期到来时，股东必须缴付股价。"美国《特拉华州普通公司法》对公司向股东催缴出资的条件、程序、期限和方式都予以了详细规定，如"如果股东在催缴支付到期时，仍没有支付催缴的股款，董事可通过提起诉讼的方式强制股东缴纳"②。美国《加利福尼亚州公司法》第409条(d)项规定，公司可以发行部分缴纳的股份，但是公司董事会有权在任何时候催缴。由此可见，英美法系在出资的履行方面，将主动权交给了公司，董事或董事会有权随时催缴。而大陆法系国家则更强调出资期限的法定化，如采用限期认缴制，并在期限届满时，强制要求股东承担出资义务。例如，《德国股份法》第63条第2款规定："对于拖欠的出资，股东要承担违约责任，向公司支付利息并赔偿公司由此受到的损失。"我国2023年《公司法》并未采用公司根据需要随时催缴的制度，而是采用了限期认缴制和到期催缴失权制度来缓解认缴制下的出资风险，维护公司的资本充实。

---

① 参见刘斌编著：《新公司法注释全书》，中国法制出版社2024年版，第938页。
② 《特拉华州普通公司法》第163条规定："公司股票对价的支付，应当依照董事会确定的数额及时间进行。就尚未完全被支付的股票，董事可随时要求向该公司支付董事会决定的该公司商业所需的总体不超过上述股票中尚未支付部分价值的金钱数额，且对董事要求的上述金钱数额的支付，应在董事指定的时间以分期支付形式付给公司。"第164(a)条规定："当董事以正当的方式，就股东持有的股票向该股东提出其支付所欠的分期付款数额或催付款数额的要求，而该股东在该分期付款数额或催付款数额的支付到期时，没有对其进行支付，则该董事可通过提起司法诉讼的方式，向股东收取该分期付款数额、催付款数额或其中尚未支付的部分。"

1. 催缴失权制度之变迁

2023年《公司法》修改,用第51条、第52条两个条文,系统性地规定了催缴失权制度。催缴失权制度,是指公司成立后,董事会经核查股东出资情况,发现股东未按期足额缴纳公司章程规定的出资,向该股东发出书面催缴书催缴出资后,该股东仍未履行出资义务的,公司经董事会决议可以向该股东发出失权通知,自通知发出之日起,该股东丧失其未缴纳出资股权的制度。[1] 一般认为,我国的催缴失权制度是从《公司法司法解释(三)》的除名制度发展而来,但也有观点认为,失权和除名是两种不同的制度,因此有必要进一步明确失权的含义,厘定失权与股东资格解除之间的关系。

(1)德国法中的除名制度和失权制度

德国法中除名制度和失权制度是两种不同的制度,分别适用于人合性公司和资合性公司。尽管这两种制度在某些方面可能存在一定程度的重合,但总体而言,这两种制度存在显著不同。第一,除名制度适用于人合性公司。最初的股东除名制度是从合伙、无限公司等无限责任商主体中发展起来的。无限公司和两合公司是典型的人合性公司,《德国商法典》针对无限公司和两合公司规定了股东除名制度。对于有限责任公司,正如罗伯特·霍恩等所认为的那样,"在有限责任公司的成员之间,存在某种个人关系,这种关系很像合伙成员之间的那种相互关系"[2]。因而,除名制度对有限责任公司的适用,是基于其人合性特征,在继承了无限公司和两合公司相应制度的基础上进一步发展,并通过判例加学理的方式确认下来的。在现行制度中,除名制度更多是为了解决公司的人合性问题,其目的是维护公司的发展,维护公司和其他股东的利益,维持具

---

[1] 参见赵旭东主编:《新公司法讲义》,法律出版社2024年版,第101页。
[2] [德]罗伯特·霍恩、海因·科茨、汉斯·G.莱塞:《德国民商法导论》,楚建译,中国大百科全书出版社1996年版,第280页。

有人合性的股东内部关系的相互信任与和谐,弥合公司人合性裂痕,缓解股东关系的紧张,进而将意见不合、威胁股东和睦的股东驱逐出公司,消除可能危及团体存续或对团体利益造成严重影响的个人因素,使公司继续存在。① 第二,除名对股东而言是一种严厉的惩罚措施,其适用必须满足严格的条件:其一,必须是被除名股东"私吞公司财产、有理由相信其存在不诚实的行为等"可导致公司解散之重大事由;其二,必须通过股东会决议的方式,并在其他股东提起除名诉讼后,经过除名判决,才能将某位股东从公司中除名。除名导致的法律后果是被除名的股东将失去其股东资格,并因此丧失其在公司中预期的财产份额。这一份额将由其他现有股东或新股东接替,然而,被除名的股东有权要求获得该份额等值的财产补偿。而失权制度适用于资合性公司,包括有限公司和股份有限公司,其针对的是资本的交付和维持,具有强制性,是对瑕疵出资股东的惩罚性制度。

就德国法的规定而言,股东除名制度和股东失权制度具有共性:第一,从适用条件来看,股东失权的适用条件是股东未妥当履行出资义务,而股东未妥当履行出资义务亦是适用除名制度的"重大事由"之一;第二,从两种制度适用的法律后果来看,其结果都是相应股东失去股东资格。但二者的差异之处则更为明显:第一,规范目的不同。股东除名制度的目的在于维护公司股东之间的信任关系,将损害公司利益和破坏股东内部关系的股东驱逐出公司,修补人合性裂痕,保障团体的人合性,维护公司的存续和发展;股东失权制度的目的在于通过"失权"的威慑作用,督促股东及时向公司足额缴纳其所认缴的出资,确保公司资本的真实和充实,维护公司以及债权人的利益。从规范目的而言,失权制度重在督促股东及时履行出资义务,巩固资本信用,从而维护公司利益;除名

---

① 参见凤建军:《公司股东的"除名"与"失权":从概念到规范》,载《法律科学(西北政法大学学报)》2013年第2期。

制度的直接目的则在于驱逐不诚信的股东。第二,从适用条件观察,股东失权制度所适用的条件仅限于股东未妥当履行出资义务。相较而言,失权的适用条件更为狭窄而明确,而股东除名制度的适用条件是出现了威胁公司人合性的重大事由,股东未妥当履行出资义务仅是该等"重大事由"之一种。第三,二者的适用程序不同。股东除名必须以股东会决议的方式作出;股东失权则由公司催缴并发出失权通知,通常认为应由董事会代表公司执行上述行为。

(2)我国"失权"制度变迁:从《公司法司法解释(三)》第17条到《公司法》第52条

我国2023年以前的《公司法》中并无"除名"、"解除股东资格"及"股东失权"的任何表述,《公司法司法解释(三)》第17条规定了有限责任公司股东资格的解除,使"股东会可以以决议方式简便快捷地将违反出资义务的股东驱逐出公司"①,也为实践中此类案件的处理提供了裁判规则。但该条司法解释是否属于失权规则,一度颇有争议,如前所述,虽然除名制度与失权制度在规范目标上存在一定的交集,但其因为出资瑕疵同样可能导致公司人合性的破坏。《公司法司法解释(三)》第17条的宗旨在于促使股东准确地执行出资责任,确保公司资本的充足,这符合失权规则的宗旨和作用。从适用前提来看,该条款仅适用于股东"未履行出资义务或者抽逃全部出资"这类严重的出资瑕疵情况,与失权规则的适用前提有重叠;从适用流程来看,也存在一个前置的催缴程序,包括对"合理期限"内的失权催告,因此其本质上是失权性质的规范。但《公司法司法解释(三)》第17条的确也掺杂了一些除名规则的要素,如"以股东会决议"的形式即属于除名规则的适用条件。当然,制度上的"混合"设计也可能是一项制度创新的有益尝试,但其前提是能够充分实现

---

① 凤建军:《公司股东的"除名"与"失权":从概念到规范》,载《法律科学(西北政法大学学报)》2013年第2期。

制度设计的目的和功能。经过司法实践的检验,这项制度并未达到上述目的,反而因为其语言上的模糊性而导致了适用混乱,"弱化"了制度设计的目的和功能。

尽管《公司法司法解释(三)》第17条创设的失权制度与除名制度的"混合体"并不完善,但毕竟也在一定程度上解决了实践中对瑕疵出资的惩罚问题,具有一定的积极作用。然而,该条司法解释仅规定了有限责任公司股东未履行出资义务或者抽逃全部出资时的除名,对于具体的规则如催缴期限等并没有细化,也没有涉及股东除名制度中的除名程序、法律后果、救济机制、登记变更等具体规范要素。失权制度是对股东权利的"剥夺",对股东的利益以及公司的资本结构和治理状况影响极大,在司法解释存在明显不足的情况下,适逢公司法修订,更应当适时对该项规则予以立法完善。

与《公司法司法解释(三)》第17条相比,2023年《公司法》第52条有了以下改进之处:

第一,纯化了失权制度。《公司法司法解释(三)》第17条融合了股东除名与失权的元素,其制度目标在于促使股东完成出资责任,适用情形为股东未出资或抽逃全部出资,并包含了关于合理期限的规定。然而,在程序上,根据《公司法司法解释(三)》第17条,需要通过股东会决议的方式来剥夺该股东的股东资格。所以,它是个制度设计上的"混合体",模糊了除名和失权两种制度的价值和功能。而2023年《公司法》第52条规定仅需由董事会决议,然后书面通知股东失权,失权通知书发出之日该股东即丧失股权,排除了《公司法司法解释(三)》第17条中的"除名"因素,纯化了失权制度。

第二,填补了法律漏洞。《公司法司法解释(三)》第17条的适用条件为"未履行出资义务或者抽逃全部出资",此处的"未履行"在实务中通常被认为是"全部未履行",而非"未全部履行",不适用于部分缴资的情况。这种严格的限缩解释导致股东恶意规避实缴出资义务。因为立法语言未尽立法本意,趋于保守的法院更容易容忍仅少量出资的股东,判决其仍然保有股东资格。最高人民法院对此也持肯定态度:解除股东资格这种严厉的措施只应用于严重违反出资义务的情形,即"未出资"和"抽逃全部出资",未完全履行出资义务和抽逃部分出资的情形不应包括在内。① 于是在实践中形成了股东恶意逃避责任的法律漏洞,股东只要履行了部分出资义务,哪怕只缴付了 1 元出资,就不符合《公司法司法解释(三)》第 17 条的适用条件,不能解除该股东的股东资格。而 2023 年《公司法》第 52 条对股东失权的适用条件为"未按照公司章程规定的出资日期缴纳出资",逻辑上只要股东到期未全部履行出资义务,即使未实缴的差额仅有 1 元,也可以适用"失权制度",使其失去未实缴部分的相应股权,从而填补了《公司法司法解释(三)》第 17 条的漏洞。

第三,有利于提高商事效率。依照 2023 年《公司法》第 52 条之规定,只要发生股东违反出资义务的情形,公司即应当发出催缴通知,启动失权程序,而不必经过复杂的股东会决议程序;宽限期一经届满,公司即可发出失权通知,失权通知发出之时,股东即丧失股权,不必等待异议期结束,即可重新募集资本,保障资本充实。如此简化的失权程序,降低了公司治理成本,体现了公司法对效率价值的追求。

2. 催缴失权制度的价值

催缴失权制度的目的在于"督促股东按时保质完成出资义务,达到公司资本要求,并间接维护公司其他股东和债权人的利益,是商事效率原则和权利义务相一致原则的体现"②,具有重要的制度价值,有利于实践中瑕疵出资难题的解决。

---

① 参见最高人民法院民事审判第二庭编著:《最高人民法院关于公司法解释(三)、清算纪要理解与适用》(注释版),人民法院出版社 2016 年版,第 271 页。

② 曾伴:《股东失权制度功能定位与体系化适用——以〈公司法(修订草案)〉第 46 条为中心》,载《北京理工大学学报(社会科学版)》2023 年第 2 期。

(1)催缴失权制度能够保障公司资本真实和充实,保护债权人利益。首先,对公司而言,公司资本源于股东的出资,是公司的财产基础,也是公司存续和经营的物质基础。保障公司资本充实是股东失权制度最重要的价值。依据股东失权制度的规定,对于未能按时缴纳出资的股东,经过催缴程序后将面临"失权"的严重后果,这对那些未完全履行出资义务的股东具有显著的震慑作用,可以防止他们因侥幸心理而延迟或拒绝出资。因此,股东失权制度有助于促使股东及时完成出资责任,保护公司利益。同时,失权制度的实施结果是取消未出资股东的股权,这些股权可以通过重新募集或减资程序注销,从而保障公司资本的充足和真实。此外,对于债权人来说,股东出资构成的公司资本直接影响公司的支付能力,并决定公司的信用基础和偿债能力,这直接关联到公司债权人的利益。其次,对债权人而言,公司不仅限于以股东认缴的出资额承担责任,而且是以公司当前拥有的全部资产作为偿还债务的责任财产,股东的不足额出资或未按时出资会削弱公司偿还债务的能力。失权后被剥夺的股份,如果被另行募集,则可有效填补受损的公司偿债能力;如果被注销,则使公司资本回归至反映公司资本信用的真实状态。因此,失权制度对债权人的价值就是失权制度对公司积极影响的镜像,是制度价值的一体两面,反映了股东、公司与债权人三者的利益平衡。

(2)催缴失权制度具有主动性,而不用请求股东履行。催缴失权制度是对未出资股东或瑕疵出资股东的一种"惩罚",它的制度目的在于督促股东按时完成出资义务。出资是股东对公司最重要的义务,甚至被认为是股东对公司负有的唯一的义务①。在实践中,股东违反出资义务的情形较为常见,公司法对此也做出了体系化的制度设计,以避免股东因违反出资义务而损害公司、其他股东以及债权人的利益。《公司法》及其司法解释规定瑕疵出资股东需承担的责任,既包括《公司法》第 49 条的

---

① 参见李建伟:《公司法学》(第 2 版),中国人民大学出版社 2011 年版,第 227 页。

违约责任,也包括《公司法司法解释(三)》第13条的补充赔偿责任等。与失权制度一样,这些制度的目的都是调整与规制股东、公司、债权人之间的利益关系,督促股东妥当履行出资义务,但仔细考量这些制度,会发现现行财产性责任的最终实现受制于股东义务的实际履行。换言之,股东不自动承担该等财产性责任,公司只能对其行使请求权;而失权制度的优势在于,公司不必被动地等待身处债务人地位的股东的履行行为,而是掌握了主动权,主动地剥夺未妥善履行出资义务股东的股权并另行处理。

(3)催缴失权能够更好保护其他股东的权益,具有调节股东间利益的作用。在认缴资本制下,实际缴纳出资并非取得股东资格的必要条件,对内确定股东资格的要件事实是登记于股东名册,对外确定股东资格的要件事实是公司登记。因此,那些未出资或未足额出资的股东仍然保留股东身份,并能够基于股东身份行使投票权,参与公司的治理和决策过程。在实际情况中,有的股东并未实际支付出资,却凭借较高的认缴出资比例获得公司较大比例的投票权,并通过选举董事、任命公司高管等方式操控公司的运营和管理,享受作为大股东的特殊待遇,"为所欲为",有时甚至滥用股东权利以谋取私利。这种行为既损害了公司和债权人的利益,对于那些按时足额缴纳出资的股东来说,也是非常不公平的。因此,运用失权制度让违反出资义务的股东失权,既是对失信股东的惩罚,对于公司及其他股东也是一种补偿和平衡。而且,根据《公司法司法解释(三)》第13条之规定,股东在公司设立时未履行或者未全面履行出资义务的,公司的发起人股东还可能因债权人的起诉而与被告股东承担连带责任。① 这无疑给其他股东带来了很大的负担和风险,尽管司法解释也规定了其他股东承担责任后可以向未出资股东追偿,但这种追

---

① 《公司法司法解释(三)》第13条第3款规定:"股东在公司设立时未履行或者未全面履行出资义务,依照本条第一款或者第二款提起诉讼的原告,请求公司的发起人与被告股东承担连带责任的,人民法院应予支持;公司的发起人承担责任后,可以向被告股东追偿。"

偿的结果最终能否实现是不确定的。而失权制度避免了上述情况的发生,在催缴期过后,未出资的股东如果仍不缴纳出资,可以通过重新募集或者注销等形式处理该等股份,从而减轻或者免除其他股东的补缴义务。

3. 惑与思:对我国催缴失权制度的疑惑与建议

2023年《公司法》第52条一经发布,即备受关注。对于该条内容,在多个方面仍令人疑惑,需要进一步的思考和完善。

(1)公司发出的失权通知是否具有强制性

2023年《公司法》第52条第1款规定,"公司经董事会决议可以向该股东发出失权通知"。这意味着失权通知的发出不具有强制性,而是由公司享有选择权,当失权条件成就时,公司可以自行决定发出或不发出失权通知。从公司自治的角度而言,这样的规定无可厚非,公司可以根据实际情况自行选择是否发出通知,或者采用其他合理途径解决。但需要考虑的是,在有两个以上的股东均存在出资瑕疵的情形下,公司能否仅向部分股东发出失权通知而对另一部分股东听之任之?这是否有违股东平等原则?换言之,基于股东平等原则,是否应当强制要求公司向所有成就失权条件的股东发出失权通知?另外,失权的决议机关为董事会,没有董事代表的小股东有可能丧失该项权利,多认缴少实缴的"大股东"可能免于失权处罚,且在成就多个股东失权条件的场域,也难免对部分股东施加选择性失权,使失权制度成为"大股东"蹂躏"小股东"的另一个工具。

(2)股东失权救济途径的性质

公司单方面发出失权通知,即发生股东失权的效力。现实中,不排除大股东或公司高管滥用权力,借股东失权排除异己,也不排除公司不当决定失权的情形,尤其是非货币出资的财产实际价额是否显著低于所认缴的出资额,实践中更容易产生争议。因此,2023年《公司法》第52条也规定了异议股东救济制度,即"股东对失权有异议的,应当自接到失权通知之日起三十日内,向人民法院提起诉讼"。但此处的"诉讼"到底是什么类型的诉讼,是一类特殊的诉讼——"失权异议之诉",还是根据2023年《公司法》第25～27条以及最高人民法院《关于适用〈中华人民共和国公司法〉若干问题的规定(四)》[以下简称《公司法司法解释(四)》]提起确认董事会决议效力的诉讼?

(3)失权股东是否应当对公司承担赔偿责任

2023年《公司法》未针对失权股东对公司的赔偿责任作出规定,易导致股东利用失权制度逃避原本的出资义务。在公司经营状况不佳、前景不明的情况下,股东会倾向于不再继续向公司缴纳出资,继而主动寻求"失权",实现免除向公司缴纳出资义务的目的,其结果是打击了诚信履行出资义务的好股东,庇护了未依承诺履行出资义务的坏股东。这是2023年《公司法》的一大漏洞。笔者建议借鉴《德国有限责任公司法》第21条规定的"宣布失权"制度,增加规定"失权股东对公司因其欠缴出资或者嗣后催缴出资而遭受的损失,承担赔偿责任",以填补该项立法漏洞,避免股东利用失权制度恶意逃避出资义务。

(4)股东失权后股权处理存在的问题

2023年《公司法》第52条第2款中规定,"丧失的股权应当依法转让,或者相应减少注册资本并注销该股权;六个月内未转让或者注销的,由公司其他股东按照其出资比例足额缴纳相应出资"。该规定在实务中可能存在障碍。

第一,关于依法"转让"。由于通知发出即产生失权的效力,再行"转让"之时的股份已非属失权股东,亦未经回购,不属于公司持有自己的股份,所以不存在所谓的"出让"人,也就无所谓"转让"。因此,在规范表述上不宜使用"转让"。我国台湾地区的表述为"募集",可以由其他发起人自行认购,也可以另邀其他人加入;《韩国公司法》规定了被失权股东的股份,可以另行募集,也可以由发起人自认。因此,将此处的"转让"替换为"另行募集"更符合法律逻辑和汉语的表达习惯。

第二,关于另行募集的价格。若公司对该部分股份另行募集,则会产生募集价格是否应保持与失权股东认缴的价格相一致的问题。若是溢价募集或者平价募集,应当不会给失权股东造成损失。但若是折价募集,公司重新获得的资本额就会低于失权股东原来所认缴的部分,给公司造成的损失以及另行募集所产生的成本和费用应该如何承担？德国法采取的处理方式是《德国有限责任公司法》第 21 条规定的"公司就滞纳的款项或以后就股份追索的出资款额受到损失时,被除名的股东仍应对损失负责",以及《德国股份公司法》第 64 条规定的"对于公司在这一款项或以后所要求的款项上的亏损,须由被除名的股东负责"。上述德国立法例可资借鉴,由未全面履行出资义务的股东对因其失权给公司造成的损失承担赔偿责任,包括另行募集的价格不足部分和另行募集产生的成本和费用。

第三,关于其他股东的出资填补责任。对于失权股份的处理,2023 年《公司法》第 52 条第 2 款规定,"……六个月内未转让或者注销的,由公司其他股东按照其出资比例足额缴纳相应出资"。与发起人的连带责任相比,此处采取了强制性的规定,要求所有股东承担出资填补责任,并不区分欠缴出资的股东是否为公司设立时的股东,也不考虑承担责任的股东是否为公司设立时的股东,而是将这种出资填补责任强加给公司的所有股东。这种责任设定旨在保护公司债权人的利益,但是它给公司股东带来了较为沉重的负担。这种做法是否违背了利益平衡的原则,是一个值得深思的问题。此外,若由其他股东缴纳,是否应当调整这部分股权的出资期限？因为催缴制度适用的前提是"股东未按照公司章程规定的出资日期缴纳出资"。显然,失权的部分股权已经到期了。

第四,股东失权后股权登记的处理。商法奉行外观主义原则,由登记机关对商事登记事项做出公示,从而将商事交易信息公开,既有利于提高交易效率,也有利于交易安全。公司发出失权通知即产生股东失权的法律后果,在公司内部,应当随即变更股东名册,但产生对外效力的公司登记尚未变更,存在股东资格内外部效力的冲突,以及登记外观与实际股权归属不符的问题。也就是说,失权股东仍然具有足以使第三人相信的股权权利外观,恶意失权股东也有可能在失权情况下仍将股份转让给善意第三人,从而派生新的股权争议。因此,建议《公司法》进一步完善股东失权后的配套制度,在公司发出失权通知的同时,公司应向登记机关进行股东失权的备案登记,并在国家企业信用信息公示系统上公示,这样有利于第三人判断股份的真实归属,避免第三人落入信息不对称的陷阱。

(五) 出资加速到期制度的确定

1. 区分规制不合理出资期限

(1) 明显不合理出资期限的内部效力

从内部治理的维度审视,出资期限作为股东间及公司内部的自治事项,其核心在于尊重股东的自由意志与出资期限利益,因其并不直接触及公共利益或外部第三方的权益。当股东选择设定异常冗长的出资期限,比如跨越百年的出资安排,这或可视为股东对于即时出资的某种保留态度,抑或是对公司未来前景的审慎考量与资金承诺的迟疑。即便如此,依据现行公司法框架下的自治原则,此类决定仍应得到充分的尊重。首先,自2013年公司资本制度深化改革以来,股东被赋予了前所未有的自主权,在出资期限的设定上尤为如此。理论上,股东可基于其自由意志,在不违反法律强制性规定的前提下,灵活安排出资时间表,即便是出于某种策略考量而设定的超长出资期限,只要获得了其他股东及公司的共识,便应视为有效约定,受到法律保护。若需调整此等约定,则需严格遵循公司法规定的程序,通过股东会决议等合法途径进行。其次,从契约法的基本原理出发,股东之间的出资协议作为民事合同的一种,其核心在于当事人意思自治。只要该协议内容不违背法律法规的禁止性规定,不损害国家、集体或第三人的合法权益,其具体内容便应由股东自主协商确定。因此,即便出资期限的设定在外界看来显得不甚合理,但只要它是股东之间及公司基于充分知情与自愿原则达成的共识,便应视为有效合同,各方均应恪守履行。对于明显超出常理的出资期限安排,如百年之约,它更多地反映了股东间的特殊安排或对公司发展的特定预期,属于公司内部治理范畴,不宜由外部资本制度强加干涉。最后,就公司内部关系而言,若公司在运营过程中遭遇资金短缺,需要股东提前履行出资义务以维持经营,通常应由公司董事会依据法定及公司章程规定的职权与程序,向相关股东发出催缴通知,而非直接诉诸法律要求出资期限加速到期。这一做法既体现了公司内部治理的灵活性,也尊重了股东之间的合同关系与出资期限利益。比如,《特拉华州普通公司法》第163条规定:"公司股份的股款应当按照董事会要求的数额和期数支付。对于股款没有付清的每一股份,董事会可以随时要求支付董事会认为业务所必需的数额,但总数不超过该股份尚未付清的余额;对于被要求支付的款项,应当按照董事会指定的时间和数目向公司支付。对于期限届满后仍未支付的股东,董事会可以通过诉讼从股东手中取得未交付股款、催缴款项或其他任何未付金额,否则可以公开拍卖欠缴股东的适当数量股份。"但鉴于我国公司法中的催缴出资制度仅限于已经到期的出资,并不包含未届出资期限的出资,因此公司当然可作为加速到期的请求权主体。

(2)债权人与公司可以请求加速到期

"如同任何合同自由都有其边界一样,股东出资义务的履行期限也并非完全自治的事项,出资期限的设计不能影响公司的正常经营(包括偿债)。"[①]"无论资本制度如何变迁,抑或资本功能的重心如何转换,资本的经营功能和信用功能等基本功能并没有变化。公司的经营活动需

---

① 蒋大兴:《论股东出资义务之"加速到期"——认可"非破产加速"之功能价值》,载《社会科学》2019年第2期。

要股东出资这种物质基础,而公司对外的债务清偿和债权担保也需要股东出资。"[1]如前所述,资本不仅是公司经营的物质基础,而且被赋予了一定的担保功能。当公司偿债不能,且股东出资期限尚未届满,或者公司已经进入破产程序,公司债权人要求公司清偿债务,而公司又有未实缴之资本,此时,股东对于出资期限的自治权应受到限制,其期限利益应当被剥夺,股东出资加速到期并未违反股东出资自由原则,而是特殊情形下平衡股东和公司债权人利益的手段之一。

公司的资本构建,其本质蕴含了深刻的契约精神,其核心在于赋予公司及股东以自主权,让他们作为理性的经济主体,根据市场动态迅速响应并作出精准判断。法律将界定具体出资额度与期限的权力交由公司及其股东掌握,此举不仅彰显了法律的灵活性,还体现了对市场经济主体决策能力的充分信任,无疑是合理且必要的。然而,正如"不完备契约"理论所深刻揭示的,任何基于对未来情境预设的协议,都难免遭遇现实变数的挑战。在公司运营的广阔舞台上,外部环境与内部条件的瞬息万变,可能使股东们最初的出资期限约定变得不再适应。当这种不适应达到一定程度,如公司陷入破产边缘或已无力偿付到期债务,原有的出资安排便需重新审视与调整,以适应新的现实需求。值得注意的是,尽管公司资本的传统担保功能在理论上受到了一定程度的质疑,但在公司财务吃紧、偿债压力陡增的紧要关头,那些尚未实缴的资本却如同"及时雨",对于维持公司运营、保障债权人权益具有不可估量的价值。它们既是公司生命力的延续,也是债权人债权实现的希望所在。面对市场环境的风云变幻,过于宽松的出资期限设置,无形中为债权人增添了额外的风险负担。若债权人被迫等待至公司破产或清算的绝境,方可通过加速到期机制寻求救济,这无异于让股东将自身的商业与经营风险悄然转嫁给了无辜的债权人,显然有失公平与正义。因此,在尊重公司与股东自

---

[1] 施天涛:《公司法论》(第2版),法律出版社2006年版,第160~161页。

治权的同时,法律亦应适时介入,建立灵活高效的出资期限调整机制,确保在公司遭遇困境时,能够迅速响应,合理调整出资安排,既维护公司的生存与发展,又保障债权人的合法权益,实现公司、股东与债权人之间的利益平衡。

2.股东出资义务加速到期的两种学说

我国《企业破产法》第35条规定:"人民法院受理破产申请后,债务人的出资人尚未完全履行出资义务的,管理人应当要求该出资人缴纳所认缴的出资,而不受出资期限的限制。"这说明我国立法已经明确规定在公司破产的情形下,出资期限尚未届满的股东丧失期限利益,其出资义务加速到期。但在认缴制之下,更为重要的是公司不能清偿对外债务,而股东的出资期限未到,此时未实缴出资的股东是否丧失期限利益,其出资期限提前到来,即非破产情形下的加速到期是否被许可的问题。倘若允许非破产加速到期(以下若无特殊说明,加速到期指非破产情形下的加速到期),在一定程度上会缓解公司资本制度改革不利于保护债权人的担忧,但无疑将加重股东的责任,对于股东的期限利益的保护似嫌不周。对上述问题的回答,在学界与实务部门大致形成了两种观点。

(1)肯定说

肯定说认为,股东出资义务应当加速到期。此种观点认为,尽管章程规定的出资期限尚未届满,但若公司出现偿债不能的情形,此时股东的期限利益丧失,出资义务应当加速到期。支持此种观点的理由主要有:第一,内部约定不产生对外对抗效力。"股东与公司及其他股东之间有关认缴出资时间的约定,不能对抗公司外部的债权人。"[①]第二,加速到期作为一种救济手段,具有制度比较优势。若至公司破产时才能使用,"无异于迫使债权人提起破产申请才能获得债权偿付,这对于公司其他

---

① 李志刚:《公司资本制度的三维视角及其法律意义——注册资本制的修改与股东的出资责任》,载《法律适用》2014年第7期。

债权人、股东、雇员及其他利益相关者而言,均未必是有效的制度安排"①。第三,"认缴制下股东的出资义务只是暂缓缴纳,而不是永久免除,在公司经营发生了重大变化时,公司包括债权人可以要求股东缴纳出资,用于清偿公司债务"②。第四,股东向公司出资的承诺,相当于其向公司承诺日后以其出资额为限为公司债务承担担保责任,因此当公司无力清偿到期债务时,股东在其认缴出资的范围内应替代公司清偿债务,不论出资期限是否届满。③

(2)否定说

否定说认为,出资期限未届满的股东不承担补充赔偿责任。此种观点认为,出资期限未届满的股东不应在其认缴出资范围内对公司债务承担补充赔偿责任。其理由有三:第一,既然法律将出资期限完全交由股东自行决定,那么出资期限就是股东合法享有的权利,"即便出现公司资产不足以清偿债务的情况,如果股东自身不愿意提前缴纳出资以清偿债务,司法也没有法律依据要求股东提前出资"④。第二,股东出资期限是记载于公司章程的,并已经通过章程备案登记的方式向社会公示,即向包括债权人在内的不特定第三人宣告了自己出资的期限⑤,债权人决定与公司进行交易,应自行承担商业风险。第三,认为债权人可以寻求替代性救济措施:一是适用公司法人人格否认制度;二是适用《公司法司法解释(三)》之规定;三是适用合同法中的代位权制度。

---

① 罗培新:《论资本制度变革背景下股东出资法律制度之完善》,载《法学评论》2016 年第 4 期。
② 蒋大兴:《论股东出资义务之"加速到期"——认可"非破产加速"之功能价值》,载《社会科学》2019 年第 2 期。
③ 参见张磊:《认缴制下公司存续中股东出资加速到期责任研究》,载《政治与法律》2018 年第 5 期。
④ 林晓镍、韩天岚、何伟:《公司资本制度改革下股东出资义务的司法认定》,载《法律适用》2014 年第 12 期。
⑤ 参见俞巍、陈克:《公司资本登记制度改革后股东责任适法思路的变与不变》,载《法律适用》2014 年第 11 期。

3. 出资加速到期制度的正当性

基于利益平衡之考量,公司资本制度应当逻辑严谨、各方权利义务均衡。在认缴制下,出资期限由股东完全自治,导致这种出资义务长期处于不确定状态。若公司经营困难,不能清偿债权人的到期债务,此种状况确实令人担忧。最有效的方法是借鉴破产加速到期制度,通过法律的明确规定让缴资期未至的股东的缴资期加速到来,即赋予公司债权人请求未缴清出资的股东提前出资偿债之请求权,这种制度设计具有理论上的正当性。

第一,加速到期规则能够平衡各方利益。如何设定加速到期的条件,本质上系如何衡平公司、股东、债权人等各方主体之利益。在加速到期规则的争议背后,其关涉的利益层次包括个体利益、群体利益和社会利益。其中,个体利益是明确的,即公司利益、股东利益和债权人利益,其中股东利益包括个体股东的利益和全体股东的利益,债权人利益包括个体债权人的利益和整体债权人的利益。群体利益包括社会中股权投资者的利益、债权人群体的利益。社会利益是该制度所影响的社会整体利益。前述利益关系既需要微观上的权衡,也需宏观上的考量。

在个体利益层面,在非破产情形下应否加速到期的争论中,主要集中于如何认识股东的"期限利益",其一端连接股东,另一端连接债权人,是非破产加速到期争论的主要着力点。反对和支持非破产加速到期的学者都提出了有说服力的论证。反对加速到期的主要理由在于期限利益是股东的法定利益,不应当被架空,且出资期限届满前,股东未进行出资也不损害债权人的信赖利益。[①] 从债权人保护机制而言,债权人并不依赖以注册资本来评估公司的偿债能力,担保等债权保护机制运用广泛,且破产程序通畅度不断提升,因而不允许加速到期保护股东期限利

---

① 参见刘凯湘:《认缴制下股东出资义务加速到期之否定》,载《荆楚法学》2022 年第 2 期。

益的同时,也不会过分损害债权人利益。① 从公司法上的信赖机制而言,认缴信息业已经过国家企业信用信息公示系统公示,出资期限是公示事项,债权人可以查知也可以预见,随意加速到期将损害其公示效力。② 赞同加速到期的理由则包括:股东和公司之间的关系属于公司内部关系,股东基于内部关系所享有的期限利益不能对抗债权人。③ 期限利益并非刚性的,可以基于各种原因而被打破,对其理解不应绝对化。④ 无论何种理由,实则都是在非破产情形下如何平衡公司、股东、债权人之利益,都是价值判断的结果。

第二,加速到期制度符合公司利益最大化原则。就个体利益衡量而言,第一层次的利益衡量在公司、股东和债权人之间展开。2023年《公司法》第1条明确规定公司法的立法宗旨在于规范公司的组织和行为,保护公司、股东、职工和债权人的合法权益。这也决定了公司法的底色即组织法,对内规范公司与股东的关系,对外规范公司与交易对方的关系。⑤ 公司利益作为组织利益,是公司法首先需要考量的利益类型,也是公司法上的决定性利益。由此,公司利益目标是解决利益相关者矛盾冲突的衡量标尺。⑥ 这并不意味着其他主体的利益被公司法忽略,事实上,对债权人提供保护的法律除了公司法,还包括民法典、企业破产法、保险法等规则。⑦ 由于法律之间的分工协作关系,公司法并不承担对前述各

---

① 参见梁泽宇:《股东期限利益保护研究——基于〈全国法院民商事审判工作会议纪要〉第6条的分析》,载《北京科技大学学报(社会科学版)》2020年第5期。
② 参见郗伟明:《股东出资义务"常态加速到期理论"之反思——兼论对不诚信认缴出资行为的可行规制》,载《法商研究》2022年第3期。
③ 参见梁上上:《未出资股东对公司债权人的补充赔偿责任》,载《中外法学》2015年第3期。
④ 参见蒋大兴:《论出资义务加速到期的商业逻辑——股东/董事作为履行者与监督者责任之差异》,载《上海政法学院学报(法治论丛)》2022年第6期。
⑤ 参见安建主编:《中华人民共和国公司法释义》,法律出版社2005年版,第19页。
⑥ 参见傅穹:《公司利益范式下的董事义务改革》,载《中国法学》2022年第6期。
⑦ 参见刘斌:《认真对待公司清偿能力模式》,载《法律科学(西北政法大学学报)》2021年第4期。

主体提供无差别保护的使命,而以公司利益保护为其核心价值。暂且搁置期限利益引起的股东利益和债权人利益之争,出资义务加速到期应当首先考量其是否契合公司利益。当公司陷入停止支付情形时,如果不能启动加速到期,可以预见的是债权人将以提起诉讼或者破产申请的方式来实现权利救济。公司将不得不面对债权人的权利行使行为乃至正常经营受到影响,公司利益也将因股东出资未届满而受到现实损害。对于受到影响的正常营业,"若有加速到期规则,就能敦促股东及时实缴出资,公司不能偿债的局面就会打破,公司就能恢复正常经营"[1]。对于债权人提起的破产申请,公司可以提出不构成破产原因的答辩,但是毕竟经过了破产听证等程序,其需要支出相应成本。如果能够在此时加速到期,完全不需要经历后续程序,否则将不仅增加公司成本,还会增加司法资源等社会成本。"如果某个股东或几个股东可以出资的财产就足以偿付公司的债务,又何必置公司于破产呢?"[2]总之,出资义务加速到期规则应当以公司利益为本位而展开。加速到期规则的全面引入,本身是基于公司利益,债权人利益和股东利益则处于次顺位。比如,股东出资自由代表的是股东的个体利益和股东群体的利益,这些应置于公司利益之后。就个体利益衡量而言,第二层次的利益衡量在单个债权人和全体债权人之间展开。正如最高人民法院民二庭法官会议纪要所指出的,主张加速到期的,基本上是从单个债权人利益的角度出发,但是更应当从破产法角度进行审视,从而以更有力的法律手段来维护全体债权人的利益。如前文所论,由于加速到期的标准低于破产界限,加速到期规则并不必然受制于破产法上的清偿程序。仅在实质破产情形下,个别债权人与全体债权人之间的矛盾会被加剧,进而有赖于破产法中的撤销权等制

---

[1] 朱慈蕴:《股东出资义务的性质与公司资本制度完善》,载《清华法学》2022年第2期。
[2] 赵旭东:《资本制度变革下的资本法律责任——公司法修改的理性解读》,载《法学研究》2014年第5期。

度相济。易言之,单个债权人和全体债权人之间的冲突存在于不同的条件和情形之中,并非概括地存在冲突。

第三,对于加速到期理论中的替代方案,其实施存在限制。首先,"刺破公司面纱"原则适用于那些经营规模巨大而注册资本较小的公司,这些公司明显存在外部化风险且有意为之,这一原则在实践中是可行的。但是,对于大多数注册资本并不小的公司来说,仅依靠"刺破公司面纱"原则解决问题会遭遇难题。一方面,那些注册资本不小的公司通常不存在资本不足的问题,而且股东的实际出资期限尚未到期。另一方面,如果不存在股东滥用权利的情况,"刺破公司面纱"原则也无法适用。此外,世界各国和地区在适用"刺破公司面纱"原则时都极为谨慎,法官通常不愿意通过这一原则来动摇有限责任制度的基础。因此,"刺破公司面纱"原则的适用并不广泛,对于注册资本不小、多数股东出资期限未到的公司来说,适用这一原则并不合适。其次,《公司法司法解释(三)》第13条针对的是股东应出资而未出资、出资不足或出资后抽逃资金的责任,这实际上是对瑕疵出资股东的责任规定。如果股东未出资是因为出资期限未到,而公司无法清偿到期债务,这并不构成股东瑕疵出资的问题。因此,利用《公司法司法解释(三)》第13条来解决这一问题显然不符合逻辑。最后,通过民法中的"代位权理论"也无法解决问题。代位权的行使需要满足严格条件,包括证明债务人"怠于行使到期债权"。对于公司外部债权人来说,要获取公司内部信息,证明公司作为债务人有怠于行使债权的行为,以满足代位权行使的条件是非常困难的。此外,由于股东的出资期限未到,公司对股东享有的因未出资而产生的债权并不是到期债权,因此,公司债权人无法以"公司怠于行使到期债权"为由行使代位权。

第四,非破产加速到期符合《公司法司法解释(三)》第13条第2款及《企业破产法》第35条的立法精神和价值取向。具体而言:其一,"尽管公司章程对股东出资期限做了特别规定,但公司一旦陷入不能清偿对外债务的境地,股东的期限利益应该随即丧失"①,债权人有权请求股东出资责任加速到期。加速到期的正当性有逻辑与价值两个层面的支持。从逻辑层面看,《公司法司法解释(三)》第 13 条第 2 款已经突破了合同法上责任的相对性,将章定出资义务上升为法定责任:从责任的相对性来看,股东与公司、公司与债权人之间有直接债的关系,但股东与债权人之间并无直接债的关系,而上述第 13 条直接突破了债的相对性,将公司债权人的请求权范围扩充至股东范畴,这种突破应当与公司法上的股东出资义务相连接;从责任的产生根据来看,股东此处负担的责任基础与股东根据章程负担的责任基础并不一样。股东此处负担的责任基础为法律规定,已经属于法定的责任,而到期出资义务为章程规定;从责任的后果来看,股东根据《公司法司法解释(三)》第 13 条负担的责任在性质上属于连带责任,而根据章程规定产生的责任属于本体责任,亦存在差异。因此,可在公司立法中规定:当公司不能清偿到期债务时,出资期限未到的股东在认缴额度内对公司债务不能清偿的部分承担补充赔偿责任,其实质只是将主体由未履行或未全面履行出资义务的股东扩大至出资期限未到的股东,目的同样是满足债务人的偿债需求,与《公司法司法解释(三)》第 13 条第 2 款的法理精神一致。从价值层面看,《公司法司法解释(三)》第 13 条第 2 款体现了立法者的价值判断。基于利益衡量的角度,这样的规定在法的价值上显然偏向于债权人的保护,也即保护交易安全;反之,反对观点则强调公司资本的稳定性,即偏向投资者利益的保护,也即投资自由。在商事法律领域,价值选择的问题更多关涉立法和释法者的伦理取向以及经济社会政策价值。在强调投资者保护的社会环境中,投资自由更为重要;而在强调市场安全的环境中,则债权人保护更为重要。就当前我国的环境而言,认缴出资制度的构建已经极大

---

① 郭富青:《资本认缴登记制下出资缴纳约束机制研究》,载《法律科学(西北政法大学学报)》2017 年第 6 期。

扩充了投资的自由,在自由价值与安全价值的天平上,对债权人保护应予以更多重视。故而,从价值选择一端,将股东出资义务加速到期的情形扩充至不能清偿债务领域,强调的亦是债权人保护本位。其二,根据我国《企业破产法》第35条之规定,股东的出资义务可因破产而加速到期。据此,为保护债权人的利益,在公司破产以外的场合,使未到期的股东出资义务被加速到期,实际上是对《企业破产法》规定的借用或类推适用,且避免了《企业破产法》适用的巨大破坏力,成本更低,符合我国相关立法的立法精神和价值取向。

4. 加速到期制度从《九民纪要》到2023年《公司法》的嬗变

(1) 2019年11月发布的《九民纪要》第6条确认了非破产加速到期的观点,列举了适用非破产加速到期的两种情形。[①] 第一类情形实质是将最高人民法院《关于民事执行中变更、追加当事人若干问题的规定》第17条规定的"尚未缴纳出资"扩大解释为既包括期限已届满也包括期限未届满的出资;第二类情形是将恶意延长出资期限以逃避债务的股东纳入非破产加速到期的行列,体现了诚实信用原则。

《九民纪要》对加速到期所规定的适用情形还过于狭窄,但从《九民纪要》中可以看到非破产加速到期已经开始被司法实务界接受,虽然仅列举了两类可以适用的情形,但说明非破产加速到期的确有其合理性。以鼓励投资、降低公司设立门槛为目的的认缴资本制,在我国的商业土壤和文化环境中未能结出预期的果实,在公司治理机制、社会信用机制尚处于发育期的当下,"降低门槛"变成了"拆除门槛",全面认缴制的负面制度效果逐渐呈现:套利股东被片面解读的所谓"期限利益"保护,资本的功能逐渐丧失,债权人为了自己的利益,越来越多地要求股东及其

---

① 《九民纪要》第6条列举了适用非破产加速到期的两种情形:"(1)公司作为被执行人的案件,人民法院穷尽执行措施无财产可供执行,已具备破产原因,但不申请破产的;(2)在公司债务产生后,公司股东(大)会决议或以其他方式延长股东出资期限的。"

配偶为公司债务直接提供连带保证担保,"有限责任"对股东的庇护也相应萎缩,基于股东有限责任的交易秩序正在受到威胁,渐次爆发的债务危机似乎不能全部归咎于疫情等特殊情况。因此,亟须形成共识的是认缴制下股东的期限利益,亟待解决的是对加速到期制度正本清源。相对于原来我国严格的最低资本限额制度和实缴制这些行政规制的手段,采取非破产加速到期制度,由公司债权人通过主张诉权加以实现,是一种司法规制,也是成本较小的一种事后规制方法。

(2) 2023年《公司法》加速到期规则解读。2023年《公司法》以法律的形式对加速到期制度进行了回应,全面引入了加速到期制度以保护公司和债权人的合法利益。但其中仍有部分争议,值得进一步思考。

第一,关于"不能清偿到期债务"的界定。根据2023年《公司法》的规定,会触发出资义务的加速到期的唯一条件是"不能清偿到期债务"。这与《企业破产法》第2条中设定的破产界限有显著差异。《企业破产法》中规定的破产原因包含了两种情况:"无法偿还到期债务且资产不足以覆盖全部债务"和"无法偿还到期债务且明显缺乏偿还能力"。从字面上理解,触发出资义务加速到期的门槛比破产的标准要低。

对于所谓"不能清偿到期债务",破产法理论上称为支付不能或无支付能力。比如,根据《德国破产法》第17条第2款,当债务人不能履行到期债务时,即构成支付不能。从支付不能的构成来看,其取决于债务人的支付能力,而非支付意愿,需要比较可支配的资产和到期需支付的债务;从支付不能的程度来看,也不必达到"很大程度",资金不足以偿付多个债权人之一即可构成支付不能,但很小的资金链断裂不构成支付不能。① 不同于支付不能,停止支付是任何可归责于债务人的行为并且使合同相对方产生因无支付能力而不能支付的印象,停止支付推定为支付

---

① 参见[德]乌尔里希·福尔斯特:《德国破产法》(第7版),张宇晖译,中国法制出版社2020年版,第69页。

不能。①

在实践中,"不能清偿到期债务"仍有争议。公司是否能够清偿到期债务,并不取决于公司当前资产是否足够覆盖债务,核心在于公司是否能够对其到期债务进行及时的偿还。即便公司的现有资产足以支付其债务,如果公司无法及时清偿到期的债务,那么也会触发本条款所规定的提前缴纳出资的条件。正如最高人民法院《关于适用〈中华人民共和国企业破产法〉若干问题的规定(一)》[以下简称《破产法司法解释(一)》]发布时民二庭负责人答记者问中所指出的,不能清偿到期债务是指债务人以明示或默示的形式表示其不能支付到期债务,其强调的是债务人不能清偿债务的外部客观行为,而不是债务人的财产客观状况。②

第二,加速到期的出资要不要归入公司。在债权人主张股东出资加速到期的情形下,股东的出资要不要归入公司,即当某债权人主张股东提前缴纳出资时,是将出资归入公司,由其他债权人公平受偿,还是应优先对提出主张的债权人个别清偿?如果归入公司,会不会削弱债权人行使权利的积极性?如果对提出主张的债权人个别清偿,会不会损害债权平等原则?这似乎是一对难以调和的矛盾。总体而言,采用入库规则更为恰当。其一,从法理逻辑上讲,股东的出资义务应当是针对公司而非债权人的;其二,加速到期制度与现有制度相结合,相应的权利救济途径应当是畅通的,如债权人完全可以适用财产保全等制度保证自己的权益;其三,入库规则能够在最大程度上确保所有债权人的公平受偿,当多个债权人申请触发出资加速到期时,该规则还能防止产生诉讼争夺和减少讼累。

第三,加速到期与催缴失权的制度衔接。关于出资加速到期与催缴

---

① 参见[德]乌尔里希·福尔斯特:《德国破产法》,张宇晖译,中国法制出版社2020年版,第70页。

② 参见《依法受理审理案件,充分发挥企业破产法应有作用——最高人民法院民二庭负责人就〈破产法司法解释(一)答记者问〉》,载《人民法院报》2011年9月26日,第2版。

失权制度之间的制度衔接,存在不同的看法。一种观点认为两者可以并行不悖,即先适用出资加速到期,随后再采用催缴失权制度,以此促使股东履行出资义务;另一种观点则认为出资加速到期不应与催缴失权制度并用,若同时适用,则加速到期时失权规则已失效,股东应无疑问地履行出资义务。这两种观点均存在其合理性。前者强调利用失权手段对股东施压,促使其缴纳出资;后者则旨在防止失权股东退出后公司清偿能力进一步恶化,避免未出资股东逃避责任。从制度逻辑上分析,出资义务加速到期后,股东的出资期限实际上已经届满。如果股东未能履行出资义务,则可能构成2023年《公司法》第51条第1款所述的"股东未按期足额缴纳公司章程规定的出资",并因此适用相关法律后果。在这种情况下,公司可能已经处于支付困难的状态,董事会在催缴出资时可以果断行动,但在作出失权决定时则需谨慎,因为失权可能会进一步削弱公司的清偿能力,损害公司利益,并可能引发董事违反信义义务的法律责任。如果存在其他股东或投资者既有意愿又有能力接手股份,则董事会作出失权决议后,将股份转让给有能力出资的受让人,无损于公司及债权人利益。因此,相较于在立法上进行强制性规定,不如交由董事会根据公司实际情况自治。

三、股票面额及发行价格规制

股票发行价格是指发行人(公司)将股票出售给投资人时的价格。对于公司而言,确定股票的发行价格极为关键。一般而言,发行价格越高,公司通过发行股票获得的收入也就越多。然而,如果发行价格定得过高,可能会让投资者望而却步,进而导致发行不成功。相反,如果发行价格定得过低,则无法满足公司的融资需求。股票发行价格主要受市场机制的影响,其高低取决于公司的投资价值以及市场供求关系的变化。对于首次公开发行股票,影响其价格的因素可能包括公司的主营业务、发展前景、公司规模、所处行业的发展状况以及经济地理位置等。而对于增资发行股票,其发行价格通常是以公司已发行股票的市场价格作为参考。股票的面值,也称为"票面价值"、"票面价格"或"票面金额",是公司在发行的股票票面上标注的金额,其功能是显示每张股票所代表的资本额。

(一)股票发行价格与股票面值的关系

对资本制度而言,其与股份面值最为密切的关系就是股票是否依照票面价格发行,传统的资本发行制度基于资本三原则的要求,只允许平价发行及溢价发行,禁止折价发行。股份面值是一个记载了数字的确定金额,根据发行价格和票面金额的关系,证券发行可分为三种形式:发行价格低于股份面值时,为折价发行;发行价格高于股份面值时,为溢价发行;发行价格等于股份面值时,为平价发行。股票的发行价格与票面金额通常是不相等的,发行价格的确定受很多因素的影响。通常来说,第一次发行股票时,股票的面值是最重要的定价依据。从发行实践来看,股票的发行价格通常都高于其面值。但在股票交易市场上,股票的价格就"脱离"了股票面值的束缚,有时高于股票面值,有时低于股票面值。在二级市场上,股票价格随时变动,但是,股票面值始终不变,它是一个固定的数字,尽管每一股份所代表的实际价值可能已经变化巨大。2023年《公司法》第148条规定:"面额股股票的发行价格可以按票面金额,也可以超过票面金额,但不得低于票面金额。"可见,在我国目前的股份发行制度中,折价发行是受到限制的,其背后的原因是出于债权人保护的考量,认为折价发行会使公司实收资本少于公司注册资本额,致使公司资本"亏空",违背了资本充实原则。而溢价发行股票,意味着发行同等的股份数,却可以筹集到比依照股票面值计算更多的实收资本。根据我国《公司法》的规定,以超过票面金额发行股票所得溢价款列入公司资本公积金。

股票分为面值(面额)股与无面值(面额)股。面值股股票票面上标注的金额,被称为股票的票面价值。股份是公司资本的基本构成单位,计算公司股本总额的方法之一,就是用票面价值乘以发行的股份数量。票面记载票面金额的股票为面额股,而无面值股的股票,票面不记载金额,其价值通常根据每股净资产的金额而定。面额股出现之初,票面上记载的金额是公司发行股份时所期望的发行价格,而此后溢价发行方式的出现,使票面记载的金额不再是股份发行的实际价格,而只是一个名义上的数额。在域外,发行低面值甚至无面值股都是允许的。

股份面值的功能在不同国家的公司法中一直是一个有争议的话题,它不仅关系到股份的本质,还涉及公司融资的效率、灵活性以及融资过程中的利益平衡。首先,股份面值并不等同于股票的发行价格,在我国和其他许多国家或地区,股票的溢价发行是一种普遍现象。即使在公司成立之初,股份面值也可能没有实际意义。在市场经济中,股票的定价受多种因素影响,包括公司的行业地位、发展潜力、业绩、每股净资产、股利政策、市场供求关系和利率等,这些因素共同决定了股票的市场价值。其次,股份面值并不代表股票的市场价格。股票的市场价格会随着公司运营状况和证券市场的变化而波动,而股份面值是一个固定的数值,不会随之变化。此外,股份面值也不是股份的最低价格。尽管法律规定了最低面值以保护交易安全,但在公司经营不善时,其股票价格可能会跌破面值,这在我国的上市公司中并不罕见。股份的价值是动态变化的,股份面值并不能准确反映股票的真实价值。在股份面值的概念刚出现时,人们希望通过它来确定股份的初始发行价格,并作为股东利润分配权的依据,同时也是计算公司法定资本的基础。但随着公司运营的深入,股份的实际价值与票面价值之间的联系可能会减弱,甚至产生误导。在现代公司资本制度下,股票的发行价格与股份面值之间没有必然联系。股份面值既不是股票的发行价格,也不是市场价格,更不能反映公司的市值。过分强调股份面值可能会导致错误的信息传递,而希望通过股份面值来保护债权人利益的想法,可能只是一种不切实际的期望。

为什么要强制股票发行价格？为什么股票必须溢价或者平价发行，而不能折价发行？当我们反思这些问题时，会发现上述问题所反映的规制逻辑与最低资本限额、法定资本制、债权人保护机制都有相同或者相通之处。股票票面金额的功能通常被认为是公司运营并具有偿债能力的"防护垫"、股东之间出资公允的衡量标尺、规范公司股利分配或其他分配的底线。随着现代信息披露制度的完善、公司筹资效率化的发展、公司最低资本额制度的废除、从资本信用到资产信用的观念与规则变迁等因素的影响，这些预期功能纷纷落空。[①] 因此，为了满足公司的效率化融资需求，对于股票发行价格不应人为地设置障碍，而应当完全自治，交由公司及市场决定。

(二)面额股和无面额股的制度规制逻辑

依据股票票面上是否记载有票面金额，股票可分为面额股和无面额股。面额股是指股票的票面上记载了一定金额的股票；无面额股是指股票票面上不记载金额的股票，无面额股仅在票面上表明占公司全部资产或股本总额的比例，因此也被称为比例股或部分股。各国对股票票面是否应当记载面额有不同的立法态度，也因此形成了不同的股票面额制度，即面额股制度与无面额股制度。

1.面额股制度

(1)面额股制度的功能预设

在全球范围内，许多国家实施面额股制度，并严格遵循"资本确定、资本维持、资本不变"的三大原则。这些国家规定股票必须设定面额，并将其作为发行的最低价格。通过将每股的面额与发行的股票总数相乘，可以得出公司的资本总额。面额股制度通常被赋予以下三种主要功能：

其一，在公司内部，股票面额被用作衡量股东出资是否平等的标准。

---

① 参见傅穹：《股票面额取舍之辩》，载《比较法研究》2004年第6期。

立法者希望通过股票面额确保非货币出资的评估公正性,防止对某些股东出资的过度评估,确保每位股东在认购股份时支付的对价是公平的。这有助于维护股东在出资方面的平等权利。然而,要实现这一功能,股票的发行价格必须与股票面额相匹配。通过这种方式,面额股制度不仅有助于确保股东之间的出资公平,还有助于维护公司的资本结构和稳定性。美国公司法学者克拉克指出:"票面价值的一项早期的主要职能是帮助确保新公司的股东之间的平等和公平。这项职能取决于以等于股票的票面面值的价格销售股票,既不多也不少。"[1]如我国2018年《公司法》第127条规定的那样,股票发行价格可以高于票面金额,即允许溢价发行,由于溢价发行的允许,票面价值"早期"的主要功能即不再必要。

其二,对外而言,保护债权人利益的实现。这一功能与禁止折价发行紧密相关,至今依旧存在于许多国家的公司法条文中,即认为若所有股份发行完毕,债权人就可以将注册资本当作对自己的可靠担保,因为发行数量与股份面值相乘的积数即公司注册资本,股份没有低于面值发行,注册资本就是充足的、真实的,债权人就可以此为标尺作出理性的商业判断。

其三,区分资本与资本公积金。面额股制度的功能还在于将股东投入公司的总价值区分为资本与资本公积金,超过票面金额发行股票所得的溢价款计入公司的资本公积金,与股票票面金额一致的平价发行股票所得计入公司资本。对于公司债权人而言,因面额股制度的存在,他们不仅可以信赖初始投入资本的真实性与充足性,而且可以将发行股份的面值总和视为公司分配的财务底限,该底限数额会一直留存至公司清算,并在清算时由债权人优先于股东获得剩余财产的分配,即面额股制度可以间接排除股东不当分配股利。

---

[1] [美]罗伯特·C.克拉克:《公司法则》,胡平等译,工商出版社1999年版,第587页。

(2)面额股制度的实践反思

面额股制度最初旨在确保公司资本的充实,从而保护债权人的利益,并维持股东之间的出资平等。然而,在实际应用中,这一制度并未达到预期效果,反而引发了一系列问题。

其一,误导对股票价值的认知。在现代商业实践中,股票的票面价格与发行价格或市场价格往往不一致。在面额股制度下,股东和债权人可能会错误地将股票票面金额乘以发行数量来估算公司的资本总额。这种计算方式基于一个假设:票面上的金额代表公司实际拥有的等值资产。然而现实中,股票通常以溢价发行,平价发行的情况极为罕见。这导致面额股制度的预设功能变得名不副实,反而可能误导股东和债权人,使他们误以为用票面金额计算的资本数额就是公司的真实价值。对于债权人来说,他们可能会过度依赖股票面值进行价值判断,错误地认为这是公司资本真实、充足的标志,而实际上股票面值并不能提供这样的保障。此外,股票面值也可能误导投资者,使他们对公司资产的实际价值产生误解,影响他们的商业决策。

其二,影响公司的融资效率。在资本市场中,股票溢价发行已成为公司常见的融资方式,而亏损企业则急需通过折价发行在二级市场上筹集资金。这两种情况都使面额股制度期望通过股票面值平衡股东利益的目的落空。溢价发行时,尤其是在分次发行的情况下,股东们获得股份的对价往往不同,这反映了公司自治的需求。法律上,公司有权根据市场供求关系自主决定股票价格。限制股票发行必须按照票面金额,实际上是限制了公司自主定价的权利,进一步影响了公司的融资需求。特别是对于那些股价跌破面值的上市公司,它们本就难以从金融机构获得授信,面额股制度的限制使它们在证券市场上的融资更加困难。股票价格受多种因素影响,跌破面值并不一定意味着公司无药可救。有些公司可能只是暂时遇到财务危机或因市场系统风险而导致股价下跌。这些公司可能经营状况良好,前景光明,但由于面额股制度的限制,无法发行新股募集资金,导致资金短缺的财务危机。在股价跌破面值时,公司应考虑如何提高营运效率,减少成本,金融机构应帮助其尽快摆脱困境,而不是切断其融资自救之路。因此,从融资效率的角度来看,面额股制度对股份发行价格的不当限制,限制了公司融资的灵活性,不利于公司在多变的市场中保持融资机制的灵活性。

2. 无面额股制度

无面额股制度中,股票票面上不标明具体的面额,而是代表股东在公司资产中所占的份额。在这种制度下,股票的价格能够根据市场状况和公司的经营状况灵活变动,从而更真实地反映公司股份的价值。对于股东来说,他们关注的是持有的股份在公司总股份中所占的比例,这决定了他们在公司中的权益。无面额股制度具有以下几个方面的制度优势。

其一,助力公司摆脱融资困境。无面额股制度的首要优势和价值在于其能够方便公司筹集资金。2018年《公司法》第127条规定:"股票发行价格可以按票面金额,也可以超过票面金额,但不得低于票面金额。"票面金额是面额股发行的最低价格,公司不得折价发行。区别于面额股,无面额股不存在票面金额,公司可以根据财务状况和现实需要自行决定发行价格,享有较大的定价空间和筹资空间,不受禁止折价发行规则的限制。这对财务上处于困境的公司尤有意义。公司股票价值下跌并不一定是因为公司经营管理水平不佳,也可能是因为股市整体行情低迷等,规范上有必要为具有发展潜力但面临财务困境的公司提供重新融资以自救的途径,以便其东山再起。反之,如果机械地以禁止折价发行规则限制公司融资,将剥夺跌破面值但急需资金的亏损企业融资再生的机会。[①] 除此之外,限定股票发行价格本质上是对股票价格的人为干预

---

① 参见官欣荣:《论我国无面额股制度之推行》,载《华南理工大学学报(社会科学版)》2013年第5期。

手段,无面额股制度使股票价格回归市场价格,有利于充分发挥二级市场的价格发现机制。①

其二,降低公司资本运作成本。无面额股制度使公司股份拆分合并的操作更为流畅,从而便利公司资本运作。在实践中,公司资本运作的一种代表性手段即股份的拆分合并,股份拆分合并有助于调整股票市价,刺激投资者的购买欲,增强股份流动性。在面额股制度下,股票的拆分合并需要变更股票面额,这意味着公司需要回收注销已发行股票,并发行新股票。此操作大大增加了公司资本运作成本,拖延了公司资本运作效率。相较而言,在无面额股制度之下,仅需通过改变股票发行数量便可达到股票拆分合并的效果,使公司的资金运作更加灵活,更适应于发展迅速、变化无穷的股票市场。② 除此之外,无面额股在公司增资、减资过程中也有重要价值。在增资、减资过程中,公司只需要实际上增加或减少每股所代表的资产或资本额,无须再发行增加新的股份或回收注销已发行股份,大大节省了程序成本。

其三,适应授权资本制改革需求。无面额股制度强化了公司对股票发行的定价权,适应授权资本制的改革要求。2023年《公司法》为了便利股份有限公司融资,契合董事会中心主义的改革诉求,确立了授权资本制,强化了公司董事会的资本决策权。在无面额股制度的协同之下,获得股东会新股发行授权的董事会可以基于商业判断,决定更符合公司融资需求的发行价格,在满足公司的融资需求的同时,妥善调节新老股东之间的持股比例,作出最为符合各方利益的安排,充分发挥授权资本制的制度效能。

---

① 参见朱慈蕴、梁泽宇:《无面额股制度引入我国公司法路径研究》,载《扬州大学学报(人文社会科学版)》2021年第2期。

② 参见卢宁:《股份面额制度的式微与无面额股的引入》,载《东岳论丛》2018年第9期。

(三)域外股票发行面额制度的规制演变

多国和地区的立法例经历了从面额股到无面额股的历史变迁,反映了立法者尊重市场及公司自治,追求融资效率化的现代商业理念。

美国早期各州采用的是面额股发行制度,发行价格低于面额的股票被称为掺水股,购买掺水股的股东有义务向公司补足票面金额与支付的价格之间的差额。无面额股最早于1915年出现在纽约州,确定发行价格时不再需要考虑以面额为最低限额。1969年以前的《标准公司法》允许公司在总的发行所得中确定资本(声明资本)数额和资本溢出,并限定其中的75%为声明资本。新设公司的声明资本额由发起人决定,公司增发股份的声明资本由董事会决定(章程可以将该决定权保留给股东会)。1984年修订的《标准公司法》取消了股票面额的概念,简化了新设公司的资本化过程,多数州已不再强制性要求公司股票一定要记载票面金额,并允许将股票发行的任何比例分配为声明资本。①

德国是传统法定资本制的代表国家,始终坚持"资本确定、资本维持、资本不变"的资本三原则,将股票票面金额作为发行股票的必要记载事项。但在德国加入欧盟后,这一状况有所改变,德国开始引入无面额股制度,并于1998年修改《德国股份法》时在其第8条第1款中规定:"股份可以采用面额股或部分股(无面额股)发行",即允许股份有限公司依据自身情况与融资需求来决定是否采用无面额股制度,这项规定不具有强制性,而是赋予股份公司自由选择的权利,类似于美国的"赋权型"股份发行无面额股立法模式。这一改革在实践中引起了较大反响,许多股份公司纷纷转向无面额股发行。

1950年,日本仿效美国公司制度修正其商法,引进了无面额股制度,"公司可以发行面额股与无面额股,或者同时发行这两种股份"。日本此

---

① 参见[美]罗伯特·W.汉密尔顿:《美国公司法》(第5版),齐东祥等译,法律出版社2008年版,第126~129、134页。

次修法允许发行无面额股的最大理由是希望本国公司在股价低于面额时仍能够通过发行股票方式筹措资金。但2001年10月,日本又修正其商法,彻底废除了票面金额的概念,强制所有的股份公司采用无面额股制度。因此,目前日本的股票发行价格制度属于不同于美国、德国的"强制型"无面额股立法模式。

从上述三国无面额股制度的发展历史、引进与采纳路径以及立法模式来看,可以将无面额股制度划分并概括为两类:一是强制型无面额股,即通过法定的方式废除面额股制度并强制公司发行无面额股;二是赋权型无面额股,指公司立法并不强制公司必须采取无面额股,法律将是否发行无面额股的权利授予公司,公司根据其商事判断决定是否发行无面额股,并相应在公司章程中予以载明。[①]

其一,强制型无面额股模式。我国香港特别行政区《公司条例》是采取强制型无面额股模式的典型代表。其第135条规定:"(1)公司的股份没有面值。(2)本条适用于在本条的生效日期前发行的股份,亦适用于在该日期当日或之后发行的股份。"以强制型模式引入无面额股,原因有二:第一,有助于降低立法难度和管理成本。在一部公司法中同时保留面额股和无面额股意味着需要分别针对面额股和无面额股设置完全不同的规则,具体如注册资本和资本公积金处理规则、折价发行规则、财务会计制度、股票发行规则等,增加制度运行和规则适用的复杂性。第二,避免公司因为路径依赖而继续采用面额股,造成立法目的落空。日本引入无面额股分为两个阶段,1950年《日本商法典》首先推出了赋权型无面额股制度,但实践中公司普遍怠于主动修改公司股票形式,导致无面额股在日本的引进收效甚微。因此,日本随后在2001年改采强制型无面额股制度。

采取强制型无面额股模式,需要着重解决好面额股制度向无面额股

---

① 参见傅穹:《重思公司资本制原理》,法律出版社2004年版,第155页。

制度过渡的问题。我国香港特别行政区自 2014 年 3 月起全面强制采用无面额股票。为了使无面额股顺利推行,给予两年的过渡时间,在其《公司条例》附表 11 第 4 部第 2 分部规定了"关乎废止面额的过渡性条文"①,便于公司重新审视与调整相关章程、契约文件。例如,在过渡期经过之后,公司尚未为章程中有关面额条款变更者,相关条文自动失效,公司无须召开股东会进行变更公司章程,降低了采用成本。除此之外,对于公司原来订立合同中所使用的面值等相关概念,《公司条例》也规定了过渡性的条文和推定条文,以保障合同双方在使用旧有概念时仍享有合约中的权利,并不因为面值的废除而影响其权利的行使。

其二,赋权型无面额股模式。赋权型无面额股模式包括"择一模式"与"并存模式"两种。"择一模式"意味着允许公司在无面额股或面额股之间择一选择,"并存模式"则意味着允许公司同时发行无面额股和面额股。"择一选择"模式为更多国家立法所接受,比较具有代表性的包括韩国法、德国法等。《韩国商法》第 329 条第 1 款规定:"公司可以在章程中规定全部的股份以无面额股的方式发行。但是,在发行无面额股时,不得发行面额股。"《德国股份公司法》第 8 条第 1 款规定:"股票可以是面额股,也可以是无面额股。"与"择一选择"模式被广泛接纳不同,"并存模式"由于运行难度较高,采取这一模式的国家寥寥无几。

在"择一选择"这种赋权型无面额股模式之下,围绕面额股与无面额股的相互转换,主要存在两个问题:第一,面额股和无面额股之间的转换,原则上不应改变公司的注册资本,如欲变动必须履行相应的增资或减资程序。该原则在同样采取赋权型模式的国家中予以确立,如《韩国商法》第 451 条第 3 项规定:"公司的资本金不能因面额股转换为无面额

---

① 过渡性的条文主要涉及我国香港特别行政区《公司条例》第 135 条规定的生效日期前发行的股份缴付的款额、对股份溢价账及资本赎回储备的处理、股份溢价账的贷方结余的运用、部分缴付款的股份的催缴。

股或者无面额股转换为面额股而变更。"第二,面额股或无面额股的转换,要求公司回收旧股票并换发新股票,但此行为不应损害利害关系人的利益。《韩国商法》第442条的规定可资参考:"股份合并的情形下,存在无法对公司提交旧股票的股东时,公司根据该股东的请求,规定三个月以上的期间,在该期间内向利害关系人公告,利害关系人存在异议时,可以在该期间内提出。该期间届满后,可以向请求的股东交付新股票。前项公告的费用,由请求人承担。"但是,为了确保股票的流通性,一般认为在换发新的股票权证之前,不应影响原有股票的正常交易。

(四)我国股票发行价格的规制弱化

长期以来,我国的股票发行价格机制是法定资本制之下的面额股制度,其强制性地规定股票必须记载票面金额并且不得折价发行。"强制型"面额股制度实质上将"票面金额"当作计算公司资本的最小单位以及股票发行价格的判断标尺,目的是保持资本的真实和充实,用以贯彻资本维持原则。因此,我国的面额股制度是法定资本制之下的制度选择,彰显了资本信用。禁止折价发行制度与面额股制度相配伍,其主要目的是确保公司资本信用的可靠性,担心折价发行会使公司实收资本少于公司预设的注册资本,从而导致公司资本的虚化。但随着资本信用向资产信用的转变,面额股制度的作用已经式微,不仅不能反映公司的真实价值,甚至还会产生误导作用,难以达成保护股东和债权人利益的初衷。

"中国公司法表现出鲜明的、贯穿始终并协调一致的资本信用的理念和法律制度体系"[①],但从公司法律制度的发展趋势以及公司法学界的普遍共识来看,公司的资本信用理念都应当向资产信用理念转变,建立在资本信用基础上的"强制型"面额股制度自然也无法适应公司效率化

---

① 赵旭东:《从资本信用到资产信用》,载《法学研究》2003年第5期。

筹资的需要。从世界范围来看，以资产信用为基础的立法例，往往会选择无面额股的立法设计。在无面额股制度下，每一股份对应公司资产的一份，当公司资产价值产生波动时，无面额股的市场价格会随之变化，不会因股票面额的固化而误导投资者及债权人对公司资产价值的判断。相比之下，无面额股制度能够使公司资产的实际价值得到更加真实的反映和评估。此外，面额股的"票面金额"好似公司资产价值的"注解"。没有该"注解"，公司资产价值可由股票市场价格更为真实地反映，实际上，我国资本市场上的增发发行不正是要参考股票的市场价格吗？

法律不断拓宽股东的出资形式，凡对公司有用的资源都可以作为股东的出资，只需得到公司的认可和同意即可。在出资形式扩展的情况下，股票面额对资本价值的标示作用已经失去了价值。我国长期施行的"强制型"面额股制度严格禁止折价发行，限制了困境企业的融资，也导致困境企业失去了通过增发新股融资求生的机会。[1] 伴随着现代信息披露制度的完善、公司筹资效率化的发展、公司最低资本额的废除以及从资本信用到资产信用的观念与规则变迁，股份面值的初始功能已被彻底颠覆。[2]

在审视我国公司实践与股票市场的现状时，不难发现，对面额股制度及配套制度进行全面的改革已成为必然的立法选择。为此，我们需深入剖析无面额股制度的两种立法模式——强制型与赋权型，权衡其各自优劣，探求制度变迁的成本效益，探索最适合我国国情的无面额股制度引入路径与立法框架。值得肯定的是，2023年《公司法》弱化了股票面额制度，允许公司根据章程择一采用面额股或者无面额股。[3] 另外，2023

---

[1] 参见官欣荣：《论我国无面额股制度之推行》，载《华南理工大学学报（社会科学版）》2013年第5期。

[2] 参见傅穹：《重思公司资本制原理——以公司资本形成与维持规则为中心》，中国政法大学2003年博士学位论文，第104页。

[3] 参见2023年《公司法》第142条。

年《公司法》第 142 条第 2 款还规定："公司可以根据公司章程的规定将已发行的面额股全部转换为无面额股或者将无面额股全部转换为面额股。"显然，对于具体的转换方式也将交由公司自治。此外，2023 年《公司法》也删去了公司章程需记载票面金额的绝对必要记载事项。此次公司法修订引入了面额股与无面额股的择一模式，可能是基于以下考虑：首先，考虑到路径依赖因素。我国《公司法》颁布以来，一直采用面额股制度，无面额股的概念未曾出现过。考虑到公司实践形成的惯性以及制度转换的成本，2023 年《公司法》采用了面额股与无面额股选择的模式。鉴于我国证券市场尚处于发展阶段，成熟度有限，直接采取强制性要求公司发行无面额股的模式，无疑将带来沉重的制度转换成本，甚至可能扰乱市场秩序，造成不必要的混乱。因此，2023 年《公司法》的修订明智地采纳了美国的"赋权型"无面额股制度模式。该模式赋予公司充分的自主权，允许其根据市场状况和自身融资需求，灵活选择发行面额股或无面额股，从而有效平衡了制度创新与市场稳定的关系。无面额股制度的实施，不仅赋予了公司自主定价的权力，还削弱了票面金额对投资者及债权人的误导性影响，促使他们转向更为多元化、可靠的信息源来评估公司的真实价值。其次，尊重公司自治。在我国的公司中，中小公司数量占有绝对的优势，其股份转让不频繁，对外融资的需求也不大，资本变动的概率较低，这部分公司应被允许继续选择使用面额股制度。2023 年修订的《公司法》实施后，无面额股制度与面额股制度可能存在一定的竞争。我国的面额股制度已经形成了一套相对成熟和完整的规则体系，投资者对于面额股制度也更为熟悉。相比之下，无面额股虽然能够提升公司的融资效率，但对于投资者来说是新兴事物，存在一定的制度风险和不确定性。因此，未来，那些注重公司运营稳定性和安全性的公司可能会更偏好选择面额股，而那些关注融资效率和资金运作灵活性的公司则可能倾向于选择无面额股，这也给了不同类型的公司以广阔的自治空间。

无面额股制度的引入,不仅赋予了公司自主定价的权力,还削弱了票面金额对投资者及债权人的误导性影响,促使他们转向更为多元化、可靠的信息源来评估公司的真实价值。然而,"赋权型"模式虽有其灵活性,但并不能从根本上解决信息不对称的固有问题。为此,强化信息披露制度成为必要之举,以确保市场参与者能够获取准确、透明的信息,做出理性的投资与信贷决策。具体而言,应明确并细化股份有限公司在股票发行过程中的信息披露义务,可参照上市公司新股发行的严格信息披露标准,要求拟发行股票的公司编制并提交详尽的"招股说明书",其中应全面、及时地披露与股票发行相关的各项信息,包括但不限于公司财务状况、经营成果、风险因素及未来展望等。同时,应建立健全责任追究机制,对信息披露不实或存在误导性陈述的行为,明确法律责任,保障投资者及债权人在遭受损失时能够依法追偿,从而构建一个更加公平、透明、健康的市场环境。

四、股份发行机制规制

2013年《公司法》修改后,我国施行了完全的认缴制,取消了最低资本限额的限制,也取消了公司设立时首次缴纳资本的比例和缴资期限的限制,从法律层面正式确立了法定资本制下完全的认缴制,极大拓展了公司及股东的自治空间。此次资本制度改革的出发点在于国务院提倡的"大众创新、万众创业",目的是鼓励创业和投资,释放公司自治权、扩大就业以激发经济活力。尽管这种减少监管、强化自治的改革与国际潮流相符,具有一定的积极意义,但这次改革并不完全适应我国的实际情况,公司制度的配套体系建设也没有跟上资本制度改革的节奏。因此,对于这次资本制度改革的成效,各界存在广泛的争议。在完全认缴制下,取消了对最低资本额、验资程序、出资期限等方面的强制性要求,但又缺乏其他相应制度的配合,会导致公司滥设、公司品质不高,忽视公司交易安全、债权人利益得不到保障以及股东滥用权利等问题的扩大化。

正如有学者所言,在"缴"的阶段,股东"认"而不"缴"是一大顽疾。尤其是一些博人眼球的完全没有出资能力却认缴巨额出资或约定几乎无法实现的远期出资等股东自治行为,更是激化了"缴"的问题。① 这不仅导致债权人保护之忧,对公司自身利益亦影响深远。2013 年的公司法改革动因更多是商事登记制度改革已经先行,公司法需要配合商事登记制度的改革。修法的匆忙带来的是立法文本上的缺陷,完全的认缴制改革忽略了配套规则的完善,诸如出资如何催缴、能否加速到期,未届出资期限的股权转让,出资责任应当由谁承担等问题均没有明确的回应。这也给我们的公司实践和司法实践带来了许多困扰,需要通过完善相应的配套措施来补救,如强化人格否认制度,采用股东出资义务加速到期路径等。公司法现代化的趋势是授权资本制。② 事实上,面对法定资本制下完全认缴制的弊端,面对实践中因为出资额与出资期限而引发的各种纠纷,与其修修补补,不如借鉴先进经验,重构我国的资本形成制度,全面转向更加灵活、自治的授权资本制。值得肯定的是,2023 年《公司法》在股份公司中引入了授权资本制,顺应了公司法发展的潮流;但同时它也保留了认缴制,"两种逻辑和作用路径迥异的制度拼合在一起会引发冲突,容易产生功能上的折损"③,亦有可能增加交易成本,值得商榷。

(一)我国有限公司仍系法定资本制,股份公司采授权资本制

自 2013 年全面实行认缴制以来,虽然对股东缴纳资本的数额和期限放宽了限制,但注册资本仍需在公司成立时一次性发行并全部认足。增资依旧属于股东会的法定权限,因此,我国资本制度的核心要素并未发生改变。正如赵旭东教授所言,"从有限制的认缴资本制到无限制的

---

① 参见袁碧华:《"认"与"缴"二分视角下公司催缴出资制度研究》,载《中国法学》2019 年第 2 期。

② 参见朱慈蕴:《中国公司资本制度的体系化再造之思考》,载《法律科学(西北政法大学学报)》2021 年第 3 期。

③ 冯果:《论授权资本制下认缴制的去与留》,载《政法论坛》2022 年第 6 期。

认缴资本制的转变并不导致股东出资义务和范围的任何改变,全体股东承担的依然是整个注册资本项下的出资义务,各个股东认缴出资的总和依然完全重合于注册资本的总额,所改变的只是具体出资义务的时间和期限"[1]。朱慈蕴教授也认为,"2013年公司法的修改既没有改变公司资本发行和认缴的本质规定,也没有使资本发行权从股东会让渡到董事会,纵使改变的条文数目再多,也基本属于法定资本制内部的进一步调整,没有过渡到授权资本制或折中资本制的范畴"[2]。法定资本制有两个重要特点:一是章定资本,并要求资本或股份一次性发行;二是资本发行的决定机构为股东会。我国2013年改革之后的公司资本制度依然完全符合法定资本制度的特征。2013年的全面认缴制改革,并未改变我国资本形成制度的性质,其只不过是改变了资本缴纳方式和资本登记制度而已。在2023年《公司法》所规定的资本形成制度下,有限责任公司仍属于法定资本制的范畴,而股份有限公司则采用了授权资本制。

(二)我国股份发行机制检视

1.有限责任公司采法定资本制系过度规制

法定资本制无疑彰显了"资本信用",而且是债权人保护取向的。"大陆法系法学家设计法定资本制的初衷是维护公司资本的稳定和确定,防止公司设立中的欺诈行为,有利于保障交易安全。"[3]从法定资本制的具体内容来看,这种逻辑关系体现得尤为明显:公司设立时必须有确定的注册资本,以保证公司设立时就拥有履行债务的责任财产;公司存续过程中公司资产必须维持在资本相当的限度,这种以公司资本为核心的责任财产对于公司债务构成履约保障,以使债权人基于对公司责任财

---

[1] 赵旭东:《资本制度变革下的资本法律责任——公司法修改的理性解读》,载《法学研究》2014年第5期。

[2] 朱慈蕴:《公司资本制度的缓和化与公司资本理念的再思考》,"公司资本制度的再申视"国际学术研讨会会议论文,2014年10月于北京。

[3] 赵旭东主编:《公司法学》(第2版),高等教育出版社2006年版,第229页。

产的信赖进而愿意与公司交易;公司资本必须经过法定程序才能增加或减少,这可以防止股东肆意增减公司资本对债权人利益带来损害。但这种立法假设无疑是理想化的、虚幻的,实践已经证明,法定资本制并没有像预设的那样完成保护交易安全的使命,公司实践中频发的虚假出资、出资不实和抽逃出资等现象也证实了这一点。随着"从资本信用到资产信用"的理念转变,作为特定历史产物的法定资本制也必将被其他的更为科学和高效的制度所取代。正如葛伟军教授所言,"一个严格的资本制度模型不仅不能达到保护债权人的目的,而且阻碍了股东对公司的投资以及公司的经营"[1]。法定资本制的特点在于资本的一次性发行和股东会的股份发行决定权。法定资本制的设置是为了防止公司滥设、维护交易安全,却导致了较高的公司运营成本,也阻碍了公司的发展和资本的增长。在商业机会稍纵即逝的现代社会,法定资本制与公司高效化运作的要求背道而驰。

法定资本制最主要的缺陷在于融资效率的低下。在当今经济全球化日益加深的时代,一个高效、灵活的融资机制对公司来说至关重要,它几乎是企业在激烈市场竞争中生存和发展的关键。公司需要能够迅速适应市场的变化,及时做出商业决策。然而,在法定资本制下,融资决策往往显得烦琐且效率低下,这无疑会妨碍公司的运营和成长。正是这种制度的局限性,促使许多国家放弃传统的法定资本制,转而采用更为灵活的授权资本制。授权资本制能够为公司提供更大的自由度和灵活性,以适应不断变化的市场环境,从而在竞争中占据优势。安全和效率都是法律追求的价值,但是必须对二者进行平衡,才能达到良法之治。公司资本制度作为保障市场经济发展的商事私法制度,不能因为偏向安全而牺牲效率,何况安全仅仅是一个理想化的目标而已。具体而言,法定资本制融资的低效性主要体现在以下两个方面:

---

[1] 葛伟军:《公司资本制度和债权人保护的相关法律问题》,法律出版社2007年版,第270页。

第一,公司设立时资本必须一次性发行完毕。资本形成首先在于公司设立时的资本发行,法定资本制要求公司设立时资本必须一次性发行并由股东认足,这无疑提高了公司设立的门槛,也增加了股东的压力。事实上,很多公司在成立之初业务规模不大,可能并不需要太多的资金,以后随着公司的经营和发展,对资金的需求才会增强。因此,在公司成立之初要求股东缴纳过高的出资额会造成一定的资本闲置和浪费。公司需要的资金数额应当由公司和股东自治,而不应由法律做出统一的强制性规定。"对于股东而言,取得公司这一融资工具的成本越低越有利。至于初始投入的资本,是一个因公司而异、因行业而异的自我商业判断。"[1]尽管2013年的资本制度改革在一定程度上缓解了公司设立的高门槛和资金闲置的问题,但其并未彻底改变这一问题,因为资本仍然需要一次性发行并全部认足,公司设立时确定的注册资本必须落实到每个股东头上,即股东必须认缴出资。认缴本身也是一种承诺,承诺意味着股东在规定的时间必须实际缴纳。也就是说,即使在公司设立时股东只认不缴,但法定资本制下,股东在公司设立时就必须承担资本发行和资本认缴的负担,依然不符合公司设立的效率原则。

第二,复杂的程序导致公司增资的低效化。我国现行法定资本制广受批评的另一个原因是公司增资的苛刻要求,法定资本制除要求公司在设立时一次性发行股本并由股东认足外,还体现在公司成立后的增资程序上。法定资本制恪守资本不变原则,增减资本是股东会的特别决议事项,而且公司注册资本既然已经被规定在章程之中,注册资本变更之后就必然要修改公司章程。所以,公司增资时依然要面对股东会召开、章程修改、公司变更登记等复杂的程序,这会使公司承担额外成本,甚至导致公司错失商业机会,降低了公司的融资效率。与授权资本制下授权董事会行使股份发行权的规则相比,我国将新股发行的权利赋予了股东

---

[1] 傅穹:《重思公司资本制原理》,法律出版社2004年版,第71页。

(大)会,每一次新股发行都需要经过股东会的同意,并修改公司章程,变更公司登记。这样烦琐的程序无法满足公司灵活融资的需求,降低了资金筹集的效率,这也可能导致公司(尤其是上市公司)在日常经营中的诸多障碍,如发行新股引进战略投资者、实施股权激励计划、发行可转换公司债甚至是设置敌意收购防范措施等都面临同样的问题。"一般股份有限公司召集股东会本即受限于程序冗长,召集不宜之困扰,此问题尤其在公开发行股份的公司更为显著"①,而且,依照我国现行《公司法》的规定,不论是增资还是修改公司章程都须经2/3以上的表决权通过的特别决议程序,这很可能会导致在公司经营过程中,因为烦琐的增资流程而导致公司丧失商业机会的后果。"法定资本制将股份发行决策的权限严格限缩于股东会之中,烦琐的召集议事流程和高额的表决成本不当加剧了公司的负累,阻碍了公司融资效率和融资规模。"②

2. 全面"认缴制"及其效果检视

(1)全面认缴制的实施

"认缴制"并非什么新鲜事物,也并非2005年公司法改革或2013年公司法改革才出现的。1929年中华民国公司法在股份有限公司中即规定了股份认缴制;1951年《私营企业暂行条例施行办法》中允许股份有限公司的股东分期缴纳股款;1983年《中外合资经营企业法实施条例》中允许股东将认缴出资额登记为注册资本;1993年《公司法》通过前,1992年原国家经济体制改革委员会制定的《有限责任公司规范意见》中,也允许有限责任公司注册资本实行认缴制。③ 1993年我国《公司法》

---

① 赵德枢:《两岸公司法修订后有关股份公司资本制度之比较研究》,载赵旭东主编:《国际视野下公司法改革——中国与世界:公司法改革国际峰会论文集》,中国政法大学出版社2007年版,第271页。

② 马更新、安振雷:《重塑资本形成:授权资本制的本土化建构》,载《经贸法律评论》2023年第3期。

③ 参见王军:《公司资本制度》,北京大学出版社2022年版,第89页。

制定时,为了防范公司的"虚设"和"滥设",要求所有公司的注册资本必须一次性全额实缴。但是,全额实缴制在公司实践中的运行效果并不理想。一方面,虚假出资、抽逃出资等行为泛滥,在许多地方,甚至是在工商机关的门口,出现了不少专门替股东垫资或伪造文件帮助设立公司的"中介服务",也滋生了权力寻租;另一方面,这种过于严苛的出资规则也阻碍了公司的设立,造成了人为的法律障碍。因此,2005年《公司法》部分缓和了1993年《公司法》严格的资本实缴制,只要实缴20%的出资,公司就可以成立,其余部分在公司成立后2年内缴清,投资公司5年内缴清;2013年立法机关则取消了实缴制而走向了全面的认缴制。其可能考虑的因素有二:第一,实缴制的确增加了公司设立的成本,影响了公司设立;第二,实缴制的初衷无法有效实现,实践中公司资本虚空及虚假出资、抽逃出资等现象非常严重。

全面的认缴制实施之后,允许出资者仅认足股份就可以设立公司,而且对缴资期限没有任何限制,这的确有利于鼓励投资、促进创业及释放市场活力,在一定程度上缓解了我国严格的法定资本制所带来的弊端,尤其是在一定程度上解决了之前被学者和实务界所广泛诟病的"资金闲置与浪费""公司设立门槛高"等问题。应当承认的是,全面认缴制降低了设立公司的门槛,刺激了新设公司数量的迅速增长。自2014年3月1日全面认缴制实施开始,从官方公布的一系列数据来看,加上其他便利化商事登记措施改革的配合,全面认缴制确实推动了新设企业数量及注册资本规模的快速增长。2014年7月7日,原国家工商行政管理总局(以下简称原国家工商总局)公布一组统计数据:注册资本登记制度改革实施后,2014年3月至6月全国新登记注册市场主体440.06万户,同比增长20.48%;注册资本(金)7.22万亿元,同比增长54.37%。截至2014年6月底,全国实有各类市场主体6413.83万户,比上年同期增长14.01%,增速比上年同期提高7.14个百分点;注册资本(金)总额

115.05万亿元,同比增长23.76%。[1] 2017年9月,原国家工商总局网站上公布的《商事制度改革成效研究报告》中指出,商事制度改革以来市场主体入市速度明显加快,"社会创业热情持续高涨,新登记企业数量大幅增长。""目前,全国市场主体总量突破9200万户,比2013年的6000万增长了50%。自2014年3月商事登记制度改革全面启动以来,全国累计新登记市场主体超过5300万户。2016年新登记企业超过550万户,比2013年增长了一倍。与改革前三年相比,改革后三年的新登记企业数量在增速上提高64.2个百分点。"[2]

上述数据表明,认缴制对鼓励投资及公司设立的确起到了积极的作用,实现了2013年资本制度改革所预设的目标,降低了市场准入门槛,促进了市场主体的快速发展。因此,在一定程度上,我们应当肯认认缴制的制度价值。作为我国商事登记制度改革的重要成果,认缴制在一定程度上满足了公司资本形成制度的灵活性和公司自治的需要。

(2)全面认缴制的缺陷

任何一项制度改革都具有两面性,资本认缴制的最大优势在于松开了那双原本就属于市场的"看不见的手",最大的劣势则是过度自由市场伴随"道德风险"。[3] 经过十余年的实践,认缴制存在的缺陷也日渐显露。有学者认为认缴制必定催生出许多无赖公司[4],这种设定了巨额注册资本,但出资根本没有实缴或者实缴金额极少的公司,一旦出现不能支付到期债务的情形,假设没有加速到期等其他制度补足,债权人无权要求股东提前偿付出资,而只能对欠债公司先申请破产,再通过破产程

---

[1] 参见李晶:《国家工商总局公布上半年统计数据显示——市场稳步发展 改革成效显著》,载《中国工商报》2014年7月8日,第1版。
[2] 《商事制度改革成效研究报告》,载《中国工商报》2017年9月9日,第1版。
[3] 参见彭真明:《论资本认缴制下的股东出资责任——兼评"上海香通公司诉昊跃公司等股权转让纠纷案"》,载《法商研究》2018年第6期。
[4] 参见甘培忠:《论公司资本制度颠覆性改革的环境与逻辑缺陷及制度补救》,载《科技与法律》2014年第3期。

序要求股东缴付认而未缴的出资,这样会带来昂贵的社会成本。还有学者列举了认缴制可能产生的消极影响,诸如注册资本随意增加、注册资本实际到位率低、注册资本承诺出资期限过长等①,都会放大债权人的交易风险。自认缴制实施以来,因公司出资问题而引发的争议显著增多,这不仅增加了法律纠纷的数量,而且对公司债权人的利益构成了潜在威胁,甚至实际损害。

第一,全面认缴制不利于债权人利益的保护。全面认缴制的实施,是为了克服法定资本制的弊端,放松设立阶段的资本管制,降低公司的设立成本。其中,更多是出于鼓励和刺激投资、促进经济增长等经济政策的考量,但是仍处于经济体制改革之中,社会诚信度不高,公司法之外对债权人保护的相应制度体系也并不完善,这样的现实经济环境还需一定程度的资本监管。在这种情形下,实行全面的认缴制不可避免地带来安全价值的失衡。利益平衡是公司法追求的价值目标之一,英美法系国家非常重视授权资本制的配套机制完善,在放松前端资本管制的同时,为了平衡债权人利益,施行了"刺破公司面纱"、强化董事责任等制度。而我们的问题在于,为了鼓励和刺激投资,2013 年实施了全面的认缴制,其强调的是融资的效率价值,但忽略了保障交易安全的配套制度设计。事前管制的放松需要事中和事后监管的强化,需要辅助性的配套机制的跟进。正如有学者所言,我国"认缴制放松了事前出资的管制,如果事后责任追究依旧比照现有的补充出资责任,将难以实现任何形式的惩罚性,只会诱发股东滥用认缴制和有限责任,将股东与公司财产实施混同,对公司财产独立性保护框架和债权人保护机制产生严重冲击"②。此外,从交易成本的角度考量,认缴制所带来的信息的不对称(实缴资本并非

---

① 参见蒋大兴:《"合同法"的局限:资本认缴制下的责任约束——股东私人出资承诺之公开履行》,载《现代法学》2015 年第 5 期。

② 甘培忠、徐可:《认缴制下的资本违法责任及其困境——以财产混同为视角》,载《北京大学学报(哲学社会科学版)》2015 年第 6 期。

现行公司法规定的公示事项）也增大了债权人的交易成本。在认缴制实施后，任何人都可以动辄设立注册资本几亿元甚至几十亿元的公司，其认缴时间可能是几十年甚至过百年。债权人若想对某家公司投资，或者与某家公司进行交易，为了安全之考虑，需要花费一定数量的时间和金钱对该公司进行尽职调查，核实真实的资本缴纳情况等以确定公司的信用状况，降低投资和交易的风险。因为债权人是公司的外部人，不像股东那样拥有查账权，无法查阅公司的财务报告等内部资料，只能在公司公开的信息中了解公司的情况。在目前我国信息公示制度尚不完善的情况下，债权人具有天然的信息劣势，这无疑会导致交易障碍，增加交易成本。

第二，全面认缴制不利于公司利益的保护。自全面认缴制推行以来，公司设立强制性有所减弱，这可能引发公司的滥设。如果仅仅追求增加公司数量而忽视其质量，不仅无法确保公司运营的可靠性，还可能增加交易的复杂性和成本。从十余年认缴制实施的情况来看，由于许多公司和企业的信用状况不佳，加之相关配套机制尚未健全，一些缺乏实际资金和经营能力的人也能轻易设立和经营公司。这种做法不仅未能有效推动经济增长，反而可能引发市场秩序的混乱和不稳定。例如，经国家统计局网站查询 2010 年至 2017 年全国企业法人数量变化数据及利润总额数据可以发现，尽管 2013 年之后小型和私营工业企业的数量有所增加，但是其利润总额却并无增长，在 2017 年甚至出现了衰退。导致这种现象的影响因素可能有很多，如市场大环境、相关国家政策等，但公司滥设应该是其中一个不可忽视的重要原因。[①] 又如，上海市统计局于 2018 年 2 月 9 日公布的《近 3 年新设立小微企业跟踪调查情况》显示，根据抽样调查，2014 年 1 月至 10 月新设立的 194 家小微企业和个体工商

[①] 参见房国宾、周代顺：《认缴制下股东出资义务加速到期机制研究——基于公司资本制度改革视角的分析》，载《时代法学》2019 年第 5 期。

户,截至 2017 年 12 月,包括无营业收入的企业在内,只有 87 家处于营业状态,关闭和一直处于筹建状态下的比例高达 55.2%。① 由以上统计数据可以推测,全面认缴制实施后,缺乏最低资本、出资期限以及出资方式等方面的限制导致不理性设立的公司数量占新设公司的比例不会太小。究其原因,这可能与我国民众对于资本制度改革的错误解读有关,也可能与现实中大众普遍的"投机"心理有关,很多人误以为设立公司只要"认"而可以不必"缴",以及盲目相信自己能够"空手套白狼"而不会承担经营风险与法律责任,进而引发天价认缴出资、超长认缴期限、"皮包公司"滥设等现象。鼓励投资不是为了鼓励滥设公司,尤其是滥设没有经营能力的公司。"在公平的市场交易活动中,认缴制不该成为'蛇吞大象,以小博大'的伪装。不论适用什么样的公司资本制度,市场经济还是遵循以资本实力为基础的信用和对等的交易规则。"②

此外,全面认缴制实质上也并未显著提高公司融资的效率。认缴制是法定资本制下为了解决公司设立成本过高的问题而采用的。其通过允许公司和股东自治决定出资的分期缴纳,解决章定注册资本需要一次性实缴所带来的资金压力,也防止公司设立初期的资金浪费。但股东们其实没有能力预见公司设立之后何时有资金需求以及资金需求的数额,所以,股东们其实很难在章程中作出能够满足日后需求的分期缴资安排。在实践中,很多公司将股东的实缴出资期限规定为 30 年甚至更长,这样的出资安排很难说不是为了逃避自己的出资义务,可能其从一开始就没有实际缴纳出资的打算。正如我国台湾地区学者王文宇所言,资本认缴制把出资的主动权悉数交给股东,确实赋予了股东"出资弹性",但无助于提高公司的"筹资弹性",而公司的"筹资弹性"恰应是资本制度

---

① 参见肖城:《逾四成企业营业,经营企业日趋稳定——近 3 年新设立小微企业跟踪调查情况》,载上海统计局网,https://tjj.sh.gov.cn/gqfx/20180213/0014 - 1001622.html。
② 彭真明:《论资本认缴制下的股东出资责任——兼评"上海香通公司诉昊跃公司等股权转让纠纷案"》,载《法商研究》2018 年第 6 期。

改革的重点。① 事实上,在一定程度上,认缴制忽视了资本的组织法属性。若股东没有实缴出资,公司拥有的仅为股东享有期限利益的"出资债权",公司无法对该项资产进行使用、处分和收益,而认缴制下未届出资期限的出资催缴制度的缺失,也使公司在有资金需求时无法获得实际出资,这显然是无效率的。另外,现实中出现的股东滥用自治权,如随意延长出资期限、以出资期限未到为由对抗债权人、认缴巨额出资但未实际出资却依然享有分红权等,实际上侵害了公司的财产权,也严重威胁了交易安全。

(三)授权资本制的制度优势

与法定资本制相比较,授权资本制下的股份发行规则更能契合公司的融资需求。在授权资本制下,股份的发行权一般由章程赋予董事会而无须经过股东大会决议。作为日常经营管理机构的董事会可以根据公司运营中的实际资金需求决定后续资本的发行,不仅可以降低公司的设立成本,还使公司日后增资更为便捷。显然,就公司在融资方面的"机动性""灵活性"而言,授权资本制更胜一筹。其效率优势主要体现在如下方面:

1.公司设立的便捷性

授权资本制的核心特征在于公司资本的分次发行。在公司设立阶段,只需发行一部分资本公司即可成立,这避免了法定资本制下的资本浪费,也降低了公司设立的门槛。但认缴制与授权资本制非相同层面的制度,认缴制仅涉及资本的分期缴纳,并不涉及资本的发行问题。具体而言,认缴制只是将资本的缴纳数额和缴纳期限交由股东自治,这的确能在一定程度上简化公司设立,缓解一次性实缴资本给股东带来的资金压力,解决公司成立初期的资金闲置和浪费问题。但实际上,这并未改

---

① 参见王文宇:《简政繁权——评中国大陆注册资本认缴制》,载《财经法学》2015年第1期。

变法定资本制的本质,只是法定资本制下有限的制度改良而已。法定资本制下的高门槛,是公司成立前资本必须"认足",而"缴足"是实缴制给公司设立带来的制度障碍。法定资本制要求章程所规定的注册资本总额必须在公司设立时一次性分配至每个股东的头上,由股东"认足",假设发行的资本未被认足,公司是不能成立的。因此,认缴制的改革在本质上依然未能消除公司在成立时股东需要认足全部注册资本的门槛。而授权资本制下,公司在设立时只需要发行章程所规定的资本总额的一部分,公司就可以成立,其余部分授权给董事会在公司需要的时候分次发行,解决了资本闲置和浪费的问题,也减轻了股东的出资压力,有利于公司的便捷化融资和资本的高效使用。此外,授权资本制下资本分次发行,不仅提高了资金的使用效率,而且体现了董事会中心主义的理念,即将公司发行股份的权限交予拥有专业技能和管理经验的董事和高管,允许董事和高管基于商业判断,在其认为合适的时机决定增资(将融资自主权授予公司),进而提高融资效率。这是对法定资本制下股份一次性发行的颠覆,具有法定资本制或完全认缴制不可比拟的优势。①

2. 资本发行的高效性

公司对筹资效率的追求,也符合现代公司法的价值取向。"在当代公司法理论中,效率是一个主导型的理论范式,公司法的法理学也正是以效率分析为基础的。"②授权资本制在价值取向上高度契合了法经济学的效率分析方法。从商法基本原则的角度看,授权资本制的立法政策考量和具体制度构造也是符合"促进交易简便迅捷原则"、"确认保护营利原则"以及"提高交易效率原则"的。③ 授权资本制通过对董事会的"授

---

① 参见冯果:《论授权资本制下认缴制的去与留》,载《政法论坛》2022 年第 6 期。
② Jody S. Kraus & Steven D. Walt, *The Jurisprudential Foundations of Corporate and Commercial Law*, Cambridge University Press, 2000, p. 1.
③ 参见赵旭东主编:《商法学》,高等教育出版社 2007 年版,第 17~18 页。

权",将股份发行权限交由董事会行使,由董事会根据公司的实际经营需要分次发行,且不需要召开股东会修改公司章程,也不需要变更公司登记,避免了烦琐的程序,实现了公司融资的高效和灵活。而在我国目前的资本制度下,发行新股要经过股东会决议,股东会会议的召开需要较为烦琐的程序,需要耗费一定的时间和金钱成本。更何况,在我国,在上市公司和金融机构的场合,其增资程序更为复杂。上市公司的增资发行还需要中国证券监督管理委员会的核准,商业银行、证券公司、保险公司等金融机构的增资还需要相应的行业主管部门审批,程序烦琐而低效。而将分次发行后续资本的权利配置给董事会,显然更具有效率优势。"当今商业发展五花八门,市场专业分工日趋精细,公司经营很大程度需仰赖专业人士;何况市场商机瞬息万变,而股东会召开程序往往旷日费时,决议结果也不一定符合公司商业利益,故就公司一般营运层面,董事会中心主义较能切合公司商业竞争需求。"①授权资本制下通过章程或股东会的授权而将股份发行权限授予董事会,而董事会可以在短时间内作出有效的决议,有利于公司把握瞬息万变的商业机会。

3. 资本事项的自治性

"资本的主要功能是筹集公司经营物质基础,划定公司股权结构。公司资本属于公司内部性事项,应以任意性规范为主。"②授权资本制的比较优势,在于能够最大限度地保证和实现"公司自治"。授权资本制的具体规则,以美国《标准公司法》为例,该法第 6.21 节关于"股票的发行"中规定:"本节授予董事会的权力可以依据公司章程保留给股东。"③又如,《韩国商法典》第 416 条规定:"公司成立后发行股份的,下列事项章程未规定的,由董事会决定。但是,本法中另有规定或者章程规定在股

---

① 王文宇:《简政繁权——评中国大陆注册资本认缴制》,载《财经法学》2015 年第 1 期。
② 李建伟:《公司资本制度的新发展》,中国政法大学出版社 2015 年版,第 93 页。
③ 沈四宝编译:《最新美国标准公司法》,法律出版社 2006 年版,第 49 页。

东大会上决定的情形除外。"① 这说明授权资本制充分保障公司自治,但并非强制性地将资本发行的权限赋予董事会,而是将其视为公司的自治事项,这完全取决于当事人的自主选择,股东会既可以选择将股份发行权授予董事会,当然也可以选择将其保留于股东会。因此,授权资本制不仅实现了资本筹集的便捷和高效,更充分体现了私法自治的原则,真正从根本上保障了资本发行上的"公司自治"和"章程自治",最大限度地减少了国家对公司内部事务的介入和干涉。基于同样的逻辑,在授权资本制下,章程可以选择一次性发行资本,也可以选择分次发行。可见,授权资本制给了当事人充分的自治空间,公司既可以选择一次性发行全部资本,以保障资本和股权结构的安全与稳定,也可以选择授权资本制下的资本分次发行并授权董事会发行,以追求公司资本发行的灵活和高效。公司资本制度本身就属于公司的内部事项,授权资本制具有高度的自治性,可以最大限度地实现公司资本募集的机动性和灵活性,契合了公司法的自治理念。

(四)我国股份发行机制的自治化进路

1. 我国资本发行制度的重塑

"在全球经济竞争的背景下,各国经济的竞争不仅是产品和市场的竞争,而且从某种程度上说,更重要的是制度的竞争,就是比试谁的规则最优,谁的制度最佳,谁能为企业成长和经济发展提供最广阔的空间和优越的环境。"② 近年来,世界各国都在不断地进行公司法的修改和完善,以积极应对经济全球化需求,不断地放松资本管制、降低公司运营成本已成为各国公司法改革的方向和潮流。从近年来世界各国的公司法变革来看,授权资本制已不再专属于英美法系国家,欧洲各国也在不断地借鉴这一制度,亚洲的日本、韩国等国更是引进了这一制度,有效地提高

---

① 王延川、刘卫锋编译:《最新韩国公司法及施行令》,法律出版社2014年版,第93页。
② 赵旭东:《公司法修订的基本目标与价值取向》,载《法学论坛》2004年第6期。

了本国公司的整体竞争力。"由法定资本制到授权资本制是现代西方国家公司法的发展趋势之一。"①雷兴虎教授于1998年提出的这一论断已获得公司法学界的广泛认可。对于我国资本形成制度未来的发展方向，赵旭东教授也早在2003年就曾指出，"决定公司信用的并不只是公司的资本，公司的资产对此起着更重要的作用。中国公司资本制度改革的基本思路与方向是从资本信用到资产信用，从法定资本制到授权或折中的授权资本制"②。

从我国的公司法实践来看，在目前的法定资本制的框架内，全面认缴制的目的是降低公司的设立门槛、刺激创业，营造高效、便捷的营商环境。从目前的实施效果来看，其一定程度上实现了股东在出资期限和出资额上的自治，而通过前述分析可知，授权资本制通过资本多次发行的方式，同样可以实现上述目的。授权资本制和认缴制二者的价值追求具有一定的相似性，但并不能因此认为认缴制已经达到了授权资本制的效果。事实上，尽管认缴制的政策考量亦在于公司设立的灵活性和效率性，但与授权资本制相比其还有较大差异。如前所述，我国实施全面认缴制之后，并不改变我国资本制度依然处于传统法定资本制的框架中这一实质，其核心特征仍然是公司在成立时应当在公司章程中载明公司的资本，且在全部股份认足或募足之后公司方可成立，股份的增减变动和相应的章程修改都需要经过股东会的同意，董事会无权自主决定。而在授权资本制下，虽然公司的注册资本额也需要在章程中载明，但公司设立时，只需根据需要发行其中的一部分，公司即可成立，剩下的部分，授权给董事会在公司成立后根据需要分次发行。这就意味着股东只对其认缴的公司已发行的资本承担出资义务，在公司设立时，承担后续出资

---

① 雷兴虎：《现代西方国家公司法的发展趋势与中国公司法的选择》，载《法学评论》1998年第4期。

② 赵旭东：《从资本信用到资产信用》，载《法学研究》2003年第5期。

义务的主体及出资数额并未全部确定,而是由董事会在以后根据需要分次发行股份时再确定。

因此,为了应对竞争日益加剧的全球化趋势,应重塑我国的资本发行制度。制度重塑的价值追求在于改变现有规则的僵化性、满足企业的市场化需求、实现公司融资的高效性。显然,现行的法定资本制及完全的认缴制严苛的制度设计早已不适合我国公司所需的高效的融资需求,需要采用更先进的授权资本制,进一步放宽资本管制。引进授权资本制是2023年《公司法》重要的修法成果之一,也是我国资本制度进化的必然结果。

2. 2023年《公司法》的创新与缺憾

2023年《公司法》在第152条、第153条规定了授权资本制下的股份发行规则,形成了有限责任公司采法定资本制,股份有限公司采授权资本制的资本形成模式,也使授权资本制真正进入我国公司法的视野。2023年《公司法》也对授权资本制下股份发行主体、发行程序、救济渠道等作出了详细的规定,并对董事会的权限进行了配套性修改。这一重大制度变革备受瞩目。

授权资本制是与董事会中心主义相联系的制度。在授权资本制下,新股发行事宜成为董事会商业决策的一部分,董事会能够利用其决策效率高的特点,满足公司融资灵活性的要求。此外,授权资本制的引入为上市公司反收购策略的实施提供了法律依据。在法定资本制下,在面临敌意收购时,收购方可能已通过证券市场购买了一定比例的股份,从而能够影响甚至控制股东会的投票结果,并利用表决权否决新股发行的提案。然而,在授权资本制下,董事会可以根据授权独立决定新股发行,无须经过股东会审议,因此可以通过发行新股来稀释收购方的持股比例或引入其他战略投资者。

遗憾的是,2023年《公司法》明确规定,授权资本制仅适用于股份有限公司,而有限责任公司则被排除在外。这种选择性的排除可能是基于对股份有限公司和有限责任公司不同定位的考虑。普遍观点认为,股份有限公司具有更强的公众性和开放性,因此在股份发行制度上,赋予股份有限公司更大的自主权,以最大限度地实现授权资本制的目标,提高其融资效率。然而,任何法律制度的改革都不可能一蹴而就。2023年《公司法》实施后,也引发了一些质疑。特别是在引入授权资本制的同时,还保留了认缴制,将这两种功能和作用不同的制度强行结合在一起,使我国的资本制度变得复杂和冗余。这种制度的叠加不仅增加了制度的复杂性,还可能导致立法资源的浪费,并可能引发制度间的冲突。实际上,授权资本制完全有能力替代认缴制的所有功能,并且能够提升公司的融资效率。自2013年认缴制实施以来,已经暴露出许多问题和弊端。因此,2023年《公司法》也对认缴制进行了大量修订,包括引入催缴失权制度、出资加速到期制度和完善信息公示制度等,以弥补制度的不足。但这些修订本身也存在缺陷,引发了更多的争议。仅仅通过修补并不能从根本上解决认缴制的问题,需要更深入地思考和改革。

我国2013年的资本制度改革是在法定资本制框架内所作出的制度改良,为了解决公司设立门槛高、资金闲置浪费的问题而实施的全面认缴制,是希望通过分期缴纳而不是一次性缴纳出资的方式来缓解股东一次性足额缴纳的出资压力。应当承认的是,认缴制的实施确实在一定程度上解决了公司成立之初不必要的资金浪费,提高了资金的使用效率。但其无法解决的是在公司成立之后增资时的繁杂程序,公司发行新股必须经股东会决议并修改公司章程、变更公司登记,公司发行新股时仍存在低效的问题,这一问题与公司资本一次性或分期缴纳无关,而是由我国资本形成规则属于严苛的法定资本制造成的。2023年《公司法》引入授权资本制,将公司发行新股判断权交由具有专业知识和技能的董事和高管,允许他们基于商业判断选择合适的发行时机和数额。如此,公司不再需要在设立时一次性将全部股份发行完毕,剩余部分预留用于以后的增资发行,股东在公司成立之初就需认购全部资本的压力也得到了缓解。因此,与授权资本制相比,认缴制的功能完全可以被授权资本制所替代,法定资本制下的认缴制的制度优势已经不存在,没有必要让其与授权资本制并存,浪费宝贵的立法资源,应当果断摒弃认缴制。

第三节　公司资本形成制度的变革路径

如前所述,建立在组织法契约基础上的包括出资形式、出资缴付期限、股份面额、发行价格、发行权限等问题均系公司自治事项,对其规制应当建立在妥当的逻辑基础之上。面对时移法移的需求,前述资本形成中具体契约要素及其规制方式又能够从宏观上为我们提供总体上的变革趋势。这种变革体现为各个要素上的强制要素削减和自治机制归位及资本形成规制向公司治理的依归两种趋势之中。

一、强制要素削减与自治机制归位

通过对前述各契约要素的分析,能够呈现出资本形成具体规范层面的变革需求:强制性要素的削减与自治性要素的归位。

第一,从股东出资形式上而言,股东出资仅关涉公司内部关系,涉及私人利益而非社会公共利益。股东出资制度的价值与资本的功能是一致的,在于创设公司独立人格、形成公司独立财产、形塑股东与公司的法律关系,从而成就股东有限责任,这些都属于公司内部性事项,应由股东和公司自治。股东出资形式与债权担保并无直接关系,所以应该废除债权担保导向的出资制度,实行融资主导的出资制度,[①]从传统的债权人保护优先标准转向对公司有益性标准。如学者所言,"改革的趋势应当是更为宽松的出资制度,更为严格的资本控制和更为严密的组织关系控

---

① 参见李建伟:《公司资本制度的新发展》,中国政法大学出版社2015年版,第91页。

制,前者保证公司成立的便利,有利于新经济力量的进入,后者保证更为稳定的资本维持"①。与之相适应,建立股东自由约定评估价格的估价机制以及由董事会对非货币出资形式的价格作出判断的机制,均系通过自治性手段的规范路径。

第二,在出资缴付期限上,从契约关系上而言,出资期限的价值在于"确定出资债权已经成立并生效且不对公司债权人利益造成影响的前提下,将股东何时实缴出资交由股东自行确定"②,让股东可以在期限上灵活处分自己的出资财产,从而兼顾资本对内发挥成就股东有限责任的原本功能和对外资本扩张的担保功能,实现对内和对外使用效率的平衡。基于此,在出资缴付期限的自治上应予以维持。针对清偿不能情况下的股东出资义务,完全承认未届缴资期股东的缴资期加速到来,即公司债权人可以请求未缴清出资的股东提前出资偿债,可以基于规制效率的理由而介入交易之中。更为理想的状态是彻底摒弃认缴制的束缚,在有限责任公司和股份有限公司全面实现授权资本制,并辅以实缴制的配合。

第三,在股票面额上,我国的公司实践及股票市场现状均对改变我国现行的股票发行制度提出了改革要求,需比较前文所述无面额股制度的两种不同的立法模式之优劣,将立法模式的选择建立在对我国社会经济现状、公司融资需求以及制度变更成本的综合考量之上,找到更符合我国国情的无面额股制度的引进路径与立法模式。考虑到我国证券市场尚不成熟的现实情况,强制公司发行无面额股的立法模式会带来较大的制度转换成本,甚至会引发我国证券市场的混乱,所以,2023 年《公司法》引入美国的"赋权型"无面额股制度,将股票发行价格事项完全交由公司自治,由公司根据自身情况及融资需求自主选择发行面额股或无面

---

① 邓峰:《论公司的出资形式和出资监管》,载《安徽大学法律评论》2002 年第 1 期。
② 丁勇:《认缴制后公司法资本规则的革新》,载《法学研究》2018 年第 2 期。

额股。无面额股制度的出现,赋予了公司自主决定股票发行价格的权利,也消除了股票票面金额对公司债权人以及潜在投资者的误导,使他们转而依靠各种更可靠的途径去判断公司的真实价值,但是"赋权型"无面额股制度本身并不能解决信息不对称问题,需要信息披露制度的配伍。因此,还应从以下方面强化我国的信息披露制度,以给投资者和债权人提供更为准确、透明的可靠信息,帮助他们做出理性的商业判断:应明确股份有限公司发行股票时的信息披露义务,可以借鉴上市公司新股发行时的信息披露规则,强制要求拟发行股票的公司以"招股说明书"的形式,在限定的时间内依法披露与股票发行相关的信息并设定责任追究机制,当投资者及债权人因公司信息披露不实而遭受利益侵害时,赋予他们提出索赔的权利。

二、资本形成规制向公司治理的依归

资本形成的事前规制重心落于形成静态财产本身及资本的事先形成,这是一种笨拙的静态规制思路,极容易被规避,且不符合商事效率原则。通过强调资本形成过程的组织法契约属性,进一步放松管制,将对公司治理形成规范压力。作为公司法的基础性制度之一的资本制度,对公司法的其他制度具有"牵一发而动全身"的影响。因而公司资本制度改革应当是一项系统性工程,必须有相关配套制度统筹协调跟进,才能保证资本制度改革的顺利推行。

第一,在出资形式上,受"有益性"目的的驱使,何种财产形式可以用作出资的判断权交由公司自治之后,需法律强制的更多在于对"对价"的规制,即如何保障出资的真实性与充足性。股份是出资的对价,那么非货币出资的价格不仅体现公司独立财产的数额,而且体现股东之间包括表决权等在内的相互关系,尤其关涉货币出资人和非货币出资人之间的公平问题。非货币出资没有货币的一般等价属性,就会出现标的物的价格评估这一难题,①正所谓"公司法面临的难题,是以何种模式,来判断作为股份对价的非现金出资的价值,达致非现金出资的公允性判断,从而化解可能因出资引发的股东之间利益失衡或稀释,或者保障外部债权人的利益"②。由此,出资形式的判断主体及其责任设定就至关重要了。

第二,在出资期限上,我国公司法因应实践需求,采限期认缴制并全面肯定非破产出资加速到期制度以平衡利益股东和债权人的关系。将催缴出资义务赋予董事会是公司治理制度的妥当选择,将催缴出资纳入董事、高级管理人员的勤勉义务也是强化董事、高级管理人员信义义务的必然选择。而失权决议的做出主体为董事会,这同样体现了资本制度与公司治理之关联性。与破产制度相比较,加速到期制度是一种成本低而效率高的制度,符合企业维持原则。2023年《公司法》全面拓展了加速到期制度的适用空间,也赋予了公司提出加速到期之诉的权利,而这一权利的具体行使,依然应当依据公司治理的规则,交予董事会。此外,对于某债权人提出加速到期之诉时,股东加速到期的出资是归入公司由债权人公平受偿,还是应优先对提出主张的债权人个别清偿,有待于司法解释的进一步明确。

第三,2023年《公司法》允许公司根据章程选择采用面额股或者无面额股,公司也可以根据公司章程的规定在面额股和无面额股之间进行转换,强化了公司自治。在无面额股制度下,股票发行价格原则上由公司根据市场行情和公司自身客观情况综合而定。在英美法系国家,股票发行价格通常由董事会作出判断,因为董事会是公司的日常运营机构,对公司的融资需求及公司现状可以进行常规的商业判断。当然,若将此

---

① 参见[日]志村治美:《现物出资研究》,于敏译,法律出版社2001年版,第6页。
② 傅穹:《重思公司资本制原理——以公司资本形成与维持规则为中心》,中国政法大学2003年博士学位论文,第78页。

项权利交由董事会行使,则可能存在股票发行价格不公的情形,此时法律还应就决策董事应承担的责任的判断做出规定,应当同时引入商业判断规则并强化董事义务以解决这一问题。

综上所述,在资本形成阶段,无论是出资形式、出资期限还是股票发行价格和股份发行时间的确定,都离不开董事会的决策,商业判断规则的引入有利于董事会作出高效、务实的决策。起源于美国判例法的商业判断规则,是法院用来判断公司董事、高级管理人员是否善意履行了注意义务的标准,在一定程度上解决了"主观化"与"抽象性"的注意义务无法进行司法适用的难题。商业判断规则主要包含三方面的内容:首先是董事与所进行的商业决策不存在利害关系;其次是了解所进行的商业决策内容,并合理地相信在该种情况下是适当的;最后是理性地相信该决策符合公司的最佳利益。[①] 因此,如果法院认为董事在作出有关决策时符合了上述商业判断规则的要求,就可以判决董事不需要承担相关的法律责任,因为其已经履行了善意的注意义务。从域外经验来看,与商业判断规则相适应的董事约束制度为董事信义义务,即要求董事应当以股东的利益为行事原则,不得侵害股东利益。但我国现行公司法并未明确规定董事义务的审查标准,司法判例中也没有形成较为统一的判断标准,董事的错误决策或者新股发行权的滥用,会产生对股东权益的不利影响而无法补救。商业判断规则与董事信义义务是配伍的制度,为了股东利益与董事会的筹资灵活性之间的平衡,在赋予董事更多权利的同时必须强化董事信义义务制度以及相关救济机制,以此保障董事会能够充分基于公司和全体股东的利益作出相关商业判断并服务于公司和股东的利益最大化。

---

① 参见施天涛:《公司法论》(第 2 版),法律出版社 2006 年版,第 404~405 页。

本 章 小 结

我国公司法对出资过程的规范重点,应当从出资财产转向资本形成的交易过程。基于公司出资形成的组织法契约属性,应当肯定各项契约要素的自治基础,并维持规制的谦抑性。在2013年《公司法》结构性修改中,有限责任公司保留了注册资本认缴制并规定了股东最长5年的缴资期限,强化了出资期限的规制,但在股份有限公司中引入授权资本制,符合放松资本管制的历史趋势。下一步,我国的资本形成制度应继续摆脱法定资本制下的沉疴,通过不断削减其中的过度强制要素,归位自治机制,并通过强化公司治理规则之下的义务和责任重建现代化的资本形成制度体系。

| 第四章 |

公司资本流出规制

在公司资本形成之后，公司与其他主体的交易可分为两种类型：一是资本交易，包括公司资本的分配、减资、股份回购等需要消耗公司资本的交易事项；二是非资本交易，即无须消耗公司资本进行的交易，抑或虽然需要使用公司资本，但其交易要素并不必然导致资本消耗的营业交易事项。由于商业风险的存在，非资本交易亦存在导致公司资本减损的可能，但其非为法律规制所能涵盖的范畴，而资本交易的规制事关公司资本的流出是否妥当。就资本规制的过程而言，资本形成事关资本流入，资本交易事关资本维持，对二者的规制共同构成了一国公司法上的资本规制制度。在本章中，笔者将系统考证域外代表性公司法立法例所采取的资本流出规制模式，以及资本流出规制的具体类型，并在此基础上求解我国资本流出制度的规制逻辑得失与规制重心变革需求。

第一节 公司资本流出的规制模式及规制强度

公司资本制"应综合公司设立阶段之际的资本要

求、公司运营之中的资本变动、资产分配、公司回购与回赎等的一系列规则来界定"[①]。通过公司利用资本并使资本保值增值,股东可以获得相应的利益。就资本流出环节而言,涉及资本收益分配以及对资本进行处分等资本交易行为,对这些行为的规制规范就构成资本维持制度的内容。资本维持制度在我国公司法上是体系化的制度,既与资本形成制度有关,也与公司运营中的分配制度、公司章程、股东会职权、董事、监事及高级管理人员信义义务、信息披露、关联交易、股份回购、减资和公司财务会计等有关。因此,与资本形成一样,对资本流出的规制也是一个系统性的制度安排。

一、公司资本流出规制的体系定位

(一)资本形成与资本流出的制度关联

资本形成和资本流出作为两个子系统有各自不同的具体目标:资本形成阶段关注资本的流入,主要为保障资本真实的出资制度;资本流出阶段关注资本的维持,系防止资本不当减少的资本制度。但这两个阶段的规制是相互关联、相互影响的,应从整体上保持必要的资本规制水平,从而在促进投资、提升公司制度运行效率的同时给予公司债权人必要的保护。放松对资本形成的规制应以资本流出阶段的规制强化为条件,美国、日本等的资本规制史也表明了这一点:美国公司法上的分配、董事对债权人的信义义务、防止欺诈交易制度,日本公司法上的股利分配、董事对债权人责任等制度为资本形成阶段放松规制提供了保障,能够更好地发挥宽松的资本形成制度的优势。

我国公司法在资本规制方面一贯重视资本形成阶段的法律规制,《公司法》历次修改仍然延续相同的制度路径,资本制度改革多涉及资本形成,

---

[①] 傅穹:《重思公司资本制原理》,法律出版社2004年版,第64~65页。

较少涉及资本流出。但离开对资本流出的有效规制,对资本形成的规制放松就只能适可而止;由于缺少资本流出制度的同步改革,一定程度上消解了《公司法》修订对资本制度的积极影响。正如我国香港公司法学者张宪初教授所言,"中国现行《公司法》的规定似乎更多地关注公司开办时的资本缴纳与充足,而对公司开始运作以后的资本保持和在资不抵债时及时停止交易、减少损失的规定不足,这也是内地目前市场秩序比较混乱、对债权人保护不足,难以对公司高管、实际控制人有效问责的一个原因"[①]。

当股东向公司投入资金形成公司资本时,其主要目标是获取投资回报。尽管股东的出资通过公司的运营有可能实现价值增长,但这并不是一个保证,资本运作同样存在亏损的风险。在商业世界中,企业的盈利与亏损是常态,是商业实践不可避免的一部分。无论是商业风险还是非商业风险,都有可能导致公司资本的损失。商业风险属于正常的经营风险,如经营判断失误所致的亏损,遭遇商业环境、政策变化等所致的亏损。正常的经营风险,并不能也无法为公司资本制度所限制;[②]而非商业风险则是缘于公司内部的董事、股东或实际控制人利用不当手段或者关联交易分配或者转移公司资产,使公司资本受到减损。[③] 英国普通法通过商业风险和非商业风险的分类得出了资本运行中保护债权人利益的准则,在著名的特雷弗诉惠特沃思案判词中,法官清晰表达了这样的观点:债权人对公司资本抱有信赖,除非遭遇商业风险,应当保持公司资本,避免债权人陷入股东抽回出资的非商业风险。[④] 资本维持制度就是规制资本流出过程中资本变动的制度,公司法上的资本维持原则"实质

[①] 张宪初:《全球改革浪潮中的中国公司法》,载王保树、王文宇主编:《公司法理论与实践:两岸三地观点》,法律出版社2010年版,第50~51页。

[②] 参见傅穹:《重思公司资本制原理》,法律出版社2004年版,第165页。

[③] 也有学者将股东通过各种利益转移行为取回资本或出资从而导致公司资本数额降低的现象称为资本弱化。参见邓峰:《普通公司法》,中国人民大学出版社2009年版,第196、321页。

[④] See John Armour, *Share Capital and Creditor Protection*: *Efficient Rules for a Modern Company Law*, 63 Modern Law Review, Vol. 63, p. 367(2000).

是保护公司债权人免受股东有限责任引发的外部风险的回应机制"[①]。根据我国《公司法》，资本维持原则被用来规范资本流出，其立法宗旨在于预防非商业风险，防止公司资本被稀释，并禁止股东通过不当手段回收其投资。实际上，无论各国的立法强度和模式如何，都明确禁止股东通过不正当手段收回其已投入的资本。对资本流出的规范旨在实现股东与债权人利益的平衡，通过控制公司资本的流动，避免公司董事、监事和高级管理人员损害债权人的利益，确保利益的均衡。如前所述，资本形成制度中的资本规制主要针对股东的出资行为。一旦股东的财产投入公司，这些财产即转变为公司财产，股东随之丧失了对这些财产的所有权和控制权。公司的资本由股东会委托的管理层进行运营和管理。然而，股东投资的目的是获得回报，公司管理层作为股东的受托人，有时也可能是股东本人，在处理股东与债权人的关系时，可能会倾向于股东的利益。这种倾向可能导致股东获得不正当利益，同时使公司资产遭受不当侵蚀，如通过高额薪酬等方式向部分股东提前分配利益，或通过关联交易间接向股东转移利益，这些行为可能导致公司资产"空洞化"，从而威胁到债权人的利益。资本维持原则在公司法中扮演着至关重要的角色，旨在矫正这种利益分配的不均衡状态。

(二)我国资本维持制度检视

公司是创造财富的舞台，将公司各参与者紧密联系在一起的纽带是利益，对利益的追求是公司成立和运营的驱动力。然而，对利益的无限渴望也可能驱使公司利益相关者损害他人的利益。为了防止道德风险，立法者最初的反应通常是对公司严格规制。尽管17世纪的欧洲已经出现商事组织法，但是19世纪初的《法国商法典》才首次在立法上确立股份公司股东的有限责任，英国1825年废除"泡沫法"以前，法律上没有获

---

① 仇京荣:《公司资本制度中股东与债权人利益平衡问题研究》，中信出版社2008年版，第213页。

得授权或特许的商业组织不得以公司名义从事经营,也不得发行可流通的股票①;基于对股东借有限责任实施欺诈的担心,1844 年的英国《股份公司法》没有规定股东有限责任,直到 1855 年《有限责任法》通过,才确立了股东有限责任。美国法早期也有类似的针对公司的高强度规制,直到 1840 年以后才放弃对公司的法律授权并接受公司注册登记制度;1850 年以前,股东无限责任一直是美国各州公司法的普遍规则,《加利福尼亚州公司法》对股东按股份比例承担无限责任的规定甚至持续到了 1931 年。②

在现代公司制度上,支撑股东有限责任是公司资本的原本功能,而股东有限责任相应地意味着债权人潜在的风险,所以现代公司制度亦承认资本在债权人保护上的扩张功能。在法定资本制下,关注资本维持的目光主要来自两个方面:一是股东关注公司资产是否维持在其投资数额之上,公司的经营是否使股东"蚀了本钱";二是债权人关注公司资产是否充实完整,有无不当分配导致公司资产减少的情形,如果公司资产被不当减少,则意味着债权人利益落空的风险增加。③ 法定资本制更加信奉资本为信的理论,认为具有资合性的公司对外公示的注册资本应当具有担保的功能。公司资合性特征的表现之一是公司内部通过专业化的分工形成一个"替代市场"④,专业化的分工使公司内部普遍存在代理成本,尤其是涉及决策行为的公司管理者的代理成本。⑤

---

① 参见黄辉:《现代公司法比较研究——国际经验及对中国的启示》,清华大学出版社 2011 年版,第 10 页。
② 参见黄辉:《现代公司法比较研究——国际经验及对中国的启示》,清华大学出版社 2011 年版,第 10 页。
③ 参见虞政平:《股东有限责任:现代公司法律之基石》,法律出版社 2001 年版,第 208 页。
④ See Armen Alchian & Harold Demsetz, *Production, Information Costs, and Economic Organization*, American Economic Review, Vol. 62:5, p. 777(1972).
⑤ 一般认为代理成本由三部分构成:(1)本人为了防止代理人的自我交易或者懈怠渎职行为而付出的监督成本;(2)代理人为了向本人表明自己忠实勤勉而付出的证明成本;(3)其他代价,比如代理人虽忠实勤勉仍然未能使本人利益最大化等。

债权人通常并不参与公司的经营决策,但公司的盈亏结果直接影响着公司资产的增减,这关系到了债权人的利益。不当的利润分配可能会削减公司资产,进而影响到作为公司外部人的债权人,尤其是在管理层存在代理问题的情况下,违背忠诚义务所导致的不当分配实际上是将公司的代理成本转移给了债权人。一旦资本注入公司,股东的出资责任便已履行完毕,他们仅剩下的就是不作为义务。然而,有时管理层或某些股东可能出于个人利益,采取各种手段撤回或转移已投入的资本,这种行为可能会对债权人的利益造成损害。为了调和公司与债权人之间的利益冲突,并防止股东非法撤资或资本转移,法定资本制规定公司必须维持一个最低的资本额度。这种规制的目的在于确保公司资本的稳定性,防止因管理层或股东的个人行为而损害债权人的利益,同时也维护了市场的公平性和经济秩序的稳定。维持一定水平的公司资本,可以为债权人提供一个更为安全的投资环境,减少因公司资本流失而带来的风险。

"资本维持"作为规制资本流出的原则,在我国《公司法》当中并无直接表述,学者站位于不同的视角对"资本维持"的含义有诸多不同表述。有学者认为,"公司在存续过程中必须经常保持与抽象的公司资本额相当的公司现实资产"[1]。也有学者认为,资本维持原则"要求实缴资本和注册资本一致,如果不一致,也要保证公司维持一个和注册资本相当的实缴资本"[2]。上述学说强调资本的"维持",即公司应当维持资本至少与公司资产在数额上相当。也有学者批评说,简单地把"资本维持"理解为"维持资本不得致其减损"并未抓住资本维持的本质[3],资本维持原则的本意并不在于公司必须维持抽象数字化的资本

---

[1] 刘俊海:《现代公司法》,法律出版社 2011 年版,第 134 页。
[2] 邓峰:《普通公司法》,中国人民大学出版社 2009 年版,第 320 页。
[3] 参见张保华:《资本维持原则解析——以"维持"的误读与澄清为视角》,载《法治研究》2012 年第 4 期。

数额,而是禁止公司通过不正当手段非法地向股东返还公司资本,意即公司资本维持原则的焦点"在于禁止不当侵蚀而非特定金额的维持与充实"①。

检视我国《公司法》及其司法解释,规定资本维持的条文较多,内容可谓系统和复杂:既直接规定了股东不得抽逃出资、不得抽回股本,也对抽逃出资、抽回股本的行为设定了相应的民事和行政责任;既规定有可分配利润额的计算方式,也规定有配套的财务会计制度;既规定了股东利润分配请求权的保障性权利——知情权,也规定了妨碍知情权的救济和滥用知情权的防范措施;既规定有防止董事、监事、高管、控制人不当分配导致公司财产减损的信义义务,也规定了违反义务相应的司法救济措施和行政处罚依据。但是,整体而言,我国公司法上的资本维持是法定资本制度下以维持注册资本数额为追求的制度体系,就法律实施效果而言,仍然存在颇多遗憾。比如,《公司法》规定了过高的公积金标准,事实上超过了"资本维持"的要求;公司管理人、控制人违反信义义务减损公司资产,降低公司偿债能力的同时损害了其他股东的分配权利;股东和债权人知情权是保障资本维持,避免公司管理人、控制人减损公司资产不当行为的重要制度保障,也是事后寻求私法救济的重要手段和证据来源,但是现行法上对信义义务违反的私法救济尚有悬空之感,公司管理人、控制人多种手段规避信义义务,增加代理成本,损害公司、债权人或其他股东利益却不易受到追究。因此,有必要借助比较法视角,反思我国资本维持制度的强度,尤其是反思我国资本维持制度的着力点是否出现了偏差。

二、公司资本流出规制之资本维持模式

从历史上看,欧洲国家在资本管制方面相对于美国来说曾经较为宽

---

① 傅穹:《重思公司资本制原理》,法律出版社 2004 年版,第 172 页。

松,但随着《标准公司法》的实施,美国开始朝着公司自治化的方向迈进。鉴于我国公司资本制度深受欧洲大陆国家的影响,对比欧洲的公司资本维持制度,有助于明确我国在资本维持方面自治与强制的界限,扬长避短,制定出更加合理、有效的资本维持制度。此外,通过这种比较法视角的反思,也可以为我国公司资本制度的改革和发展提供有益的参考和启示。

(一)欧盟的资本维持体系

在被称为"资本指令"的欧盟《公司法第二指令》中,对欧盟各国公众公司在资本维持上的最低要求,涵盖了利润分配、股份回购等资本维持领域。① 从制度模式上来看,欧盟公司法指令以德国公司法为立法基础,维持了高强制力的资本维持模式。对于欧盟公司法指令所确定的资本维持模式,诸多学者从对债权人保护的低效率、难以适应公司商业实践等角度予以了批评,并基于美国法提出了诸多变革建议。② 因此,欧盟的资本维持制度实则也面临着强烈的变革需求。

在利润分配方面,欧盟《公司法第二指令》规定,除已认购资本额以外,法律规定的法定公积金以及章程规定不得分配的公积金均属于禁止分配的范围,如果公司年度财务报表中列出的净资产低于禁止分配的数额,则所有向股东的分配均是禁止的;利润在被分配前必须弥补往期已发生的亏损,减去亏损和法律、章程规定的公积金之后的利润余额才能用于分配;股东知道或者应当知道违法分配的,应当返还已分配数额。③

---

① 参见[荷]阿德里安·德瑞斯丹、[葡]提亚戈·蒙泰罗、[德]克里斯多夫·泰西曼、[丹]埃里克·沃劳夫:《欧洲公司法》,费煊译,法律出版社 2013 年版,第 64~66 页。

② See John Armour, *Share Capital and Creditor Protection: Efficient Rules for a Modern Company Law*, Modern Law Review, Vol. 63, p. 355 (2000); Luca Enriques & Jonathan Macey, *Creditors Versus Capital Formation: The Case Against the European Legal Capital Rules*, Cornell Law Review, Vol. 86, p. 1165 (2001); Peter Mulbert & Max Birke, *Legal Capital—Is There a Case against the European Legal Capital Rules*, European Business Organization Law Review, Vol. 3, p. 695 (2002).

③ 参见欧盟《公司法第二指令》第 15 条第 1 款、第 16 条。

在股份回购方面,欧盟《公司法第二指令》规定,如果成员国法律许可公司取得自己的股份,应遵循的条件包括:经股东大会批准;不得使净资产减少至低于已认购资本与不可分配公积金之和;只有足额缴纳出资的股份才能被公司收购。成员国可以增加一定条件,如公司已取得的所有本公司股份的票面价值(或记账价值)不得超过成员国确定的限额,该限额不得低于已认购资本的10%。公司接受自己的股份作为担保物被视为收购这些股份,对于公司收购的本公司股份的撤销始终必须由股东大会决定。如收购本公司股份是为阻止即将发生的对公司的严重损害所必需时,或者是为了向本公司或关联公司雇员分配股份时,成员国可以取消要求股东大会同意的条件,公司持有的本公司股份的表决权一律停止行使。如果这些股份被列入资产负债表中的净资产项下,相同数额的不可分配公积金应当被列入负债项下。为防止规避对公司收购本公司股份的限制,《公司法第二指令》对公司为第三人收购本公司股份提供财务援助进行了规范。

在减资方面,应由股东大会依据欧盟《公司法第二指令》第40条的多数规则作出决议,并且决议应当正确公布。在决议公布之前已持有债权的债权人有权就公布之日尚未到期的债权获得担保,除非公司减资的目的是弥补亏损。任何情况下,已认购资本数额不得减至低于最低资本。在已认购资本遭受严重亏损的情况下,股东大会应当考虑解散公司,意即严重亏损是公司解散条件之一。严重亏损的界定标准为已认购资本的50%。[①]

(二)德国的资本维持体系

德国公司法上设定了严格的资本维持模式,至今仍然保留着法定资本制下的严格规制。《德国股份法》第57条禁止向股东退还股本,也不

[①] 参见欧盟《公司法第二指令》第17条、第19条、第22条第1款、第23条、第24条、第32条、第33条、第34条、第37条第1款、第41条第1款。

得承诺或者实际向股东支付利息或者保底股息,只有在资产负债表中标明的利润才可以用作分配,除利润分配外,公司不得向股东支付任何资产。按照《德国股份法》规定的资本维持原则,公司与股东间的交易,包括向股东提供无息或者低息贷款、为股东提供担保、免除股东的债务、向股东支付过高的报酬等也可能构成向股东的非法分配。

《德国股份法》原则上禁止公司向股东回购股份,但又规定了为了防止将要发生的损害公司利益的事件、员工持股计划、无偿回购、继承、减资等8种例外情形,并且规定公司不得将资本和法定公积金用于回购,公司只能回购已经缴清了对价的股份,必须为回购股份以面额为限设立特别公积金,董事会必须在提请股东大会决议时报告回购的原因、数量和面额、占公司股份的比例等。公司不得向第三人提供贷款用于购买公司自己的股份,也不得间接使用第三人的名义购买自己公司的股份,还不得为第三人购买本公司股份提供担保等便利。回购的股份必须在一年内重新出让,公司对自持的股份没有表决权和分红权。如果回购的价格与股份的价值不符,则构成向股东的非法分配。违反资本维持原则的非法分配获得的利益,公司有权请求返还;回购行为违反资本维持原则的,公司和出让者均可请求返还。

在减资方面,《德国股份法》规定公司可以将多余的资本退还给股东(实质减资),也可以公司的亏损额为限,相应地减少公司的基本资本数额(名义减资,此时股东并未实际分得公司的财产)。减资须经股东大会绝对多数票作出决议,说明减资数额、目的、方式以及是否将部分资本退还股东等,减资决议经获准登记后才生效。公司应当对减资决议公告后6个月内向公司登记的未到期债权提供担保,由公司偿还债务、提供担保,或者6个月公告期届满后才能向股东退还减资的股金。此外,假如公司事先没有向债权人清偿债务或者提供担保,则只有在减资决议作出

2年后才可以在一个业务年度内支付超过4%的股息。①

《德国股份法》规定董事会代表公司独立进行经营管理。为了规制董事履职行为,该法规定了董事会的义务包括:执行股东大会决议、制备公司账簿、向股东大会公开必要的信息和提供书面报告、向监事会定期报告、建立监管系统,当发现影响公司存续的情形时及时向股东大会报告,发现公司没有清偿能力或负债过高时必须申请启动破产程序等。概括而言,董事履行管理职责时,必须谨慎履职,忠诚对待公司和股东的利益,董事违反义务造成公司损失的,董事应予赔偿;对董事责任实行过错推定原则,董事必须证明自己已经尽到了法律、章程规定的义务。

《德国有限责任公司法》规定股东有权分配红利,股东会可以多数决的方式,以资产负债表中考虑往年亏损后结算出的年度利润为基础,决定分配年度利润,以及将利润中的一部分转为公积金。公司股本金额必须作为注册资本列在资产负债表中的负债项下,不得将维持股本所需的资产分配给股东,除非用股本以外的资产。不允许公司回购股份,被回购的仅是已经支付过对价的股份。获得违法分配的股东必须向公司返还。有限责任公司经股东会决议才能减资并且同时修改章程;公司要通过公告将减资决议通知债权人,在偿还债务或者向债权人提供担保后,减资决议才能获准登记并生效。②

(三)法国的资本维持体系

在欧盟公司法指令之下,法国公司法同样奉守了严格的资本维持模式。在利润分配上,《法国商法典》规定,本会计年度利润弥补前期亏损、

---

① 参见《德国股份法》第62条、第71条、第222条、第224条、第225条、第230条、第233条、第237条。[德]托马斯·莱塞尔、吕迪格·法伊尔:《德国资合公司法》(第3版),高旭军等译,法律出版社2005年版,第334~337页;[德]格茨·怀克、克里斯蒂娜·温德比西勒:《德国公司法》(第21版),殷盛译,法律出版社2010年版,第637~638页。

② 参见《德国有限责任公司法》第29条、第30条第1款、第31条第1款、第33条、第42条第1款、第58条。

扣除公积金,再加上转接的前期利润之和构成可分配利润;除减资外,利润分配不得导致公司自有资产低于公司注册资本与不允许分配公积金之和;非货币出资被重新估价所形成的差额部分可以纳入公司资本,但不得进行分配。在年度账目获得批准并确认有可以分配的款项后,由股东大会确定可以用股息的形式向股东分配的数额。除国家给予股票以最低股息保证外,禁止为股东的利益规定固定利息或者附加利息。在可以发行股票的公司,其章程可以授权股东大会有权决定给予股东选择用现金支付或者用股票支付股息;选择用股票支付股息的,分派发行的股票价格不得低于面值。股东知道或者应当知道违法分配股息的,应当返还已分配的股息。在公积金提取比例上,《法国商法典》规定,有限责任公司和可以发行股票的公司,应当从先弥补亏损后的当年会计年度的利润中强制提取至少 5% 的款项用于设立法定公积金,直至法定公积金数额达到公司资本的 10% 时不再强制提取。[①]

对作为计算利润和公积金基础的会计账目及其公示,《法国商法典》规定,每一会计年度终结,公司董事会或经理均应编制并向会计监察人提交盘存表、年度账目以及一份书面管理报告,并在公司资产负债表内附公司设立或提供的担保,管理报告要包含公司的经营状况、可预见的发展变化等内容(第 232 - 1 条)。所有的有限责任公司均有义务向法院提交年度账目、管理报告等(第 232 - 22 条)。发行股票的公司还有义务向法院提交会计监察人关于年度账目的报告,并附于登记簿予以公示(第 232 - 23 条)。账目公示制度被规定在《法国商法典》第二卷第三编第二章第五节,以及 1984 年 5 月 30 日第 84 - 406 号《关于〈商事及公司登记簿〉的法令》第五编。1967 年 3 月 23 日关于商事公司的第 67 - 236 号法令第 293 条中账目公示规定被 2000 年 9 月 18 日的第 2000 - 912 号法令废止。

[①] 参见《法国商法典》第 232 - 10 条、第 232 - 11 条、第 232 - 12 条、第 232 - 15 条、第 232 - 17 条、第 232 - 18 条、第 232 - 19 条。

对于减资的条件和程序,《法国商法典》规定,减资属于股东大会特别职权,董事会或者管理委员会依据股东大会授权实施减资;会计监察人就减资提出的报告,应当送交全体股东,会计监察人对减资的原因与条件做出评价,股东大会依此报告进行审议和做出决定;董事会或者管理委员会按照股东大会的授权实施减资时,董事会或者管理委员会应制作笔录并进行公示,同时对公司章程做出相应修改。股东大会批准并非因公司发生亏损而减资的计划时,公司债权人可以在法定期限内向法院提出异议,法院经审理后可能驳回债权人异议,也可能支持异议主张裁定公司偿还债务或者为债务提供担保;在法定的债权人异议期间内,或者债权人提出异议后法院作出裁定前,减资不得实施;如初审法院支持异议主张,公司应当依裁定设定担保或者清偿债务,减资程序在此之前必须中断;如法院驳回债权人提出的异议,公司减资活动即可开始实施。①

在认购和回购自己的股票方面,《法国商法典》规定,禁止公司直接或者间接认购自己的股票;公司发起人、经过增资程序的董事会或管理委员会成员应当因违法认购承担支付股款的责任;被间接使用名义的人对股款承担连带责任。并非因为公司亏损而决定减资的股东大会,可以批准董事会或者管理委员会购买确定数量的股票以行销除。在一些条件下,允许公司回购员工持股。准许股票上市交易的公司的股东大会可以批准董事会、管理委员会购买本公司最多不超过公司资本 10% 的股票。公司自持不得超过 10%,并且回购的结果不能使公司资产少于其资本与未分配公积金之和;除法定公积金外,公司还要提取相当于其自持股票价值的公积金;公司持有的股票不产生分派股息的权利,也不享有表决权。②

---

① 参见《法国商法典》第 225 - 204 条、第 225 - 205 条。
② 参见《法国商法典》第 225 - 206 条、第 225 - 207 条、第 225 - 208 条、第 225 - 209 条、第 225 - 210 条。

此外,法国法还设定了资本维持的强制监管制度,将会计监察人制度作为资本维持的重要监督保障。《法国商法典》第八卷第二编第 293 条以下专门规定会计监察人的权利义务,1969 年 8 月 12 日还公布了第 69-810 号关于会计监察人职业组织与职业地位的法令。《法国商法典》第八卷第三编第四章规定了会计监察人有权行使的警告程序,并有权将危害公司继续经营的事实向商事法院院长报告。《法国商法典》第八卷第四编规定了董事、经理、股东等在公司分配、减资、公司账目及其公示中违反商法典的行为的刑事责任。

(四)英国的资本维持体系

2006 年《英国公司法》第 830~832 条规定了可分配利润的基本计算方法和一般规则[①],可以用算式概括为:

可分配利润 = 累计且未转为资本的利润 - 未弥补亏损

公众公司可分配的净资产 ≤ (资产 - 负债 - 公司资本 - 不可分配公积金)

其中:

资产 - 负债 = 公司净资产

负债 = 法定账目准则中应当记入负债的科目

不可分配公积金 = 股份溢价 + 资本赎回准备金 + 未弥补的亏损 + 制定法或章程中禁止分配的公积金

2006 年《英国公司法》第 832 条特别规定,投资公司的资产数额不少于总负债的 150%,且弥补亏损后的利润被分配后投资公司的资产仍不少于负债的 150%。

在减资方面,2006 年《英国公司法》规定,除非减资后所有股份均为可赎回股,股份有限私人公司可以依据公司的偿债能力声明作出减资的股东会特别决议并修改章程,减少股本或股份数额。通过减资,"公司可

---

① 参见《英国 2006 年公司法(2012 年修订译本)》,葛伟军译,法律出版社 2012 年版,第 519~520 页。

以免除或者减少股份上未缴付股本的责任,或者撤销已损耗或不代表可用资产的任何已交付股份,或者偿还超过公司需要的任何已缴付股份"。偿债能力声明是由董事会每名董事在考虑包括或有债务、预期债务在内的所有债务的基础上作出的。声明内容为:"对于声明之日的公司状况,没有理由可以发现公司当时不能缴付或清偿其债务,并且如果自声明之日起12个月内意图开始清算,自清算开始后12个月内公司将能够全额缴付或者清偿其债务,或者在任何其他情况下,公司将能够缴付或者清偿其自声明之日起1年内到期的债务。"减资决议必须提交登记。如果董事在声明中陈述的偿债能力没有合理理由,仍将该声明提交登记,每个失责的公司高管均构成犯罪。公司通过减资决议后可以申请法院确认减资。已经成立债权的债权人能够证明减资将导致公司无法清偿到期债务的,债权人有权对减资提出异议,公司应当作出偿付的保证,或者履行债务。公司高管在向法院申报时故意或过失隐瞒债权人名称或者虚假陈述债权性质或者数额的,构成犯罪。公司减资后,对未被记录在债权人名单且对公司减资不知情的债权人的债权无力清偿的,每个股东均负有清偿责任。清偿责任的上限是,如果公司在减资决议生效日之前已经开始清算,该股东应当承担缴付责任的数额。①

　　关于回购,2006年《英国公司法》除第659条②规定以外,原则上禁止公司回购自己的股份,同时在第658条规定故意违法回购的公司和失责的高管构成犯罪。2006年《英国公司法》又在第662~669条、第690~708条、第721条第6款规定了有限公司购买自己股份的条件和程序,购买的

---

① 参见2006年《英国公司法》第283条、第641条、第634条第1款、第643条第1款、第644条第1款、第645条、第646条、第647条第1款、第648条第2款、第653条。

② 2006年《英国公司法》第659条规定:(1)除为有金钱价值的对价外,有限公司可以取得任何其自己的全额缴付股份。(2)第658条不禁止——(a)在适时作出的资本减少中取得股份。(b)依据下列条款执行的法院法律购买股份:(ⅰ)第98条,(ⅱ)第721条第6款,(ⅲ)第759条,或者(ⅳ)第30部分。(c)因未能缴付对于股份的任何应缴付金额,依据公司章程没收股份或接受代替没收而被退回的股份。

财源必须是可分配利润或者"为资助购买之目的而增发的股份的收益"。2006 年《英国公司法》第 709 条规定,除非法律或者章程禁止的情形,私人有限公司可以从资本中赎回或者购买自己的股份,购买和赎回的财源来自公司的可分配利润,一般不允许以资本作为财源,除非有可供公开查阅的董事声明和审计师报告,经公司特殊决议批准,并在决议被批准之日起 1 周内将拟议缴付的通知在公报上公布,股东或债权人对缴付有异议的,可以向法院申请撤销决议。有限公司根据上述规定以可分配利润购买的自己的资格股份被称为库藏股,公司可以在任何时候将库藏股以货币对价出售、转让或者用于员工持股计划。库藏股可以随时撤销,如果库藏股被暂停上市,则应立即被撤销,并相应减少公司股本数额。①

(五)欧洲各国资本维持制度的强度差异

纵观欧盟、德国、法国和英国的资本维持规则,不同立法例在规制路径、规制的着力点上均有不同,但与美国《标准公司法》相比,前述欧洲各国立法有着较为统一的资本维持模式。

在财源上,美国《标准公司法》允许公司将营业盈余、资本盈余、净利润用于向股东分配,而不必兼顾分配后公司资产是否与资本相一致。这是美国法分配标准与其他法最大的不同,也因此,我们将其他法上的分配标准统称为"资本维持",而单独将美国《标准公司法》第 6.40 节规定的分配标准称为"清偿能力标准"。最早立法承认股东有限责任的《法国商法典》对资本维持仍然保持较为严格的规制,除要求所有的分配、减资、回购必须保持法定资本不变以外,还规定了严格的法定公积金比例(尽管该比例与中国公司法的规定相比并不高);为了确保分配符合资本维持原则,《法国商法典》规定了严格的公司账目制度和会计监察人制度,会计监察人有权直接向商事法院院长报告;在董事、高级管理人员的

---

① 参见 2006 年《英国公司法》第 711 条、第 714 条、第 716 条、第 719 条、第 720 条、第 721 条、第 724 条、第 727 条、第 729 条。

信义义务维持方面,《法国商法典》专门规定了相应的刑事责任,这与中国公司法规定的行政责任形成了较为明显的反差。从大陆法系传统公司法理论来看,资本维持属于构建股份有限公司本质的强制性条款,不允许通过章程予以调整,原则上禁止将股东开除出公司或者股东退出公司也是基于同样的法律原则,即不允许股东退回股本。德国最早立法建立的有限责任公司制度,除一些特殊制度以外,资本维持的规制仍然适用《德国股份法》的规定,并且在规制强度上,对公众公司的规制要比私人公司严格。公司的管理者要么是公司的控股股东,要么是控股股东的代理人,相较于清偿能力标准,资本维持机制下的公司管理者可以获得更多的可供其管理的资产,并增加了管理者从中获得私利的机会。[①] 所以《德国股份法》非常重视对董事义务的规制,规定了严格的董事、高级管理人员责任,与《法国商法典》一样,赋予股东大会在资本维持上的决定权。

《德国有限责任公司法》第29条关于红利分配的规定劣后于公司章程的效力,公司章程可以作出另外的规定,实现了股东自治和章程自由。[②] 欧盟《公司法第二指令》在规制强度上略低于法国和德国,尤其值得一提的是《公司法第二指令》在资本维持制度上规定的公司资本严重损失时应当考虑公司解散,该规定颇值得我国借鉴。《公司法第二指令》存在的缺陷已经受到批评。例如,当上一会计年度截止之日的资本与不可分配公积金数额对特定分配和收购具有决定意义时,在截止日与分配或收购时刻之间,这些数据显然可能已经改变。[③] "资本指令"大量使用最低限度规定和成员国选择权也受到质疑,被认为削弱了"指令"的统一适用。[④]

[①] See Luca Enriques & Johnathan Macey, *Creditors v. Capital Formation: The Case Against the European Legal Capital Rules*, Cornell Law Review, Vol. 86, p. 1165, 1203(2001).

[②] 参见[德]托马斯·莱塞尔、吕迪格·法伊尔:《德国资合公司法》(第3版),高旭军等译,法律出版社2005年版,第611页。

[③] Schutte Veenstra, Harmonisatie van het kapitaalbeschermingsrecht in de EEG, Kluwer, 1991, p. 278.

[④] See Grundmann, *European Company Law: Organization, Finance and Capital Markets*, Cambridge, UK: Intersentia, 2007, p. 335 – 359.

自普通法算起,英国的公司规制历史已经历 400 多年。1844 年《股份公司法》是英国第一部成文公司法,历经多次改革,2006 年《英国公司法》成为英国历史上篇幅最长的一部成文法。① 2006 年《英国公司法》对小公司的规制强度明显减弱,如在回购制度上原则性禁止购买公司自己的股份的规定,被其他多处规定予以稀释,②并将董事义务法典化,简化了公司资本制度。从总体上讲,英国制定法仍然坚持资本维持原则,2006 年《英国公司法》与先前的版本相比明显放松了对"小公司"的管制,尤其是第 641 条第 1 款 a 项规定了股份有限私人公司的偿债能力声明制度,以及在股份回购中允许以公司资本作为回购财源的规定,明显与美国《标准公司法》采取了相同的规制策略。

三、公司资本流出规制之清偿能力模式

(一)美国传统立法上的分配规制

美国各州就公司法独立立法的制度从一开始就使各州产生了制度竞争,这种竞争呈现出很多有趣的现象。比如,1900 年以后各州相继简化公司设立程序,新泽西州在竞争中领先,收到了更多的公司注册费,但是随后新泽西州强化了公司监管制度,给特拉华州后来居上创造了机会,③直到现在,特拉华州公司法都是学者比较研究的重要对象。

随着商事实践的发展,美国公司法在出资阶段的管制不断放宽,无最低注册资本制度、无面额股制度、收入盈余模式和资本盈余模式等,标志着美国立法关注公司财产的实际状况和清偿能力,开始了以偿债能力测试为代表的改革。

---

① 参见《英国 2006 年公司法(2012 年修订译本)》,葛伟军译,法律出版社 2012 年版,第 1 页。
② See Eilis Ferran, *Principles of Corporate Finance Law*, Oxford University Press, 2008, p.212.
③ 参见黄辉:《现代公司法比较研究——国际经验及对中国的启示》,清华大学出版社 2011 年版,第 12 页。

1. 盈余分配

特拉华州公司法采授权资本制模式下的声明资本(stated capital)制度,①并规定了盈余分配标准。该法第 154 条规定,公司净资产(指资产总额超出负债总额的部分)超出声明资本的部分是公司盈余,可以用公式表示为"盈余＝资产－负债－声明资本"。上述盈余又被称为营业盈余,营业盈余由公司自成立之日起的每一个会计期间的所有的净收益、收入、损益相加,然后再减去支出、先前的红利及转到其他账户的资产所得出。与早期的《标准公司法》一致,特拉华州公司法只允许公司从营业盈余中支付红利,规定资本不得用于分配,分配需来源于盈余。② 即使没有盈余,特拉华州还允许以宣布会计年度或上一会计年度的纯利润进行分配,但是分配不能导致公司资产少于所有发行在外的股份所代表的资本总额。③ 新泽西州允许在没有弥补先前亏损的情况下用当前利润向股东分配。④ 在无盈余时允许净利润分配的做法是债权人利益保护与商业需要的博弈中商业需要的胜利。⑤ 美国还有许多州的制定法允许从"盈余"而非"资本"中支付红利,红利从营业盈余中支付,而不需要说明其来源,如纽约州法律在表述上只禁止"损害股本"的分配行为,⑥在结果上使可用资产可以降到公司必须予以维持的最低资本水平。加利福尼亚州规定的"财务比例"标准要求分配后的公司必须保持其特定债务 125% 的资产,该规定被称为"一个不同寻常的盈余标准"⑦,该 125% 的比例在 2012 年被降至 100%,

---

① 股份发行对价进入法定资本的数额由董事会决定,发行面值股时不得低于总计面值,发行无面值股份时由董事会在资本和资本公积账户中自由分配,这种由董事会确定的资本数额即声明资本。
② See Chapter 1 of Title 8 of Delaware Code, General Corporation Law, §170.
③ See Chapter 1 of Title 8 of Delaware Code, General Corporation Law, §170(a)(2).
④ See Goodnow v. American Writing Paper Co. (N. J. 1908).
⑤ 参见[美]贝利斯·曼宁、杰姆斯·汉克斯:《法律资本制度》,后向东译,载王保树主编:《商事法论集》第 12 卷,法律出版社 2007 年版,第 158 页。
⑥ See Randall v. Bailey (Sup. 1940).
⑦ [美]罗伯特·W.汉密尔顿:《美国公司法》(第 5 版),齐东祥等译,法律出版社 2008 年版,第 441 页。

在计算资产负债时不再仅依照会计准则,而是赋权予董事会还可以按照惯例、公平的估值等合理方法进行价值计算和分配①。这种立法修改相当于放弃了维持公司资本的要求,转向依公司净资产盈余确定分配的标准。

除营业盈余外,盈余还包括资本盈余。资本盈余主要包含减资盈余②、溢价发行盈余等。采用"营业盈余"标准的州通常还允许公司依据章程或者经多数股东决议在没有营业盈余时从资本账户中对公司的普通股股东进行分配。只有在公司支付了所有的累积优先股红利,并且剩余资本能够在清算中支付所有的优先权时,公司才可以将资本盈余作为财源向普通股股东分配。

2. 减资和回购

美国各州制定法一般允许公司通过修改章程降低已发行股份的票面价值的方式降低公司的声明资本。无面值股票或以前从其他账户中转入声明资本的数额表示的声明资本,则可以由股东会和董事会通过的一般决议减少。"当公司回购或赎回本公司股票时,相当于进行一次公司分配。公司基于某个股东的身份而向其支付股票对价,即向该股东支付款项购买其持有的公司股票。因为对全体股东做了一次实质上的分配,公司却没有获得财产性收入,公司价值因此减少,被买回的股票成为公司的未卖出股票。"③

对公司回购自己股票的限制一般与对公司支付红利的限制相类似,均是基于对公司偿债能力的限制,在一些州还要求在这种回购或回赎之后公司的全部资产的公平价值必须不少于公司的全部负债额。如果得到公司章程的授权或经股东投票表决同意,公司可以用其营业盈余或资本盈余回购其股份。如果基于消除非整数股、收取或抵销公司债务、收

---

① See California Corporation Code, §500(a)(2),(c).
② See Chapter 1 of Title 8 of Delaware Code, General Corporation Law, §244(a)(4).
③ [美]理查德·D. 弗里尔:《美国公司法》(第7版),崔焕鹏、施汉博译,法律出版社2021年版,第277~288页。

购异议股东股权、回购可回收股份等目的,也允许公司用声明资本回购股份。①

(二)《标准公司法》上的分配规则

1984年《标准公司法》大幅度修改了美国各州传统立法上的分配条款。该法第6.40节有关分配的条款对所有类型的分配,包括资本分配和盈余分配,不再作出区分,统一了相同的适用标准。该法还对大多数州的现行制定法没有规定的关于分配合法性的问题作出了规定。

1. 清偿能力标准

1984年修订《标准公司法》时在第6.40节(c)为所有类型的分配的合法性设定了必须同时满足的两个条件:(1)分配后,公司必须能够偿付所有到期债务;(2)在预留经营所需准备金或者在即将解散的情况下为优先股的剩余财产分配优先权提取准备金之后,公司的总资产必须涵盖其所有债务。第一个标准通常被称为"偿债能力"标准,必须同时满足的第二个标准被称为"资产负债表"标准,两个标准合称"清偿能力标准"。"偿债能力"在所有的州的传统立法上都有规定,如果公司无偿债能力,或者分配将使公司无偿债能力,那么就应禁止向股东分红。"偿债能力"关注公司是否能够清偿到期债务。"资产负债表"标准以使用某种会计准则来确定"资产"和"负债"为前提条件。《标准公司法》第6.40节(d)允许公司董事会根据"财务报告或者公平估价","在当时情况下合理的其他方式作出分配决定",并且"财务报告应根据当时情况下合理的会计实践和会计原则制定"。根据该法的官方评论,董事只有在按照本节作出所有的决定时没有尽到《标准公司法》第8.30节规定的义务时才对非法的分配承担责任。按照上述标准,如果忽略预留的准备金,则美国《标准公司法》禁止分配的条件在某种意义上与我国《企业破产法》第2条第

---

① 参见[美]罗伯特·W.汉密尔顿:《美国公司法》(第5版),齐东祥等译,法律出版社2008年版,第440~443页。

1 款规定的条件相仿,①在美国,"违反破产标准而支付红利的行为同样也可能构成《联邦破产法》意义上的破产行为"②。

2. 关联保障机制

修改后的美国《标准公司法》对分配标准的规定相当宽松,同时,美国公司法及其他法律制度为资本维持中保护债权人利益编织了严密的保障机制网。

(1)与合同法的关联。无论是公司章程还是依章程由董事会作出的决议,公司分配事项均属于私法范畴且仅涉及公司利益相关者利益的事项,公司的债权人对公司资产被不当分配或者被浪费的担心,完全可以通过私法上的合同机制予以平衡。比如,银行在与债权人签订的贷款合同中可以加入禁止或限制公司向其股东分配的条款。如果公司经利益衡量,判断出保护债权人的利益大于合同条款增加的公司成本时,公司会主动选择接受合同中增加的债权人保护条款。③

(2)与公司治理制度的关联。根据《标准公司法》第 6.40 节规定,由董事会对公司的"清偿能力"作出判断,并继而作出向股东分配的决议。1999 年修改后的《标准公司法》第 8.30 节(a)(1)要求董事"善意地""以其合理地认为符合公司最大利益的方式行事";第 8.30 节(b)规定,"董事会或者委员会成员在行使其决策职能或者监察职能时,应当以一名在类似情况下合理人所应有的谨慎来履行职责"。公司法上,董事因其系股东的受信人而对公司负有信义义务,也就是董事由股东产生并对公司负责,当股东和公司利益产生冲突的时候,董事的权利义务错位会

---

① 我国《企业破产法》第 2 条第 1 款规定:"企业法人不能清偿到期债务,并且资产不足以清偿全部债务或者明显缺乏清偿能力的,依照本法规定清理债务。"

② [美]罗伯特·W.汉密尔顿:《美国公司法》(第 5 版),齐东祥等译,法律出版社 2008 年版,第 440 页。

③ See Luca Enriques & Johnathan Macey, *Creditors v. Capital Formation: The Case Against the European Legal Capital Rules*, Cornell Law Review, Vol. 86, p. 1165, 1192(2001).

产生一种矛盾:有的股东期望董事将公司资产用于风险运作以达到股东利益最大化,有的股东期望维持公司资本使其保值并在可能的情况下增值。当股东意志与公司利益相背离的时候,这种矛盾的表现就更加突出。有的时候,董事的私利也会与股东和公司利益相背离,形成公司治理中复杂的三角关系,公司和股东不得不为与董事利益的背离支付代理成本。董事会实际直接治理公司,董事会对"偿债能力"的判断与公司治理直接相关,因此美国普通法和制定法对公司治理的规制亦可约束董事妥当履行信义义务,避免债权人利益不当受损。

《标准公司法》第 8.01 节对董事的赋权非常充分。一般情况下,公司所有权力应由董事会直接行使,或者由董事会授权行使,公司由董事会直接管理,或者在董事会授权指导下进行公司管理。其立法目的之一是维护公司利益的时候有足以对抗来自股东压力的权力(作为制衡,《标准公司法》还规定了股东通过股东协议取消董事会或者限制董事会的自由裁量权①),在公司治理方面对董事等公司管理者的管制越来越宽松。例如,出于对董事会滥用管理权损害公司利益的担心,在 1969 年以前的《标准公司法》版本中,公司向董事和高管贷款是被禁止的,1984 年修改的《标准公司法》放松了对董事、高管贷款的限制,但对向董事和高管贷款设定了诸如经多数参加表决的股东同意或者董事会认为贷款对公司有利等条件。② 1988 年修改的《标准公司法》第 3.02 节(11)规定公司可以选举董事并任命高管,确定其报酬"以及向他们提供贷款和信贷",并且删除了原来的第 8.32 节,意即将公司向董事、高管贷款视为普通的有关联关系的交易,按照一般的原则处理而无须再做特别的规定。

总之,美国以董事会为中心的公司治理机制对董事会赋权非常充

---

① See Model Business Corporation Act, § 7.32(a).
② See Model Business Corporation Act, 1984, § 8.32.

分,高级职员的代理行为均要基于董事会的授权和指导,股东会虽然享有制衡董事会的权力,但是由于小股东能力有限,加之机构投资者对公司治理兴趣不大,更倾向于支持现有管理层,因此增加外部董事比例,稀释董事会中的内部董事,加强对董事信义义务的规制就显得格外重要。美国普通法和制定法对公司管理者的信义义务的规制仍然被坚持:根据普通法确定的"深岩原则"①,控制股东对公司请求的高额报酬和关联交易的对价的清偿顺位低于其他债权人或优先股东之后,防止控制股东运用自己的控制权转移公司的资产损害债权人或者其他股东利益;在弗朗西斯诉联合泽西银行案②中,法官认定公司董事未能对明确的问题作出反应,因其疏忽而未履行最低限度的职责直接导致公司损失,构成了对公司的不作为的侵权,判决董事对公司损失承担责任;在 In re Caremark International, Inc. Derivative Litigation 案(卡尔马克国际公司派生诉讼案)中,法官认为公司董事应当善意地努力构建起一套阻止员工的不当行为侵害公司利益的信息与报告系统。该案被认为"提高了董事的善意标准"。③

(3)与反欺诈制度的关联。《特拉华州普通公司法》于 1986 年的修改中增加规定,如果董事违反对公司的忠实义务,未尽善意或者故意做出不当行为,或者从交易中不当地取得个人利益,董事应当对公司的利益损失承担责任。④ 1999 年修正的《标准公司法》第 8.31 节增加了董事责任的具体规定,第 8.60 节要求董事披露其与公司的关联交易,董事不得做出非善意的行为,董事的决定应当根据当时可获得的信息,合理判断其为符合公司利益最大化的举措。不得因为与决定事项存在重大利害关系而

---

① See Taylor v. Standard Gas & Electric Co. (Supreme Court Reporter, 1939).
② See Francis v. United Jersey Bank, 87 N.J. 15, 432 A. 2d 814(1981).
③ 参见[美]罗伯特·W.汉密尔顿:《美国公司法》(第5版),齐东祥等译,法律出版社 2008 年版,第 335 页。
④ See Chapter 1 of Title 8 of Delaware Code, General Corporation Law, §102(b).

影响决定的客观性和独立性,不得获取其无权接受的经济利益或者违反董事与公司、股东公平交易的义务,不得未经授权使用公司资产,否则要赔偿公司的利润损失或者返还公司利益;董事无视章程限制进行违法分配,应就实际分配与应当分配之间的差额对公司承担个人责任。[1] 1999年修正的《标准公司法》增加的第8.31节又被称为董事责任的"经营判断规则",根据该规则,对基于合理的信息和一定的理性作出的经营决策,董事不承担责任,但是如果董事在作出决定时"有使自己丧失资格的权利冲突"或者进行自我交易,那么董事个人应对该决定造成的损失承担责任。[2]

董事责任可以归于"经营判断标准",董事因其作出的分配决定承担责任也要归于"经营判断",并可归于《标准公司法》第8.30节(b)规定的"决策职能或者监察职能",构成监督公司业务和事务管理责任的一部分。[3] "经营判断标准"要求董事会被法律赋予经营管理公司的自由裁量权,并且此权力的理智行使一般来说不会受到司法审查。或许法律上之所以这样规定是基于这样一种信念,即大多数法官并不是商业人士,他们不可能对商业人士的自由裁量权的行使进行有效的"事后评判"。[4]

第二节　公司资本流出的类型规制与统一规制

除了前述资本维持模式与清偿能力模式的资本流出规制路径差异

---

[1] See The Model Business Corporation Act, §8.31, §8.33.
[2] 参见[美]罗伯特·W.汉密尔顿:《美国公司法》(第5版),齐东祥等译,法律出版社2008年版,第339页。
[3] See James Hanks, *Legal Capital and the Model Business Corporation Act: An Essay for Bayless Manning*, Law and Contemporary Problems, Vol.74:6, p.211,223(2011).
[4] [美]罗伯特·W.汉密尔顿:《美国公司法》(第5版),齐东祥等译,法律出版社2008年版,第339页。

之外,各国对资本维持规制的具体方式也存在差异。大陆法系模式之下,多对利润分配、减资、股份回购、设定担保、财务资助等事项进行类型化的规制,但这种外延列举的方式不可避免地造成规制上的短板效应。比如,曼宁(Manning)教授即对资本维持模式的效用产生了诸多质疑,认为对利润分配的严格限制将导致股东通过其他方式与公司进行资本交易。[①] 此外,这些交易类型在最终效果上都作用于公司资本和资产的变化,并无实质差异。也正是基于此,美国《标准公司法》建立了统一的资本交易规制模式,并且建立了统一的"实质分配"概念。

一、公司资本流出的类型规制

观察公司资本流出的路径,可以发现其方式多样,既包括资本交易也包含非资本交易等不同形式。因此,如果法律仅仅对利润分配设定了明确的规则,而忽视了对其他交易类型的监管,可能会造成监管上的空白。这样的空白可能使一些资本流出通过更加隐蔽的手段实施,迂回绕过了法律对利润分配施加的严格规制,导致监管失去效力。就各国公司法规制类型而言,其主要类型包括利润分配、减资、股份回购以及财务资助等制度。

(一)利润分配的规制逻辑及强度

利润分配是股东获取投资收益的主要方式,同时作为公司资本运作的关键环节,利润分配与维护债权人利益密切相关。不当的利润分配可能会导致公司总资产的减少,进而影响公司的偿债能力,导致债权人利益受损。因此,利润分配往往成为股东与债权人利益冲突的焦点。由于利润分配属于公司内部决策范畴,需要股东会决议,这使债权人在权益分配上通常处于劣势,相比于股东,他们更加依赖法律提供的特殊保护。

---

① See Bayless Manning, James J. Hanks, Jr., *Legal Capital*, Foundation Press, 1990, p.101.

1. 利润分配的概念范畴

在资本维持原则的指导下,我国《公司法》确立了"无盈不分"的原则,明确了公司可用于分配的资金来源必须是在弥补亏损并提取法定公积金后的税后利润。然而,我国《公司法》在对"分配"这一概念的界定上并不明确。虽然《公司法》中多次提及"分配",但大多数情况下它是指利润分配,而在少数情况下则涉及公司解散时的剩余财产分配。本书的讨论将专注于利润分配的问题。

美国《标准公司法》第1.40节对分配的定义采取了实质重于形式的原则,明确了分配的概念:它指的是直接或间接的对货币或其他财产的转让(不是对公司自己股票的转让),或者公司对其股东或为其股东的利益在公司股票方面对股东发生的债务。这一定义内涵广泛又明确,关键在于是否发生了资产的转移或债务的设立。在这个定义之下,无论是直接向股东支付现金或资产、发行公司本票、承担债务、股份回购中的支付、清算过程中的支付,还是在公司自愿或非自愿解散时的支付,甚至是通过控制关系下母子公司间的关联交易,只要本质上与传统的利润分配相似,即资产从公司流向股东,无论是直接还是间接,都被视为"分配"。

在美国法律中,对分配的定义在平衡股东与债权人之间在资本收益分配上的利益冲突方面发挥了重要作用。从保护股东利益的角度来看,这一宽泛的分配定义为股东提供了合法获取投资回报的多种途径,任何基于当前或过去收益的分配都是合法的,并受到法律的保护。从保护债权人的角度来看,这一以资产转移或债务设立为标准的定义,限制了那些试图通过非分配名义掩盖对公司资产非法占有的股东行为。如果资产转移或债务设立的来源是公司资本而非当前或过去的收益,那么这些行为应按照分配规则处理,债权人可以要求非法获取利益的股东返还财产,并追究其及公司董事的责任。这一规定对于防止控股股东通过关联交易非法挪用公司资产的行为具有重要的借鉴意义。

2. 利润分配中的利益冲突

公司作为以营利为目的的商法人,其股东和债权人在公司发展顺利时往往利益一致。当公司运营良好且持续获得利润时,股东能够获得分红,而债权人也能从公司的稳定收益中看到其债权的可实现性。但是,股东与债权人之间的利益冲突同样是难以避免的,在某一特定时刻,公司的资产总额是确定的。在这种情况下,如果公司向股东分配的财产增多,那么公司剩余用于偿还债务的资金就会相应减少;反之,如果减少对股东的财产分配,公司用于偿还债权人债务的资金就会相对增加。这种利益的此消彼长关系,凸显了在公司财务决策中平衡股东和债权人权益的重要性。正如曼宁教授所指出的那样,"当股东的资产作为出资而成为公司的财富或当公司的资产分配给股东时,公司债权人和股东的利益是相反方向的"①。

(1)债权人对利润分配的预期

公司法上的债权人包括交易债权人、机构贷款人、持有公司债券的债权人以及公司侵权之债的债权人,由于他们主动和被动状态的不同,又可以分为基于契约之债的主动债权人和基于侵权之债的被动债权人。②尽管各类债权人面对利益冲突带来的风险时可以利用的机制有所不同,但不同类型债权人在利润分配问题上都与股东之间有着同样的利益冲突。

公司债权人拥有优先权,即公司债权人对公司资产的请求权优于股东的请求权,③尽管在公司清算程序中,债权人的权益享有优先受偿的地位,但这并不绝对排除股东在公司运营期间及至清算初期获得合理投资回报的可能性。债权人普遍期望,在其债权完全清偿之前,股东的收益

---

① Bayless Manning, James J. Hanks, Jr., *Legal Capital*, Foundation Press, 1990, p. 5.
② 参见虞政平:《股东有限责任:现代公司法律之基石》,法律出版社2001年版,第198页。
③ See Bayless Manning, James J. Hanks, Jr., *Legal Capital*, Foundation Press, 1990, p. 5–19.

分配应受到适当限制,旨在防止公司偿债能力受损或债权价值因不当的股利分配而被稀释。债权稀释的风险主要源自四个方面:公司总资产规模的缩减、资产构成的变动、负债总额的上升以及负债结构的调整。债权人倾向于维持公司较低的资产负债率与较高的资产流动性,以保障其债权的安全与完整。然而,公司资产面临减损,进而威胁到债权实现的风险,可归结为两大类:一是商业风险,此乃市场经济环境下企业运营不可避免的一部分,源于市场波动、竞争压力等因素;二是非商业风险,这类风险则源于内部管理不善,特别是公司管理层或股东出于私利而进行的资产非法转移、过度举债等行为,被视为违背诚信原则的"道德风险",也被学术界称为"公司内部机会主义"或"股东缔约后机会主义",其直接损害了债权人的利益。

(2)股东对利润分配的预期

公司作为商事组织,其经营活动以营利为目的,[①]若无法从公司获得利润分配,股东就没有投资的动力,若股东无法从公司获取财产分配,公司及公司制度就不会产生和发展。获取资本收益是股东投资设立并维持公司的目的,股东获取股利既是他们的追求也是他们的权利,公司资本收益分配制度的基本功能就是要保证股东权利的行使和对利益的追求得以实现。

(3)利益冲突的原因

分配制度肩负着平衡股东与债权人之间利益冲突的任务。由于股东与债权人的地位差异,他们权利的保障程度也有所不同。总体而言,股东处于优势地位主要体现为信息优势和分配决定权优势。股东比债权人更了解公司的资本盈余状况,更清楚股利分配政策和分配方案是否会损害债权人利益,因而具有信息优势,而处于公司之外的债权人很难了解此类情况。就分配决定权而言,有的国家规定由股东大会决定分配

---

① 参见王保树主编:《中国商事法》(新编本),人民法院出版社2001年版,第80页。

方案,有的国家规定由董事会决定分配方案,此时股东虽然不能独立决定,但是他们能参与分配方案的决策,因为管理层也是由股东选任的,在管理层与股东利益不冲突的情况下,管理层首先维护的是股东的利益,而不是债权人的利益。

获取资本收益是股东投资设立并维持公司的目的所在,享受资本收益权是股东固有的不可剥夺的权利。然而公司并非孤立的存在,分配制度关系到法律地位和预期不同的各利益相关者。股东的资本投入固然是公司存续的基础,但是债权人与公司的交易关系、劳动者与公司的劳动关系、管理者与公司的聘用关系、政府与公司的税收关系等,这些关系都制约着公司的生存与发展。股东想要通过投资从公司获得收益,其他关系人也想通过与公司的交往获得利益,但公司可供分配的利益是有限的。

同为公司的利益相关者,股东与债权人的处境却并不相同。一方面,股东投资于公司之后不得要求公司返还出资,在公司存续期间,除非转让股份,股东无法退出公司,是否能够获得投资收益取决于公司是否盈利。如果公司经营状态良好,股东能够获得远超于投资的回报;如果公司经营不善,股东会亏掉本钱。债权人有权要求公司在履行期限届满前向其履行给付义务,无论公司盈亏,只要公司尚有财产,公司即应当履行债务,并且该等履行本身会直接导致公司亏损。另一方面,股东系公司"内部人",对公司享有知情权,可以通过董事间接管理公司,有的股东还直接控制公司。债权人系公司"外部人",对于公司经营和财产状况处于信息不对称的劣势一端,与股东相比,在涉及公司利益的分配时债权人往往处于被动地位。

如果股东不是负有限责任,而是对公司债务承担无限责任,股东的财产与公司的财产就没有分离的必要,公司是否向股东分配财产以及分配多少财产都不影响债权人利益——既然股东的财产和公司的财产都要作为清偿债务的责任财产,在总量不变的情况下,这些财产的所有权人是公司还是股东对债权人来说都是无关紧要的,债权人和股东不会因此产生利益冲突。但现代公司制度的安排使公司财产与股东财产相分离,由公司独立地对公司债务承担责任,股东对公司债务仅承担有限责任。此时,公司的偿债能力,即公司责任财产的多寡对债权人来说就显得格外重要。如果股东滥用分配权,不当地将公司财产流向股东自己,将打破有限责任制度为股东与债权人设置的权利平衡机制,可能将债权人置于前述的非商业风险之中,甚至使债权落空,严重损害公司债权人的利益。有限责任不能消除公司的商业风险,正如波斯纳所言,"有限责任制度容忍股东部分地将其投资与经营的风险转移给公司的债权人,当公司无力清偿债务时由债权人承担债权落空的风险"[①],但其至少不能成为酝酿非商业风险的温床。如若股东一方面不正当地分配公司资产或利润,将公司资产据为己有,另一方面又凭着股东有限责任的保护拒绝承担对债权人的责任,这是极端不公平的。

(4)分配的制度价值——对利益冲突的回应与平衡

在有限责任制度下,股东和债权人对公司利润分配持有不同的期待,他们对公司财产收益的优先权也有所区别,并且在获取公司信息的地位上存在不平等。有时股东可能处于优势,而有时债权人可能处于有利位置。这种地位的不平衡导致股东和债权人往往觉得自己的收益与所承担的风险不相匹配。尤其是当利益相关者感受到这种利益失衡时,他们可能会倾向于采取不恰当的措施来侵害其他方的利益,从而加剧了不良的外部影响。这种行为不仅干扰了公司的正常运作,还可能对公司制度本身造成破坏。鉴于此,利用立法手段来均衡各方利益,防止道德风险的出现,显得尤为关键。这样做不仅能够保障公司内部的公正性,还能维护整个市场的健康和稳定。通过制定合理的法律规范,可以有效遏制不当行为,确保所有利益相关者的合法利益得到保护。

---

① [美]理查德·A.波斯纳:《法律的经济分析》(下),蒋兆康译,中国大百科全书出版社1997年版,第516页。

由于股东与债权人在利润分配上存在利益冲突,公司法应当体现立法者为平衡上述利益冲突的价值取舍。[①] 公司法对利润分配的强制必然也受市场机制的影响,如果市场机制能够在平衡利益冲突上发挥作用,从效率和自治的角度考虑,公司法就没有再行干预和强制的必要;如果市场机制不足以实现上述平衡,公司法必须设定保护股利分配中利益关系弱者的机制。此外,分配还涉及股东之间的利益分配,这种内部利益关系的平衡应主要由公司及股东自治,比如不按公司法规定的实缴出资比例分配等,可以由章程约束。

第一,市场机制存在局限性。由于市场不完整,股东与债权人之间的信息不对称始终存在,而市场本身存在风险,商业风险对于市场行为而言是正常的,风险与收益相伴。如果全凭合同机制来保护债权人的利益,则当事人必须承担高企的磋商谈判等交易成本;如果寄希望于合同相对人充分了解对方的道德水准,则又会使市场经济向"熟人经济"倒退,无法满足当事人对效率的需求,况且"熟人经济"也无法避免债务人的信用风险。风险具有或然性,并非所有的风险最终都会出现客观上的损害后果,不同的债权人对风险的偏好不同,如国有企业相较于民营企业而言对风险更为敏感,对风险的偏好更低。在市场竞争环境中,尤其是在非垄断经营的交易中,总会找到风险敏感度趋同的合同交易机会。但是,无论对风险的偏好如何,合同当事人仍然无法彻底防范对方公司的非商业风险,除了常见多发的滥用分配权,还存在"稀释资产""资产置换"等更为隐秘的手段,甚至通过"稀释债权"、公司集团内部模糊成员之间的公司资产边界等所谓的财务运作手段减损公司清偿债务的责任财产数额。[②]

[①] 参见傅穹:《重思公司资本制原理——以公司资本形成与维持规则为中心》,中国政法大学2003年博士学位论文,第26页。

[②] 参见[美]莱纳·克拉克曼、亨利·汉斯曼等:《公司法剖析:比较与功能的视角》(第2版),罗培新译,法律出版社2012年版,第119~121、132页。

第二，试图制定完备的契约，规范各个利益相关者在股利分配中的权利、义务和责任，也存在以下局限：一是信息不完整、不对称容易产生合同缝隙。作为外部人的债权人对公司的经营信息知之甚少，要对股利分配做出一定的约定必须了解公司的盈利信息、投资和预算信息等，而这些信息在公司的利益相关者之间是不对称的，债权人若想获知相关信息需要花费昂贵的调查费用与合同监督费用，债权人通常不愿付出如此代价，因此他们很难就股利分配事项与公司及股东达成协议，或者即使达成协议，因为信息不对称也会对某些交易者有利而对另一些交易者不利，这种合同机制的制约作用不能保证。二是合同机制存在磋商谈判、顾问咨询等交易成本，即使花费了高昂的交易成本，公司利益相关者也未必能够达成意思表示一致的合同，更难达成可以制约股利分配的协议。

具体而言，公司债权人可以分为自愿债权人和非自愿债权人两大类，自愿债权人又可分为有担保的债权人和无担保的债权人两类。资本维持机制对于不同种类债权人的影响并不完全一致。就自愿债权人而言，其主要风险是信用风险，即债务人公司如果无力履行到期债务，债权人需要承担债权不能及时实现，债权部分甚至全部落空的风险。如果债权人处于竞争上相对优势的地位（如国有商业银行），可以要求债务人公司提供担保，也可以限制债务人公司向股东进行分配，禁止债务人公司在借款期限内减资，如果债务人公司违反该等约定，全部债务提前到期，债务人公司应当即时履行包括按照合同约定尚未到期的债务。但是，担保或者其他约束性合同条款的内容以及担保或者其他约束性合同条款能否成立，主要取决于双方的缔约能力。银行和担保公司通常处于优势地位，具有较强的缔约能力和较丰富的谈判经验。因此，通过担保或契约机制要求债务人公司维持相当程度的财务能力应该可以实现，此时银行、担保公司等作为债权人，未必需要公司法的特别保护。

但相对地，对于非自愿债权人和并不具备足够缔约能力的债权人或在缔约过程中忽略了公司偿债能力的债权人,利用契约机制通过谈判达成的合同条款可能并不足以周延防范信用风险,因此需要为该等债权人提供一个基本的保护框架,"在这一框架下,无须债权人一一与公司缔约,立法者实则是代替债权人群体,在法律条款中嵌入一个'债权人利益的共同条款'"①,从而保证债权人的利益,并设定一个防范股东侵蚀公司的底线。由上述分析可知,公司法中的资本维持原则及公司法上的其他保障机制,至少对于非自愿债权人和缔约能力不足的债权人,相当于提高了其保护水平的"垫铁",经过"垫铁"调整标高后的债权人与股东在法律上具有了平等地位。从这个意义上说,公司分配制度亦是公司资本制度保护债权人功能的体现。但是,从效率的角度考虑,具有较高缔约能力的债权人通过合同上权利义务的安排,譬如通过担保等方式控制交易风险可能更有效率,严格的资本维持制度并非债权人保护机制所必需,对公司利润分配的强制只能补充而不能替代公司与债权人、股东与股东之间的合同机制。②

3. 我国利润分配规范的实践检视

我国《公司法》中未明确规定资本维持原则,尽管学者对该原则的内涵略有争议,但基本均认可"公司存续期间保持与其资本额相当的财产,禁止向股东违法返还"的界定。③ 对分配概念的界定,应当坚持"重实质而轻形式"的理念,"否则分配的边界必然模糊,而相关利益群体必然无法达到最优的平衡,从而影响资本市场的发展与投资者的信心"④。即便是在2023年修订的《公司法》中,关于利润分配所采用的"资产负债表"

---

① John Armour, *Share Capital and Creditor Protection: Efficient for a Modern Company Law*, Modern Law Review, Vol. 63, p. 367(2000).

② 参见罗培新:《公司法的合同解释》,北京大学出版社2004年版,第75~78页。

③ 参见张保华:《资本维持原则解析——以"维持"的误读与澄清为视角》,载《法治研究》2012年第4期;甘培忠:《企业与公司法学》(第7版),北京大学出版社2014年版,第236~237页。

④ 傅穹:《重思公司资本制原理——以公司资本形成与维持规则为中心》,中国政法大学2003年博士学位论文,第125页。

标准,相较于法国、德国等传统大陆法系国家的公司法规定更为严格。该法律明确指出,在公司向股东分配利润之前,必须先补足之前的所有亏损,并确保公司的资产总额不低于其注册资本。此外,公司在分配利润之前,还需持续提取法定公积金,直至公积金总额达到注册资本的50%。这表明在法定公积金达到这一最低要求之前,公司的税后利润并不被视为可以分配给股东的财产。《公司法》还明确了公积金(包括资本公积金和从税后利润中提取的盈余公积金)的使用范围,明确这些公积金不得用于对股东的分配。结合《公司法》中关于必须提取法定公积金的规定来看,法定公积金作为公司的储备资金,不得用于股东分配。同样,作为资本公积金产生的收益,作为专门资金,也不得用于股东分配。

我国《公司法》规定强制提取公积金的制度广受诟病,被认为是"相当欠缺效率的制度"。[①]《法国商法典》第232-10条规定的法定公积金比例上限是公司资本的10%,我国《公司法》规定强制提取的法定公积金明显高于这一比例。无论是法定公积金还是任意公积金,它们都是构成公司资产的重要部分。当公司从利润中提取这些公积金时,它们被保留在公司内部,继续作为公司资产的一部分。这些规定实质上构成了公司法中关于股东与公司之间利润分配的规则。股东与公司之间的利润分配,既是股东与公司之间权利的博弈,也是股东与公司债权人之间权利的较量。正如之前所讨论的,如果将利润视为一个固定的总量,那么公司保留的公积金越多,最终可用于分配给股东的利润就会相应减少。同时,这些被保留的公积金在公司需要履行债务时,将作为偿还债务的一部分资产。因此,公积金的提取和使用不仅影响着股东的即时收益,也影响着公司的长期财务健康和债权人的利益。这种平衡是公司治理中一个关键的考量因素,需要在股东的期望和公司的长远发展之间找到恰当的平衡点。无论是法定公积金还是任意公积金,都是公司资产的一

---

① 参见罗培新:《公司法的合同解释》,北京大学出版社2004年版,第126页。

部分,从利润中提取的公积金被保留在公司作为公司的资产,该等规定亦可以被视为公司法上股东与公司之间的分配规则。在股东与公司之间分配利润,既是股东与公司权利博弈的结果,也是股东与公司债权人权利博弈的结果。就像前述那样,假定利润是一个常量,留给公司的公积金越多,可分配给股东的就越少,并且留给公司的公积金在公司履行债务时是作为偿债责任财产的一部分的。

当然,公积金是公司"闲了置忙了用"未雨绸缪的备用金,如果公司没有亏损和资不抵债之虞,公司公积金在公司解散时都将分配给股东。从以上分析似乎可以得出这样的结论:公积金对股东、公司、公司债权人三方是一个均赢的安排,但是从《公司法》规定的法定用途来看,尤其是"扩大公司生产经营或者转为增加公司资本"属于公司增资的目的,我国的法定公积金制度相当于令股东提前履行了实缴增资的义务,这样的立法不仅"没有考虑到公司型基金、投资型基金等希望资本退出公司的特殊需求,缩小了公司法的适用空间"[1],而且这样对公司类型、规模、所处发展阶段等不加区分,一律采取强制性的分配标准,脱离了商业实践的需要,事实上为股东在基于公司资本的有限责任之外设定了额外的负担。

在我国,股东利润分配的规则是强制性的。有限责任公司的利润分配通常按照股东实缴的出资比例进行,但公司章程可以对此作出不同的规定。而股份有限公司则按照股东的持股比例来分配利润。股份有限公司由于涉及众多投资者,其利润分配在一定程度上关系到公共利益,因此采用强制性规定是恰当的。对于有限责任公司,我国可以考虑放宽一些强制性规定。如果股东和公司基于自治原则,在确保能够清偿即将到期的债务的前提下,自愿决定提取公积金并将利润留在公司中,这既有利于公司的发展,也有利于保护公司债权人的利益。法律不应过度干

---

[1] 邱海洋:《公司分配法律制度研究》,中国政法大学2002年博士学位论文,第120页。

预这种商业决策。同时,对于为即将到期的债务预留的准备金,虽然可以称之为法定公积金,但法律强制规定其预留比例可能并不适宜。这是因为不同公司或同一公司在不同时期的负债水平是不同的,统一的公积金比例规定可能无法满足所有公司的需求,有的公司可能会预留不足,而有的公司则可能预留过多。因此,我国现行的利润分配标准可能过于严格,与资本市场的发展需求不完全匹配。虽然美国公司法采用的清偿能力模式也存在一定的不确定性,但它依赖于特定的本土资源。我国公司法中的资本维持或资产维持模式不需要彻底改变,但应该适当放宽其强制性标准。在理想的状态下,除通过发行股份形成的股本外,还应包括资本公积金、回购准备金和法定准备金等。资产维持的基础应重新设定为股本数额范围内的资产,其余资产则应纳入资本自治交易的范畴。换句话说,我国公司法应将利润分配的标准调整为以股本为基础,取消对资本公积金等的分配限制,并将这一标准统一应用于其他资本交易领域。这样既能保护股东和债权人的利益,又能适应资本市场的发展需求。

(二)减资的规制逻辑及强度

公司资本的调整是为了适应公司运营的需要,它应当随着公司业务状况的发展而相应变化。当公司的经营规模扩大时,往往需要增资以支持进一步的发展;而在公司经营规模缩减,出现资本过剩,或者由于经营不善而导致现有资本结构不再适宜时,减少资本则成为必要之举。公司资本的增减是公司正常运营的一部分,但由于它牵涉公司各方利益相关者的权利与义务,因此也是法律需要规范的范畴。资本的增减可能会导致股东之间的利益冲突,也可能引发股东与债权人之间的矛盾。在处理这些冲突时,股东内部的矛盾通常依据公司章程和相关契约来协调解决,而股东与债权人之间的矛盾则更多地依赖于法律所设定的条件来进行规范和调整。资本制度的核心目标是缓解这些潜在的冲突,并在资本变动的过程中,寻求实现各方利益的新平衡点。通过合理的资本制度设计,可以确保公司在追求发展的同时,也能够平衡和保护股东、债权人及其他利益相关者的合法权益,促进公司的长期稳定和健康发展。

1. 减资行为的本质

我国公司法上,减资被作为特别决议事项由股东决定,所以其属于资本事项而非仅是公司经营事项,从这个角度理解,减资所涉及的应当是公司注册资本而非公司资产。[①] 对于公司减资的本质,学者的观点表述不尽相同。有学者认为,"公司减资就其形式而言,是对公司章程中资本记载内容的修改,但其实质乃属公司资本变更的法律行为"[②];有学者总结,公司减资在英美法系国家是董事的商业判断,在大陆法系国家是股东(大)会的特别决议[③];有学者概括,公司减资的实质是公司信用减少[④];有学者指出,公司减资的实质是盈余返还[⑤];还有学者认为,减资行为"对公司而言是一个商业需求;对债权人而言,是一个安全关注;对股东而言,是一个退出或资本变现;对立法者而言,是一个利益衡量"[⑥]。

上述讨论中所呈现的不同观点实际上触及了公司减资的两种主要方式:形式减资和实质减资。这两种减资方式的区分关键在于公司资产是否有实际流出。以形式减资为例,当公司的账面资产因经营亏损而低于其注册资本时,为了使注册资本与公司实际资产状况相符,公司可能会按照《公司法》规定的程序减少注册资本。这种情况下的减资不涉及

---

① 参见富饶:《公司资本诉讼研究》,吉林大学2017年博士学位论文,第121页。
② 郑曙光:《公司减资的比较法考察》,载《四川大学学报(哲学社会科学版)》2004年第2期。
③ 参见雷兴虎、薛波:《公司资本制度变革视野中的资本维持原则》,载《政法学刊》2015年第4期;傅穹:《公司减资规则论》,载《法学评论》2004年第3期。
④ 参见郭传凯:《"认缴制"下公司合同债权人利益保护问题研究——以公司减资为具体情境展开》,载《东岳论丛》2016年第4期。
⑤ 参见李智:《公司减资制度初探》,载《政法论坛》2005年第1期。
⑥ 傅穹:《重思公司资本制原理——以公司资本形成与维持规则为中心》,中国政法大学2003年博士学位论文,第112页。

公司资产的流出，仅仅是账面上的调整，因此被称为形式减资。此外，在认缴制实施后，许多公司的注册资本可能被高估，随着公司运营的深入，股东可能意识到无须维持一个高额但无法实际缴纳的注册资本。在这种情况下，根据《公司法》的规定减少注册资本，同样属于形式减资，也不会导致公司资产流向股东。相对地，实质减资发生在公司的经营状况良好，没有对资本构成威胁，甚至可能还有盈余积累的情况下。出于经营方式的转变（如从重资产向轻资产转型）或经营规模的缩减（导致资本过剩），公司可能决定通过法定程序减少注册资本。这种减资会导致公司资产流向股东，因此被称为实质减资。总的来说，形式减资主要是为了调整注册资本以反映公司的实际资产状况，而实质减资则涉及公司资产的重新分配，两者在法律程序和实际影响上都有所不同。比如，公司部分股东欲退出公司，不愿再作为公司的成员，其又无法达成一般的股份转让协议，于是通过定向减资的方式完成公司实质减资，呈现公司资产向股东流动的结果。[①]

减资属于公司自治的范畴，是公司根据经营状况和战略规划所做出的自治行为，其对债权人的影响通常是间接的。但是，实质减资在本质上相当于变相地向股东返还其出资，这种减资会导致公司资产总额的减少，从而直接影响公司用于偿还债务的责任财产。此外，公司与债权人签订交易合同时，通常存在一个隐含的前提条件，即根据《公司法》的规定，有限责任公司的股东不得撤回其出资，股份有限公司的股东也不得撤回其股本。在公司清偿完所有债务之前，股东不能分配公司的清算剩余财产。这为债权人提供了一种默示的保障，即他们的债权在偿还顺序上是优先于股东取回其出资的。因此，虽然减资是公司的自治行为，但

---

① 参见《吉林电力股份有限公司关于参股隆达公司49%股权定向减资的公告》，载搜狐证券网，https://q.stock.sohu.com/cn,gg,000875,1922621814.shtml，最后访问日期：2014年9月1日；《澳柯玛股份有限公司关于参与北京国翔资产管理有限公司定向减资的公告》，载上海证券交易所网，http://www.sse.com.cn/disclosure/listedinfo/announcement/c/2017-09-02/600336_20170902_3.pdf。

在实际操作中,必须考虑到对债权人权益的影响。实质减资可能会削弱债权人对公司偿还能力的预期,因此在进行减资时,公司需要确保其行为不会损害债权人的合法权益。同时,公司也需要遵守相关法律规定,确保在清偿债务之前,不进行可能损害债权人利益的资产分配。正如韩国学者所指出的,实质减资等于股东优先于债权人回收所投入的资本。[①]因此,减资超出公司利益相关者通过契约机制预设的调整范围。当然,如果减资后公司依然拥有清偿能力,那么实质减资也不必然导致债权人利益受损。

实质减资,因涉及资产的流出,在英美法系国家更多被包含在"实质分配"的概念之中。艾利斯·费伦(Eilis Ferran)教授认为,减资是公司将其盈余返还给股东的方式之一[②],所以公司实质减资与资本市场上常见的回购一样,产生与公司分配同样的效果。[③] 而形式减资是公司对商业环境变化的一种适应性调整,它反映了公司当前的实际资本状况。在进行形式减资之前,所涉及的资本部分往往已经因亏损而实际消耗,这种亏损通常是公司税后利润所无法覆盖的。通过减资,公司可以将注册资本调整回一个更符合其实际资产水平的数额,为公司未来的利润分配打下基础。当公司完成形式减资后,如果再次产生税后利润,就无须将这些利润用于弥补之前已经通过减资处理的亏损。这样,形式减资在一定程度上影响了公司的利润分配策略。它允许公司将未来的盈利更直接地用于股东分配或其他投资,而不是首先用于弥补过去的财务缺口。因此,形式减资不仅是对公司资本结构的一种调整,而且是对公司财务健康和未来发展的一种积极管理。通过这种调整,公司能够更有效地规

---

① 参见[韩]李哲松:《韩国公司法》,吴日焕译,中国政法大学出版社2000年版,第586页。
② See Eilis Ferran, *Company Law and Corporate Finance*, Oxford University Press, 1999, p. 355 – 372.
③ 参见傅穹:《重思公司资本制原理——以公司资本形成与维持规则为中心》,中国政法大学2003年博士学位论文,第114页。

划其资本和利润的使用,以支持公司的长期增长和股东利益的最大化。

2. 减资事由及其正当性界限

各国的公司法在允许公司进行减资的法定理由上,通常涵盖以下几种情形:第一,资本过剩。这种情况往往发生在公司经营规模缩减或经营模式发生改变时,导致公司实际所需资本低于其注册资本。资本过剩会导致资金的闲置,不利于资本的有效利用和股东利益的最大化。因此,多数国家的公司法允许公司将资本过剩作为减资的合理理由。第二,经营亏损导致资本不实。当公司经营亏损严重,使实际资产价值远低于注册资本时,注册资本便失去了其应有的代表性。虽然亏损本身并不一定需要减资,但过高的注册资本可能会影响公司的股利分配。根据相关法律规定,未弥补的亏损和未按规定比例提取的公积金不能用于股利分配。在亏损情况下,公司可能需要吸引新的投资者,而能否及时回报新投资者是他们决策的关键。此外,债权人尤其是银行债权人,会密切关注公司的财务报表。注册资本与实际资本的不匹配会使财务报表难以理解,减资则有助于使财务报表更真实地反映公司的财务状况。第三,注销股份。在某些情况下,公司可能会持有自己的股份。然而,许多国家的法律禁止公司长期持有自己的股份。因此,公司需要注销这些股份,这一过程也会导致公司资本的减少。总的来说,公司减资是一个复杂的过程,需要综合考虑公司的经营状况、股东利益、债权人权益以及法律规定。通过合理的减资,公司可以更有效地调整资本结构,优化财务状况,从而促进公司的健康发展。

上述三种减资情形中,减资是公司的权利还是公司的义务呢?或者说减资是可以自由选择的还是需强制为之呢?多数国家或地区公司立法将上述事由作为公司及股东行使减资权利的条件,但少数国家或地区公司立法将某些事由作为公司必须履行减资义务的条件。例如,《法国商事公司法》第240条规定,由于账册上已核实的亏损,公司的实际资本变得低于公司资本的一半的,并且在一定时期未能重新达到至少等于公司资本的一半的价值,公司必须将其资本减少到至少等于未能以储备金弥补的亏损额的数额。又如,我国澳门地区《商法典》第 206 条第 1 款规定,行政管理机关从有关营业年度账目中察觉公司之资产净值低于公司资本额半数时,如果股东会议决议作出后 60 日内不缴付使公司财产恢复至公司资本额所需之现金,则解散公司或减少公司资本。

作为公司实践中常有现象的减资,其存在具有合理性基础。公司可能实收了超过其经营所需的资本,可能改变经营方式或者减小经营规模,导致出现剩余资本。[1] 剩余资本闲置于公司而言显然有悖效率原则,因此通过减资可以提高资金使用效率,避免资源浪费。减资有利于公司资本与实有资产相符,"有利于真实昭示公司的信用状况,反而有利于交易安全"[2]。例如,当公司的净资产低于其注册资本时,即便新投资者对公司有投资意愿,他们通常不希望自己的投资被用于弥补公司过去的亏损。因此,新投资者可能会将减资作为投资的前提条件,要求公司在发行新股之前先调整其注册资本,以确保现有股东所持股份的价值能够真实反映公司的实际资产状况。通过减资,公司的法定资本与现有的净资产相匹配,新投资者在增资后,按照其出资比例进行的分配将能更公平地体现股东间的权利和义务。在这种情况下,减资不仅不会削弱公司的财务状况,反而可能带来正面效果。新投资者的加入不仅增加了公司的资本,还可能通过其资源和专业知识提升公司的盈利能力。债权人的利益在于公司能够及时清偿债务,而公司盈利能力的增强意味着其偿债能力的提升,这对债权人来说是一个积极信号。因此,此种情况下的减资可以视为一种策略,旨在优化公司的资本结构,吸引新投资,并增强公司的财务健康和盈利能力。这种做法不仅有利于股东,还有利于债权人,有助于公司在市场中的长期发展和竞争力。

---

[1] 参见郑曙光:《公司减资的比较法考察》,载《四川大学学报(哲学社会科学版)》2004 年第 2 期。
[2] 李智:《公司减资制度初探》,载《政法论坛》2005 年第 1 期。

3. 公司减资的规制模式

公司减资的立法模式可归为三种：一是以德国为代表的大陆法系国家严格债权人保护模式，该模式以信息披露为基础；二是以美国为代表的清偿能力标准；三是以英国为代表的折中司法介入模式。①

(1)《德国有限责任公司法》第58条中关于有限责任公司减资行为的规则十分详尽复杂，减资也涉及公司章程的修改，因此减资决议必须经参与投票的表决权的3/4以上多数通过，还必须由公证人进行记录。②减资决议的内容必须在报纸上公告3次，以使公司债权人能够向公司申报其债权。向公司申报债权并反对减资的债权人应当获得清偿或得到合理的担保。③德国公众公司的一般减资由《德国股份法》第222~228条规范。减资必须经股东大会决议批准，该决议由股东所代表股份资本的3/4以上多数通过。④但公众公司一般减资行为中有关债权人保护的规则比有限责任公司简单。根据《德国股份法》第225条的规定，债权请求发生于决议登记日之前的债权人，若其债权无法获得清偿，则有权在该决议公开之日起6个月内要求公司提供担保。公司向股东做出的任何分配必须延迟到此6个月的期限届满且债权人的债权获得清偿或担保之后。对于简易减资行为，在某种程度上股份公司与有限责任公司的规则类似。这种简易方式可以用于为了弥补资产价值下降、抵销亏损或将资本转为资本公积金而进行的减资。⑤公司的亏损通过对资产进行有限的分配而得以重构，公司也没有向债权人提供任何担保。在减资之前，所有的任意公积金必须被用于弥补亏损。⑥

---

① 参见富饶：《公司资本诉讼研究》，吉林大学2017年博士学位论文，第108页。
② 参见《德国有限责任公司法》第58条。
③ 参见《德国有限责任公司法》第58(1)条第1项。
④ 参见《德国股份法》第222(1)条。
⑤ 参见《德国股份法》第229(1)条。
⑥ 参见《德国股份法》第229(2)条。

除了严格的事先预防性减资程序,还有对瑕疵减资的事后救济规则。例如,《法国商事公司法》第216条规定的债权人减资停止请求权①,《韩国公司法》第445条规定的减资无效之诉②。为了提高减资效率,《德国股份法》依据对债权人保护要求的不同,将减资分为普通减资、简易减资和回赎减资(特别减资)三种,体现了公司减资的安全与效率价值平衡。③

(2)按照《标准公司法》第6.40节的规定,美国公司法上不区分利润分配、减资和回购,将之统一纳入"分配"④概念,统一适用"清偿能力标准"。《标准公司法》允许公司将营业盈余、资本盈余、净利润用于向股东分配,而不必兼顾分配后公司资产是否与资本相一致。《标准公司法》第6.40节(d)允许公司董事会根据合理的商业判断作出包括减资在内的分配决定。"清偿能力标准"关注的是减资后的公司资产是否足以清偿公司的到期债务,如果实际减资导致清偿能力不足,则由作出不当决策的董事承担个人责任。

(3)英国的折中司法介入模式主要体现在《英国公司法》第645条的规定中,即公司作出减资决议后可以申请法院确认减资,债权人对减资持有异议的也可以向法院寻求司法救济,以及第648条的规定,即法院有权确定公司向债权人提供担保的数额。《英国公司法》与美国《标准公司法》相类似地规定了可以依据公司的"偿债能力声明"作出减资的股东

---

① 《法国商事公司法》第216条规定:"在提起异议期限内以及如有异议在法院对该异议作出一审裁判前,公司均不得开始减资,如减资程序已经开始的,应当中止,直至建立了足够的担保补偿债权。"《法国商法典》,金邦贵译,中国法制出版社2000年版,第178~179页。
② 《韩国公司法》第445条规定:"自减资的变更登记之日起六个月内,由股东、董事、监事、清算人、破产管理人或者未承认资本金减少的债权人提起。"王延川、刘卫锋编译:《最新韩国公司法及施行令》,法律出版社2014年版,第101页。
③ 参见《德国商事公司法》,胡晓静、杨代雄译,法律出版社2014年版,第176页。
④ 这里的分配(distribution)指的是股东或为了股东利益而直接或间接地转让金钱或其他财产或负担债务。它包括支付股利、回购股东股份、分摊债务、减资等形式。

会特别决议并修改章程,过剩资本、已亏损的资本、未实际交付的资本均可在减资之列。英国法对作出减资决策的董事责任规定非常严格,失责董事和公司高级人员甚至会受到刑事追究。

通过对不同国家公司立法的比较分析,我们可以得出以下几点结论:第一,减资的普遍性。虽然各国对减资的法律规制存在差异,但大多数国家都允许公司根据自身情况自主决定是否减少资本。减资不仅关系到公司的经营策略,还涉及债权人和股东的利益,因此各国都在努力设计出既经济又实用的减资制度。第二,减资的复杂性。在当今资本市场日益活跃、融资方式多样化的背景下,减资问题变得更加复杂。这要求公司在进行减资时,必须进行系统性的考量,并实施更为精细的法律规制。例如,美国将分配、减资、回购等可能产生相似效果的行为统一规制,这一做法更符合实质正义的原则。而英国则采取更为严格的司法介入模式,这种模式可能在处理减资问题时效率较低。第三,减资的权利配置。减资的权利配置本质上是公司治理的一部分。在英美法系中,更倾向于尊重董事会的商业判断,因此对减资的规制更多依赖于对董事行为的监管。而在大陆法系中,减资通常被视为股东的权利,需要通过股东大会的特别决议来进行,这可能会增加减资的程序成本。综上所述,减资不仅是公司内部决策的一部分,还是公司治理和法律规制的重要内容。各国在设计减资制度时,需要平衡公司自主权、股东利益和债权人保护等多方面的因素,以实现最优的制度效果。

4. 2023 年《公司法》中的简易减资制度

简易减资制度是指公司以法定公积金、资本公积金弥补亏损后,仍有亏损的,以亏损数额为限,相应地减少公司的注册资本数额,但不向股东分配,也不免除股东缴纳出资或者股款义务的制度。2023 年《公司法》第 225 条在 2018 年《公司法》第 177 条普通减资程序的基础上新增简易减资程序,确立了公司弥补亏损情况下更为简化的减资程序,提高了减资效率。简易减资制度在兼顾债权人利益的同时体现了对公司自治的尊重,进一步扩大了公司经营的自主空间,提高了公司资本的灵活性,也维护了股东的投资利益,提高了投资者的投资热情。作为公司资本退出的手段,减资制度具有重要的价值和丰富的内涵。减资规则的设计是立法机构把握减资本质的过程,平衡减资所影响的利益群体的过程,回应商业实践的需求与保障债权人权益兼顾的过程。① 减资制度所包含的利益博弈主要在于公司、股东、债权人利益的冲突问题,为了平衡减资过程中各方群体的利益,既要严格保护债权人利益不因减资而受损,也应当允许公司在不损害债权人利益的基础上有充分的自治空间,允许股东获得充分的投资回报,简易减资制度使三方主体的利益平衡状态更易达成。2023年《公司法》确立简易减资制度具有重要意义。

(1)引入简易减资制度的现实依据

原《公司法》对于减资制度的规定机械单一。原《公司法》对于减资的规定散落在4个条文中,主要涉及股东会有权作出公司减资决议(原《公司法》第37条第1款第7项)、股东会作出减资的决议必须经代表2/3以上表决权的股东通过(原《公司法》第43条第2款)、公司减资的程序要求(原《公司法》第177条)、公司违反减资程序的责任(原《公司法》第204条第1款)。以上4个条文没有区分不同的减资情形,忽略了不同的减资形式对债权人以及股东造成的差异化影响,影响公司减资效率,存在问题。一方面,原《公司法》的规定存在"一刀切"的嫌疑,使债权人获得了过于优待的保护。其原因在于,在承认资本信用的前提下,设定严格的公司减资程序是为了防范股东通过减少资本而抽逃出资、逃避债务清偿,但若公司减资是为了弥补亏损而仅在财务账面上进行了处理,则并不产生债权人保护的必要性。再者,在从资本信用向资产信用的演变过程中,减资已经不再能直接决定公司对外清偿债务的范围,不会直接影响债权人合法权益的实现,故出于运营效率、操作成本的考量,

---

① 参见傅穹:《公司减资规则论》,载《法学评论》2004年第3期。

公司法的减资程序也应当进行简化。① 另一方面,原《公司法》规定的减资规则增加了公司的运营成本,不符合商业经济逻辑,也不利于公司在特殊情形下的自救。根据原《公司法》确定的减资程序,从公司通知债权人到根据债权人的要求清偿债务或提供担保,通过通知书联系债权人的情况下最多要经过 40 天、通过公告形式告知债权人的情况下最多要经过 75 天,减资的时间较长,减资的成本较高。漫长的债权人保护程序完成后,公司很可能早已错失融资良机。例如,在公司长年亏损的情况下,股票发行价格不能反映股份的真实价值,公司股份的实际价格低于公司的发行价格,很少有投资人愿意购买这样的股票。根据上海、深圳证券交易所发布的退市规则,上市公司连续 20 个交易日的每日股票收盘价均低于 1 元的,将被强制退市。履行原《公司法》烦琐的减资程序,公司根本来不及在 20 个交易日扭转股价,最终触发"一元退市"规则,失去自救机会。

(2)简易减资制度的价值

作为对原《公司法》减资程序的补充,简易减资制度平衡了债权人、公司、股东之间的利益,消除了公司弥补亏损情况下的减资障碍,降低了公司减资程序的运行成本,实现了股东的投资利益,丰富了减资的类型。简易减资制度具有如下制度价值和功能:第一,反映公司资本的真实状况,吸引投资。如果公司面临严重的亏损,使其资本与净资产之间的差距过大,那么公司的资本信用可能会受到质疑。而通过简易减资程序可以有效地使公司的资本与净资产保持一致,从而恢复其在法律上的认可度和信用。经过简易减资程序后,公司的偿债能力不仅没有发生变化,而且偿债能力信息也趋于真实,规避了虚假的偿债能力信息可能对公司造成的负面影响,也有助于公司资本信用与资产信用的匹配。真实的注册资本反映出公司的实际信用和经营能力,投资者和公司之间的信息不

---

① 参见赵旭东:《从资本信用到资产信用》,载《法学研究》2003 年第 5 期。

对称得到缓和,投资者利益受损的风险也因此减少,投资者能够在此基础上审慎投资,不必对公司的信用反复质疑,有利于市场交易安全的实现。第二,降低公司利润分配门槛,维护股东权益。根据2023年《公司法》第210条的规定,公司在进行年度利润分配时,应首先使用税后利润来弥补上年度未能通过法定公积金补足的亏损,并从利润中提取10%作为公司的法定公积金。如果法定公积金的累计额达到注册资本的50%以上,公司可以停止提取。在弥补亏损和提取公积金后,剩余的税后利润可以由股东进行分配。在"无盈不分"的原则下,如果公司亏损严重,股东可能会长期无法获得股利分配,这不利于激发股东的积极性。通过减资方式来弥补亏损,可以缓解股东的分红困境,同时注册资本的减少也降低了利润分配的门槛。因此,简易减资制度有助于公司迅速摆脱亏损状态,为股东创造利润分配的条件,实现股东的合理投资回报。第三,减少公司减资障碍,增加公司财务安排的灵活性。从公司治理的角度来看,简易减资制度消除了公司亏损难以填补情况下的减资障碍,增加了公司财务的灵活性。原《公司法》确立的一般减资程序不论公司减资的原因和目的为何,一律要求公司履行债权人保护程序。但是正如前文所述,在公司为弥补亏损而减资的情况下,此种资本分配并不损害债权人利益。在极端情况下,普通减资程序中的债权人可能滥用债权人保护程序,恶意拖延减资程序,给公司减资造成较大困难。在简易减资程序中,公司无须履行债权人保护程序,只需要自股东会作出减少注册资本决议之日起30日内在报纸上或者国家企业信用信息公示系统公告,当然,这会受到更加严格的分配制度限制。公司减资的成本显著降低,在不减损公司债权人利益的同时提高了公司资金的使用效率,激发了公司的活力。第四,完善了减资体系,优化了公司立法。从立法层面来看,不区分不同减资原因下的债权人保护需求,一概适用同种规则是不合理的,违背了不同情况区分对待的法律原则。在普通减资程序之外增加简易减资程序,完善了公司因亏损而处理账面资本情况下的减资规则,实现了我国公司法上减资程序的类型化,丰富了公司资本退出阶段的程序,是公司法立法科学性的体现。

(3)简易减资制度的法律适用

从构成要件来看,在规范主体方面,简易减资制度位于2023年《公司法》第十一章"公司合并、分立、增资、减资"下,因此适用于所有的有限责任公司和股份有限公司。在规范客体方面,简易减资制度的客体指向公司在弥补亏损情况下的减资行为。在规范性质方面,虽然2023年《公司法》第225条第1款连用两个"不得"限制了公司通过简易减资程序向股东进行资本流出的空间,但是本条适用的前提是"可以减少注册资本弥补亏损"。质言之,公司"可以"通过简易减资弥补亏损,也可以选择通过其他方式弥补亏损,2023年《公司法》第225条第1款第1句在性质上属于任意性规范。此外,因为2023年《公司法》第225条并没有就违规进行简易减资的法律效果进行规定,所以其不能直接作为请求权基础,属于不完全法条。

在具体操作方面,简易减资制度有如下适用规则:第一,以减少公司注册资本的方式弥补亏损是公司弥补亏损的最后手段。根据2023年《公司法》第225条的规定,公司依照2023年《公司法》第214条第2款的规定弥补亏损后,仍有亏损的,可以减少注册资本弥补亏损,但不得向股东分配,也不得免除股东缴纳出资或者股款的义务。可见,公司用以弥补亏损的资金顺位依次为:公司当年利润、任意公积金和法定公积金、资本公积金、公司注册资本。换言之,只有在穷尽当年利润以及各类公积金仍不能弥补亏损时,才可以将注册资本作为补亏的最后财源。这样的规定具备合理性,否则公司很有可能利用规则缺位的漏洞直接以简易减资的会计处理方式来弥补亏损,留存下公司的当年利润或者盈余公积金用于分配股利,从而达到变相将公司资本返还股东的效果,相当于规避债权人保护程序达到实质减资的目的。第二,在减少注册资本的过程中,不得向股东分配,也不得免除股东缴纳出资或者股款的义务。简易减资的本质是会计账簿的纸面处理,区别于 2023 年《公司法》第 224 条规定的普通减资程序。第三,公司应当自股东会作出减少注册资本决议之日起 30 日内在报纸上或者国家企业信用信息公示系统进行公告。虽然简易减资制度不涉及公司偿债能力的变动,但是公司仍应遵循最低限度的公示义务,保障债权人的知情权,这有利于避免公司借简易减资之名行实质减资之实,最终使债权人难以获得救济。相较于原《公司法》第 177 条,2023 年《公司法》在公告的方式上增加了"国家企业信用信息公示系统"这一公示渠道,并且将公告的时间限制在股东会作出减少注册资本决议之日起 30 日内。这不仅降低了公司的公示成本,提高了公告效率,还使债权人等第三方主体更易查询到公司的减资情况。第四,减资后公司股东须遵循利润分配的限制。虽然简易减资不会造成公司偿债能力的下降,但是减资后公司的注册资本形式上减少,这意味着公司的利润分配门槛降低。一般情况下公司的利润分配属于公司自治事项,立法并没有就此设置针对债权人的保护机制。而在 2023 年《公司法》语境下,简易减资虽然不会直接损害债权人的利益,但是可能成为股东用来作为降低利润分配门槛的工具,从而使股东先于债权人获得分配。因此,简易减资制度设置了利润分配的限制条款,以此遏制了股东通过这种方式获取不当分配的企图。相较于德国法"在法定公积金和资本公积金之和累积至股本 10% 之前不得分红"的规定,我国公司法对于简易减资后的利润分配限制比较严格,考虑到利润分配涉及股东投资目的的实现,对于利润分配门槛的设置不宜过高,因此 2023 年《公司法》改变了《公司法(修订草案一审稿)》第 221 条第 2 款关于"公司简易减资后,在法定公积金累计额超过公司注册资本前,不得分配利润"的规定有其合理性。

(三)公司股份回购的规制

公司向股东购得本公司股份的法律行为即为股份回购。回购的主体,其中一方是公司,另一方是股东,其本质是一种特殊的股份转让行为。① 股份回购并不鲜见,因其具有积极的经济价值,所以公司才具有在特定条件下回购股份的动力。相对而言,境外公司股份回购规范相对宽松,公司具有较为自由的股份回购的法律空间。回购本质上是一种减少公司资本的行为,亦是公司资产向股东流动的"分配"行为,因而我国立法上对回购仍采严格规制的态度。公司的财产应当独立于股东,如果公司回购自己的股份从而自己成为自己的股东,这在法理上确实存在逻辑障碍。② 立法者在制定公司法时,高度重视资本维持原则,同时也意识到公司进行股份回购可能与公司的法人独立性原则发生冲突,并可能带来损害小股东和债权人利益的风险。因此,对股份回购实施严格规制既是对公司法基本原则的维护,也是出于对各方利益保护的考虑。然而,尊重公司自治的原则同样重要。在实践中,股份回购的需求持续并广泛存在,适当放宽对股份回购的限制,可以更好地适应市场的实际需求,这更贴近现实情况。面对股份回购在实践中的普遍需求,我国应当在全面评估其利弊之后,对股份回购制度进行更加理性和客观的评估。这样的价值判断旨在确保股份回购制度既能有效保护股东和债权人的利益,同时也能满足公司运营的实际需求,实现法律规制与市场实践之间的平衡。

1. 我国公司股份回购的规范变迁

我国《公司法》自 1993 年立法之初即对股份公司的股份回购作出了规定,对有限公司股份回购的规定则始于 2005 年《公司法》修订。2018 年《公司法》第 74 条规定的有限责任公司异议股东股份回购请求权自 2005 年《公司法》修订以来沿用至今仅进行了文字表述上的修改;股份

---

① See Andersen, Paul Krüger, *The European Model Companies Act (EMCA)—A New Way Forward*, in Vlf Bernitz and Wolf-Georg Ringe eds., Company Law and Economic Protectionism: New Challenges to European Integration, Oxford University Press, 2010, §6.01(c)(2).

② 参见赵旭东主编:《新公司法制度设计》,法律出版社 2006 年版,第 314 页。

公司回购的规定则经历了 2005 年《公司法》修订和 2018 年《公司法》修正两次大幅度修改,2023 年《公司法》第 162 条仅对 2018 年《公司法》第 142 条做出了文字表述上的修正,但值得肯定的是,2023 年《公司法》在第 161 条新增了股份公司异议股东股份回购请求权的规定。

2005 年之前股份回购的严格管制时期,所沿袭的是传统大陆法系的"原则禁止,例外允许"的立法模式,对于股份回购的限制相当严格,而且股份回购后必须在 10 日内注销。至于回购的数量、方式、资金来源等,并未明确规定。按照当时的规定,公司回购股份与公司减少注册资本的功能相似,在"限制减资"思想的支配下,公司很少进行本公司股份的收购。①

2005 年,我国《公司法》的修订对股份回购进行了制度改进,具体包括:首先,扩大了回购事由的范围;其次,增加了回购程序的具体要求;再次,补充了回购股份的处理方式;最后,对于回购股份用于奖励本公司职工的情况,规定了回购比例和财源的具体要求。尽管 2005 年《公司法》的修订在一定程度上放宽了对股份回购的限制,但实质性规制仍然较为严格,并且相关配套机制也存在严重不足,因此并未有效解决我国股份回购方面的问题。

2018 年《公司法》对股份回购制度进行了专项修改,主要目的在于进一步放宽公司回购股份的条件。其修改的核心在于明确将维护公司价值和股东权益作为回购股份的主要原则,这一变化显著降低了上市公司在回购股份时面临的限制。通过这种方式,此次修改旨在为公司提供更大的灵活性,使其能够更有效地利用股份回购,将其作为一种战略工具,以保护和增强股东的利益。此次修改取消了回购的财源规定,增加了员工持股计划、用于转换可转换债券等具体的回购事由,并强调了上市公司回购股份与《证券法》的衔接。此外,通过赋权型规范,部分回购

---

① 参见叶林:《股份有限公司回购股份的规则评析》,载《法律适用》2019 年第 1 期。

事项的决策权从章程规定或股东会授权转移到了董事会,将回购后公司自持股份比例由5%增加到10%,并且将被回购股份的注销期限由半年修改为3年。尽管如此,2018年《公司法》的修正并未根本转变"原则禁止,例外许可"的规制逻辑,更多被认为是缘于国内外经济环境的变化,为了舒缓2018年股票市场低迷局面,提振股票市场信心,[1]显示出了一定的政策性和应景性。

2023年《公司法》对于股份回购的规定并无明显变化,只是在第161条增设了与有限公司类似的异议股东股份回购请求权制度。而对于第162条股份公司的异议股东回购,是否须遵守资本维持原则?答案是肯定的,异议股东股份回购权的行使也必须遵守利润分配规则,若其中涉及资本减损,应履行减资程序,否则构成抽逃出资。

2. 我国股份回购制度的演进动因

不同立法模式的选择涉及对公司法功能和调整方式的不同认识,现代公司法理论认为,公司法应由管制法转变为权利保障法。[2]我国公司回购"原则禁止,例外许可"的立法模式体现了重管制、轻自治的理念。我国现行的股份回购制度体现了我国公司法的价值取向,即在一定程度上,其更倾向于安全模式。正如有学者所述,"我国公司资本制度采纳的是保护交易秩序与安全的防弊观……其制度模式可归结为'以事先形式安排为特色的严格的法定资本制'"[3]。《公司法》经过2005年及2018年的修改,尽管立法对股份回购采纳了逐步宽松的态度,但"原则禁止,例外许可"的股份回购立法模式仍然是我国法定资本制下保护交易安全的选择。

从安全价值和债权人利益的视角观察,股份回购确实存在需要关注

---

[1] 参见皮海洲:《上市公司股份回购行为需进一步规范》,载《证券时报》2018年11月1日,第A003版。

[2] 参见齐斌:《证券市场信息披露法律监管》,法律出版社2000年版,第5页。

[3] 傅穹:《重思公司资本制原理》,法律出版社2004年版,第11页。

的方面。其一,可能损害股东平等原则。股东平等即同股同权是公司法上的基本原则,这一原则针对每一股份,并且适用于受益权和表决权的行使。① 股份回购必然会出现公司资产向被回购股东的流动,该等流动与利润分配和等比例实质减资不同的是仅涉及部分股东而非全部股东,如果出现大股东或控制股东滥用权利,或者公司管理者未给予股东们平等出售股份的机会,则容易出现损害部分股东利益的回购方案,②造成回购面前股东受益机会不平等,③甚至以不合理的高价回购某一些股东的股份而以不合理的低价回购另一些股东的股份,造成回购价格上的不平等,④这种情况在协议回购中更有可能发生。其二,可能不利于资本维持及债权人保护。传统理论认为回购股份有悖于资本维持原则,不利于债权人保护。股份回购的经济实质在于公司财产无对价地逆向流入股东,是公司分配的一种典型形式。⑤ 股份回购是公司使用部分资产向股东支付的一种行为,这种行为虽然能使股东获得直接的经济利益,但同时也会减少公司的总资产。与利润分配和公司减资类似,如果股份回购操作不当,可能会带来一系列负面影响。具体来说,股份回购可能会降低公司的资产流动性,增加公司的财务风险,从而影响公司的债务清偿能力。这种影响可能会对债权人的利益构成威胁,因为债权人依赖于公司有足够的资产来偿还债务。因此,股份回购需要谨慎操作,以确保不会对公司的财务健康和债权人的利益造成不利影响。其三,股份回购行为有可能对证券市场产生负面影响。证券市场本质上是一个信息驱动的市场,市场内任何信息的变动都有可能引起股价波动。上市公司进行股份回

---

① 参见王保树、崔勤之:《中国公司法原理》,社会科学文献出版社 2006 年版,第 52 页。
② 参见刘惠明、严骥:《股份回购的弊端及防范制度研究——以日本法为借鉴》,载《深圳大学学报(人文社会科学版)》2011 年第 4 期。
③ 参见刘俊海:《股东权法律保护概论》,人民法院出版社 1995 年版,第 52 页。
④ 参见马俊驹、林晓镍:《我国股份回购的现实意义与立法完善》,载《法学》2000 年第 11 期。
⑤ 参见潘林:《股份回购中资本规制的展开——基于董事会中心主义的考察》,载《法商研究》2020 年第 4 期。

购通常被市场解读为管理层对公司未来发展前景的乐观预期,这种信息往往被看作一个积极的信号,可能会刺激股价上涨。然而,如果上市公司大规模进行股份回购,可能会增加市场对股票的交易需求,进而导致股价进一步攀升。中小投资者由于信息获取能力有限,往往只能依赖公司公开披露的信息来做出投资决策。如果公司在回购股份时操作不当,可能会误导中小投资者,使他们盲目跟随公司进行股票购买。此外,如果公司宣布回购计划但实际上并无执行的诚意,或者在公司经营状况不佳时,控股股东或管理层利用回购的名义将风险转嫁给中小投资者,或者公司作为内幕信息的知情者,利用回购机会进行内幕交易以获取利益,这些行为都可能破坏证券市场的公平性和安全性。因此,上市公司在进行股份回购时,需要严格遵守相关法律法规,确保信息披露的透明度和真实性,避免对中小投资者和证券市场造成不利影响。同时,监管机构也应加强对股份回购行为的监管,维护证券市场的秩序和投资者的合法权益。

3.公司股份回购的规制模式

公司回购自己的股份是公司根据经营需要,为适应公司发展而灵活作出资产处置的重要资本运行手段。基于此,美国在授权资本制、库存股等制度的基础之上,对股份回购采取"自由放任"的态度。以日本为代表的许多国家也加大了对"原则禁止"例外情形的修正,呈现出对股份回购制度逐步放宽的趋势。

(1)以德国为代表的"原则禁止,例外允许"的立法模式

早在1870年《德国股份法》第一次修正,德国即全面禁止企业取得自己股份,唯一的例外仅是以减资为目的的回购。[①] 随着经济社会的发展变化,在充分借鉴欧盟立法例的基础上,德国多次修正《德国股份法》,大幅放宽了公司回购的限制,其第71条第1款保留了原则上禁止企业

---

① 参见刘蔚:《上市公司股份回购制度研究》,中国政法大学2008年博士学位论文,第47页。

获得其股份的规定,但同时又规定了 8 类例外情形。① 2013 年修订的《德国股份法》规定的回购事由包括为了避免公司直接的严重损失、出于减资的目的、为了证券交易目的等,但是回购不得以自己股份交易为目的。②

在限制方面,规定了为证券交易目的的回购,每天回购交易量不得超过基本资本的一半;"不能动用公司的资本和法定储备金来购买本公司的股份;公司还必须为这种购股以股份面值为限设立一个特别储备金;企业购回的股份必须是缴清了股金的股份;企业拥有自己股份的总面值不得超过其基本资本的 10%;董事会还必须向下届股东大会汇报企业回购股份的原因、目的、回购的数量和面值、占企业资本的比例和当时的价值,如果回购的价格与股份的价值不符,就构成(股份法)第 57 条第 1 款和第 5 条第 5 款规定的非法分配"③。

(2)以美国为代表的"原则允许,例外限制"的立法模式

回购现象在美国非常普遍,股权回购制度最早源于美国。美国立法推崇实用理念,注重法律的实用性。在股份回购问题上,美国采用了"原则允许,例外禁止"的立法模式。例如,《特拉华州普通公司法》第 160 条规定,"公司可以购买、回购、收受、获得或者以其他方式取得、拥有并持有,可以出售、出借、置换、转让或者以其他方式处分,可以质押、使用以及以其他方式经营自己的股份"。美国《标准公司法》第 6.31 节规定,"公司可以取得自己的股票,由此获得的股票构成授权发行但尚未发行的股票"。《加利福尼亚州公司法》规定,在遵守公司章程和法律规定的前提下,公司有权发行、购买、赎回、获得、持有、出售、出借、交易和处分

---

① 参见[德]托马斯·莱塞尔、吕迪格·法伊尔:《德国资合公司法》(第 3 版),高旭军等译,法律出版社 2005 年版,第 309 页。
② 参见《德国商事公司法》,胡晓静、杨代雄译,法律出版社 2014 年版,第 94~95 页。
③ [德]托马斯·莱塞尔、吕迪格·法伊尔:《德国资合公司法》(第 3 版),高旭军等译,法律出版社 2005 年版,第 309 页。

自己的股份、债券和其他证券。① 美国的股份回购制度是与授权资本制相联系的,在这一制度下,对公司回购的股份,可以视为已获授权未发行的资本,从而避免了公司取得自己股份在理论上的逻辑障碍。在资本运用上,授权资本制配合公司取得自己股份的制度,好似一个具有调节供水功能的蓄水池,公司可以根据公司的资金需求对两者予以自由调控,最大限度地促进公司融资,为公司发展提供资本制度上的支持。②

但美国对回购也并非没有限制,《特拉华州普通公司法》第160条同时规定公司不得在公司资本亏损时或者可能损及公司资本时回购③,即美国特拉华州限定公司以可分配资产作为回购的财源,而不得动用公司资本用于回购。例外的情形是,如果公司回购之后即行减资,并且回购和减资的结果是公司仍足以清偿债务,则可以将公司资本作为回购的财源。美国《标准公司法》将公司向股东回购与公司向股东分配股利纳入同一规范。根据该法第6.40节(c)的规定,公司回购也必须同时满足两个条件:一是回购后,公司必须能够偿付所有到期债务;二是在预留经营所需准备金或者在即将解散的情况下为优先股的剩余财产分配优先权提取准备金之后,公司的总资产必须涵盖其所有债务。上述《特拉华州普通公司法》和《标准公司法》一致,均遵循清偿能力标准为回购的财源施加限制。

(3)以日本为代表的"原则禁止,例外允许"立法模式的转向

日本公司法对公司取得自己的股份曾长期坚持"原则禁止,例外允许"的原则。为了促进证券市场活性化,提高经济自由度,日本多次以立法形式松绑对公司回购的限制。④ 2005年7月颁布的《日本公司法》第155条以限制性列举的方式规定了公司回购的情形:自我股份为附带取

---

① See California Corporations Code 207 (d).
② 参见施天涛、孙逊:《公司取得自己股份法律问题研究》,载《政法论坛》2002年第4期。
③ 参见《特拉华州普通公司法》,徐文彬、戴瑞亮、郑九海译,中国法制出版社2010年版,第59页。
④ 参见[日]近藤光男:《最新日本公司法》(第7版),梁爽译,法律出版社2016年版,第86页。

得条款的种类股时,对限制转让股转让申请不予许可时,股东大会决议时,附带取得请求权的种类股时,取得的是附带全部取得条款的种类股时,向原股东的继承人行使让渡请求权后获得该继承人手中股份时,持有单元未满股份的股东请求公司回购其所持单元未满股份(不满一个单元的零碎股)的,公司决定回购去向(住所)不明股东的股份时,公司决定回购股份时,在受让其他公司全部营业时取得股份的,在公司合并过程中从(被合并)消亡公司那里承继其股份时,在公司吸收型分立过程中从公司那里承继股份的,以及其他法务省令规定的情形。① 列举的情形如此之多,足以说明日本法在回购限制原则上发生的巨大变化,相当于原则上允许了公司回购自己的股份。

4. 股份回购制度的价值权衡

(1)公司股份回购的正当性基础

股份回购是各国公司立法的常例,并且放宽公司回购股份事由已经成为一种普遍的立法趋势②。股份回购的目的和制度价值主要体现在以下几个方面:

第一,对公司而言,适应公司实际状况灵活调整资本总量,维持股价平稳。当公司不再需要过多的资本,回购并注销是简便的减资手段。曾经过度发行的股份在市场上稀释公司股票价格,回购并注销能够还原公司股份的真实价值,维持股价平稳。公司认为自身价格被市场低估时,可以通过回购方式改变证券市场供求关系,显示公司管理者维护公司价值及股东权益(护盘)的信心,公司回购不仅可以增强投资者信心,还会减轻公司经营压力。通过回购提升股价,不仅增加了对方的收购成本,而且减少了公司的现金,增加了公司的负债率,减弱了被当作收购目标

---

① 参见[日]近藤光男:《最新日本公司法》(第 7 版),梁爽译,法律出版社 2016 年版,第 86～87 页。

② 参见[美]J. 弗雷德·威斯通、马克·L. 米切尔、J. 哈罗德·马尔赫林:《接管、重组与公司治理》(第 4 版),张秋生、张海珊、陈扬译,北京大学出版社 2006 年版,第 504～506 页。

公司的魅力,能够抑制潜在的被敌意收购风险;稀化的股权进一步强化大股东的股权优势,加强控股股东的控制权,防止竞争对手通过收购而控制公司的行为。

第二,对于股东和员工而言,回购可以替代股利分配,增加股东收益,也使员工可以通过回购实现员工激励。公司向股东分配公司盈余是公司行为的一种常态,公司向股东的分配可以通过分配现金股利来实现,也可以通过回购股东的股份使股东将股份变为现金收入;公司回购对证券市场供求关系的影响有助于提升公司股价,股价上涨亦即持股股东资产增加,若股东此时卖出股票则可实现收益增加。需要指出的是,很多国家对现金股利和股票转让所得采取不同的税收政策,此时公司回购股份有助于股东节税。我国目前税法上的规定也是股利收入的税负高于资本利得的税负,股份被回购所得收入为资本利得,单就节税而言,接受回购比获得股利更有优势。员工持股是对公司员工,尤其是高级管理人员和核心骨干员工的正向激励,让员工和高管分享公司的经营成果,使其努力程度与公司财富的增长建立关联性不失为另一种较优的激励途径。员工持股和股权激励计划的股份来源主要有两种:一种为新股发行,另一种为股份回购。后者在成本上具有明显优势。

第三,有利于少数派股东的救济。资本多数决规则注定了少数派股东在公司内部治理上处于劣势地位,少数派股东对此负有容忍义务,但是容忍并非没有底线。虽然公司法上有保护中小股东免受欺凌的保护机制,但是很难想象股东不能一劳永逸退出公司,不得不经历因受欺凌经常寻求救济的痛苦。所以,当少数派股东利益受到严重漠视损及其加入公司的根本目的时,公司法应给予少数派股东退出公司的机会。股份转让是公司在搭建结构的时候为股东留下的出口,但是股份转让会遇到障碍和限制,这在有限责任公司尤为显著。通过异议股东请求回购的制度通道,则能够破解该等僵局,实现异议股东、大股东与公司利益的多赢局面:异议股东以公允对价退出公司摆脱了陷入长期窘境的痛苦,大股东维持了其在公司的控制地位,公司摆脱僵局得以继续经营。此外,异议股东的退出具有"壮士断腕"的意味,公司资产会因此减损,资产和信用会因此削弱。若公司为避免"重蹈覆辙"能够改善治理,则对公司和留存股东而言无异于"塞翁失马"。

(2)对"原则禁止模式"的质疑与修正

股份回购具有对公司多方利益相关者有益的价值,属于公司治理和资本运行事项,"原则禁止"的理论逻辑存在多处漏洞无法自圆其说。股份回购本身存在的先天缺陷可以通过制度设计予以弥补。

第一,我国的股份回购制度属于股份公司的股份转让范畴。因股份公司具有更强的资合性,其股份转让也更灵活,股票在发行之后即具有流通性,属于有价证券。正如刘俊海教授所言,"从公司可在证券市场购入任何有价证券商品的角度着眼,公司购入自己的股票似乎不存在理论障碍。但股票毕竟是股份或股东权的表现形式,仍摆脱不了公司取得自己股份导致的逻辑混乱"①。但这种逻辑混乱,完全可以通过法律的规定来避免。例如,美国的库藏股制度即限制公司持有自己股份的股东权利,排除公司对自持股份的表决权、利润分配权、剩余财产请求权;《德国股份法》第71条(b)也有类似的规定,即公司对自持的股份没有表决权和分红权;《法国商法典》第225~210条规定,公司持有自己的股票不产生分派股息的权利,也不享有表决权。这些规制措施足以解决人们对公司回购股份导致公司人格混同的担忧。

第二,股份回购的确存在这样的弊端:回购股份时以公司的资金作为对价向被回购股东进行给付,相当于变相退还了股东的股本,也事实上减少了公司的资本数额,因而违反公司资本维持原则。② 但上述认识

---

① 刘俊海:《股份有限公司股东权的保护》(第2版),法律出版社2004年版,第533页。
② 参见冯果、彭真明主编:《企业公司法》,中国法制出版社2007年版,第223页;施天涛:《公司法论》(第2版),法律出版社2006年版,第266页。

是建立在未对公司回购财源加以限制的基础上的。在法定资本制的框架下,如果不对公司用于支付回购对价的资金来源进行限制,公司可能动用资本金实施回购,从而在整体上损及公司清偿债务的责任财产。正如沈四宝教授所言,"如果公司回购股份的资金来源于公司利润,则公司回购已发行的股票并未使公司的资本减少,并不违背公司资本充实与资本维持原则,为许多国家公司法所允许"①。以日本为例,《日本公司法》第 461 条第 1 款第 2 项和第 3 项即规定,公司因回购向股东支付的财产账面价值总额不能超过公司可分配利润的总额。② 如此回购与资本维持原则并不冲突。

第二,股东平等原则主要体现在同股同权上,即持有相同种类和数量的股份的股东应享有相同的权利和履行相同的义务。然而,同股同权并不意味着所有股东的投资和交易结果必须完全相同。在股份回购过程中,确保所有股东享有平等的机会和公平的价格是关键。至于股东是否选择出售其股份以及出售后的结果,应由股东自行决定并承担相应的风险。为了确保股东平等原则的实施,可以通过制度设计来实现。例如,在股权回购的程序中,可以规定排除利益相关股东的表决权,由其他股东通过多数决来决定公司是否进行股权回购、回购哪些股东的股份以及回购价格等关键问题。这样的制度安排有助于平衡大股东和中小股东之间的利益。同时,还应加强信息披露制度和其他限制性条件,以保护中小股东的权益,防止出现损害股东平等原则的情况。对于确保机会平等和价格公平的问题,可以通过强化董事的信义义务和违反信义义务的责任机制来解决。董事应当本着对所有股东公平的原则行事,确保在股份回购过程中,所有股东都能获得公正的对待。通过这些措施,可以在维护股东平等原则的同时,为股东提供更多的自主权,使他们能够根

---

① 沈四宝:《西方国家公司法原理》,法律出版社 2006 年版,第 184 页。
② 参见[日]近藤光男:《最新日本公司法》(第 7 版),梁爽译,法律出版社 2016 年版,第 94 页。

据自己的判断和需求做出投资决策。

总之,股份回购对公司和股东具有诸多积极价值,公司股份回购的弊端不足以证明"原则禁止"的必要性,正如美国哥伦比亚大学法学和金融学教授路易斯·洛温斯坦先生所言:"几乎没有什么财务概念天生是好的或坏的;任何一把刀都有好坏两种用途"①,股份回购同样并存优势和劣势,有些弊端如内幕交易和操纵证券市场等并非独因股份回购而起。我们应当兴利除弊而非因噎废食,综合运用制度手段降低可能出现的风险以实现公司股份回购真正的市场价值。

(四)财务资助的规制

1. 规制财务资助行为的正当性

公司财务资助是指以赠与、借款、担保、赔偿、债务免除和其他导致公司净资产减少的方式为他人取得公司或其控股公司的股份提供帮助的行为。② 公司财务资助行为,对公司而言,是"高风险"行为,可能造成变相的资本流出,利益不当转移,损害公司、债权人及股东利益。

我国 2023 年《公司法》引入财务资助制度的原因是总体上认为有必要对财务资助行为予以特别规制。对任何一项商业行为在法律上进行规制的首要问题就是:该商业行为是不是需要进行规制,规制的必要性和正当性是什么?禁止向购买者提供财务资助的根本目的是防止购买者利用公司资金来资助其收购公司股份的行为,确保公司资源不得用于直接或间接支持收购方的收购行为。那么,为什么"公司资源不得用于支持购买方的收购行为"呢?换句话说,对公司的财务资助行为进行合理规制的界限在哪里?

---

① [美]路易斯·洛温斯坦:《公司财务的理性与非理性》,张蓓译,上海远东出版社 1999 年版,第 183 页。

② 参见赵旭东主编:《新公司法重点热点问题解读:新旧公司法比较分析》,法律出版社 2024 年版,第 184 页。

对公司财务资助行为进行规制,首先体现出的是国家对于公司行为的干预,是一种国家强制行为。国家强制的正当性首先需要考虑的问题是纠正市场失灵,因此衍生出来法律规制或政府干预的目标就是消除不必要的损失,但是对潜在风险的预防和矫正也有成本,如制定法律以及对法律的执行会产生一定的立法、行政和司法成本,所以在理想状态下,国家强制介入的原则为强制的收益大于成本,以"成本—收益"分析作为政策制定时是否具有正当性和合法性的重要参考。逻辑的起点决定了结论的归属,对所有公司法律制度的评价都应当是在公司本质的理解下展开的,对公司本质的不同理解导致了对公司法律理论体系和公司法律司法裁判规则的最终方向和结论。因此,对公司"本质"的设定和阐释也就是对公司财务资助规制这一具体的微观法律制度进行逻辑分析的起点。

公司由管理者、权益投资者、债权投资者、担保债权人以及侵权损害赔偿求偿权人等构成,这些人员的角色通常是根据合同而非仅仅依据公司法设置的,公司是合同的纽结和合同束,是一项意思自治的风险事业。① 公司这种商事组织的存在,主要在于它能够降低交易成本。然而,由于机会主义(或道德风险)、有限理性以及信息的不对称性等因素,公司、公司经营者与股东之间、不同股东之间以及股东与其他利益相关方(如债权人、员工等)之间可能会出现利益冲突。所以,公司法的重要功能就是"通过推进公司制企业参与方的协作、遏制利益相关者的减损价值和机会主义"来实现其功能目标,"公司法的许多规定是为了回应机会主义行为产生的以下三个方面的利益冲突:经营者与股东之间的冲突、股东之间的冲突、股东与其他利益相关者(包括债权人和职工)之间的冲突","公司法的核心在于解决代理问题"②。

---

① 参见[美]弗兰克·伊斯特布鲁克、丹尼尔·费希尔:《公司法的经济结构》(第 2 版),罗培新、张建伟译,北京大学出版社 2014 年版,第 12 页。
② [美]莱纳·克拉克曼、亨利·汉斯曼等:《公司法剖析:比较与功能的视角》(第 2 版),罗培新译,法律出版社 2012 年版,第 2、5 页。

禁止财务资助制度尽管可能存在保护债权人和股东的利益、体现资本维持原则、防止股价操纵和反对杠杆收购等法理依据，但是这些法理依据在一定程度上也都面临着重要诘难。即便作为一种保护机制，禁止财务资助制度也是有缺陷的，它有时候会将有益于公司利益相关者的那些增加公司价值的交易拒之门外。而且，这项管制性的法律规定和要求给市场主体带来了很大合规费用，从而产生较大的社会经济成本。禁止财务资助的法律逻辑是防止购买人利用公司的资金为其购买公司股份提供资助，即公司的资源不应该直接或间接用于支持购买方的收购行为。从利益平衡的角度而言，禁止财务资助的目的在于保护公司、股东以及债权人的利益。一般而言，禁止财务资助的理由大概包括以下几个方面：

第一，对抗杠杆收购。禁止财务资助的一个重要出发点是对抗杠杆收购。该制度产生的背景就是20世纪20年代的上市公司杠杆收购，特别是收购方与公司管理层合作对上市公司进行的管理层收购模式，往往是收购方利用目标公司的资产作为担保，大量举债来支付收购费用，这种做法将导致目标公司背负沉重的债务负担，从而大大提高了公司的财务风险。例如，在Re VGM Holdings Ltd.（VGM控股公司）案中，格林法官曾对此进行了解释："他们行事周密，使得当时他们应当支付的用于购买股份的金钱，由其买入股份的公司的现金结余或流动资产的变现来提供。这种交易在当时司空见惯，引起了极大的不满，并且在一些情况下还产生了巨大的丑闻。"[①] 如果购买方不使用自己的资金和资源，或者不能基于自身信用进行借款以筹集购买公司股权所需的资金，而是打算用公司的资金来购买公司股份并获取公司的控制权，那么公司并没有因为股份出售得到充分的担保，或者仅仅接受了名义上的对价，而实际上可能遭受损失，这往往会影响到公司未来的发展。当然，也有观点认为，杠杆收购并非没有积极作用。比如，杠杆收购可以引入新的管理团队和经

---

① [英]艾利斯·费伦：《公司金融法律原理》，罗培新译，北京大学出版社2012年版，第268页。

营理念,通过公司重组提高被收购公司的运营效率,从而创造新的经济价值。因此,对于彻底禁止财务资助以阻止杠杆收购的做法的合理性,也遭到了一些质疑。

第二,违反资本维持原则,损害公司利益。禁止财务资助制度通常会与有关资本维持的法律相联系。通常认为,财务资助若不被限制,极有可能会削弱公司的资本基础,这与资本维持原则背道而驰。公司运用其既有资本向股份购买者提供资金,以供其认购公司发行的股票,在这种情况下,从表面上看公司被注入了新的股本,但实际上是虚幻的。从资本流出的角度来看,这可能是公司财产无对价或低对价地向股份购买者(股东)流出,进而损害公司的利益。然而,也有不同的声音认为,虽然在传统上将财务资助视为资本维持原则的一部分,但财务资助行为并不必然造成公司的实际损失,当公司把资金送给别人,以使后者可以购买股份时,很显然会立即减损公司资源。但财务资助行为可以体现为多种形式,并不局限于公司以赠与金钱方式用于股份的购买,也可能是贷款、担保或者豁免。凡此种种的财务资助行为在做出之时,并不必然降低公司资产。事实上,只要借款人信用良好,贷款或者担保并不会缩减公司的财产。

第三,保护债权人及股东利益。禁止财务资助的另一个目的是保护债权人的利益。当公司利用自身资产资助收购行为时,可能会导致公司资产流失,从而增加债权人的风险。公司若为他人收购本公司股份提供财务支持,在不涉及增资的情况下,可能会导致收购方无偿获得公司股份而让现有股东在获得公司提供的股权对价款后离开公司。在这种情况下,在公司、转让股东、受让股东之间发生了利益转移,可能形成实质上的利润分配。这不仅可能导致公司资产不当地流向现有或潜在股东,还可能侵害其他股东以及公司债权人的合法权益。另外,若是股权的购买方存在竞争,公司提供财务资助给某一购买方以支持股份收购,则会导致公司资源被用于支持特定的收购方,而忽视其他股东以及其他潜在购买方的利益。所以,财务资助还可能对那些不愿意接受收购要约或未收到要约的股东造成不利影响。

第四,防止市场操纵。从证券法的角度来看,禁止财务资助还被视为防止市场操纵的重要措施。在某些情形下,财务资助可能会引发公司股价的人为抬高,扰乱市场的正常运作。例如,在上市公司收购案例中,若收购方与目标公司勾结,目标公司为收购方购买自家股份提供资金支持,实际上等同于免除了收购方可能承担的任何购股损失。这种行为可能导致收购方和目标公司联手操控目标公司股票的市场价格,以达到非法获利的目的。因此,禁止财务资助被认为是维护目标公司股票价格形成机制的重要措施,旨在防止管理层利用财务资助操纵市场、人为地制造目标公司股票的市场需求,从而不当地推高股价。当然,也有反对的声音认为,用禁止财务资助的方式防止市场操纵是一个比较牵强的理由。因为操纵市场的行为是已经被证券法给予否定性评价的行为,证券法已经对证券市场参与者提供了充分的保护,并对那些试图操纵市场的人科以处罚。因此,禁止财务资助制度实际上履行了一个超出其领域的功能。

2. 各国对财务资助的法律规制

财务资助制度在许多国家和地区的公司立法中均有所体现,而且这些规定普遍对财务资助行为持负面观点,原则上对其采取了禁止的态度。

英国是最早在立法上采取原则禁止财务资助的国家。1887 年,英国上议院在特雷弗诉惠特沃思案的判决中判定公司不得将资产用于购买本公司的股份。1928 年《英国公司法》以成文法的形式规定禁止公司直接或间接地通过提供借款、担保、保证等方式向他人购买本公司股份的交易行为或者为相关行为提供财务资助。而后 1948 年《英国公司法》第 54 条规定:"禁止公司直接或间接为第三方购买本公司或母公司股份提供任何财务资助,但借贷公司的正常经营业务与公司员工持股计划除外。"1985 年《英国公司法》因应实践需求,对财务资助制度进行了一定的修改,此时,财务资助原则上依然被禁止,但立法增设了主要目的例外、无条件例外(分红、清算)、附条件例外(基于正常业务、为员工持股计划提供资助)三种例外规则,并排除了这一制度对于非上市公司的适用。①

新加坡司法界普遍认为资本维持原则是禁止财务资助的主要原因。2015年7月之前,除法律规定允许的情形之外,新加坡全面禁止公众公司和非公众公司向收购其股份者提供财务资助。不过随着实践的发展以及商事理念的转变,2015年7月1日起,新加坡废除了对非公众公司的财务资助禁止,对财务资助的态度有所缓和。《新加坡公司法》第76条规定:"上市公司、控股公司或最终控股公司(ultimate holding company)为上市公司的公司,不得直接或间接、基于为任何人取得(在获得财务资助之前或同时取得)或拟取得股份的目的或相关目的、该股份为公司股份或股份单位(units of shares)或控股公司或最终控股公司的股份或股份单位的目的或与此相关的目的,而提供财务资助。"

由此可见,曾经在禁止财务资助制度中对私人公司和公众公司进行差异化管理的法域(如英国和新加坡),在最新的公司法中都将私人公司从禁令中予以排除,其排除的原因更多是从减少中小企业成本角度考虑(绝大多数中小公司是私人公司)②。

3. 我国财务资助制度的实践和发展

公司财务资助行为可能构成变相的资本流出,因而为许多国家和地区的立法管制。我国禁止财务资助的规则可追溯至1993年6月原国家经济体制改革委员会发布的《印发〈到香港上市公司章程必备条款〉的通知》(体改生〔1993〕92号)第2.2条的规定,即公司或其子公司均不得在购买前或购买时,直接或间接对于购买或拟购买公司股份者提供任何财务资助。同时这一文件还规定了6种可获豁免的情形。此后,禁止财务

---

① 参见林少伟:《英国现代公司法》,中国法制出版社2015年版,第665页。
② 参见沈朝辉:《财务资助行为的体系化规制——兼评释2021〈公司法(修订草案)〉第174条》,载《中国政法大学学报》2022年第5期。

资助的规定主要出现在证监会或交易所的监管文件中，并基于交易模式的差异颁布了诸多有针对性的规范文件。

在上市公司领域，2018年《上市公司股权激励管理办法》第21条规定："激励对象参与股权激励计划的资金来源应当合法合规，不得违反法律、行政法规及中国证监会的相关规定。上市公司不得为激励对象依股权激励计划获取有关权益提供贷款以及其他任何形式的财务资助，包括为其贷款提供担保。"2020年《上市公司收购管理办法》第8条规定："被收购公司的董事、监事、高级管理人员对公司负有忠实义务和勤勉义务，应当公平对待收购本公司的所有收购人。被收购公司董事会针对收购所做出的决策及采取的措施，应当有利于维护公司及其股东的利益，不得滥用职权对收购设置不适当的障碍，不得利用公司资源向收购人提供任何形式的财务资助，不得损害公司及其股东的合法权益。"2023年《上市公司证券发行注册管理办法》第66条规定："向特定对象发行证券，上市公司及其控股股东、实际控制人、主要股东不得向发行对象做出保底保收益或者变相保底保收益承诺，也不得直接或者通过利益相关方向发行对象提供财务资助或者其他补偿。"

在非上市公众公司领域，2020年《非上市公众公司收购管理办法》第8条规定："被收购公司的董事、监事、高级管理人员对公司负有忠实义务和勤勉义务，应当公平对待收购本公司的所有收购人。被收购公司董事会针对收购所做出的决策及采取的措施，应当有利于维护公司及其股东的利益，不得滥用职权对收购设置不适当的障碍，不得利用公司资源向收购人提供任何形式的财务资助。"到了2023年，《非上市公众公司监督管理办法》第16条第1款进一步规定："进行公众公司收购，收购人或者其实际控制人应当具有健全的公司治理机制和良好的诚信记录。收购人不得以任何形式从被收购公司获得财务资助，不得利用收购活动损害被收购公司及其股东的合法权益。"

在国有公司的收购过程中，收购方需承诺其持有的被收购公司股份将遵守 2016 年发布的《关于国有控股混合所有制企业开展员工持股试点的意见》中关于"企业员工入股"的相关规定。根据这些规定,"试点企业、国有股东不得向员工无偿赠与股份,不得向持股员工提供垫资、担保、借贷等财务资助。持股员工不得接受与试点企业有生产经营业务往来的其他企业的借款或融资帮助"。2020 年发布的《中央企业控股上市公司实施股权激励工作指引》第 62 条明确规定:"股权激励对象应当承担行使权益或者购买股票时所发生的费用。上市公司不得直接或通过关联方间接为激励对象依股权激励计划获取有关权益提供贷款以及其他任何形式的财务资助,包括为其贷款提供担保。"在第 87 条中,该指引规定了违反财务资助规则的后果:"上市公司未按照法律法规及相关规定实施股权激励计划的,中央企业集团公司应当责令国有控股股东督促上市公司立即进行整改,并对公司及相关责任人依法依规追究责任;在整改期间,中央企业集团公司应当停止受理该公司实施股权激励的申请。"

综上所述,虽然在 2023 年《公司法》颁布之前我国公司法层面并未规定财务资助制度,但在证监会等的部门规章或监管规则中,事实上已经存在不少规制上市公司、非上市公众公司及国有公司财务资助行为的有益探索。但我国原有的财务资助规则体系并不完善,主要存在以下几个主要问题:第一,概念界定不清,仅列举了一些财务资助的例子,未正面阐述财务资助的实质含义;第二,适用范围狭窄,仅针对特定的公司类型,比如上市公司和国有公司;第三,规则过于刚性,对公司的财务资助行为采取了全面禁止的做法,很少考虑到例外情形;第四,法律责任不清晰,对于违反财务资助规则的法律责任仅做了笼统描述,未具体明确责任性质及其法律依据。鉴于此,我国对财务资助制度进行了系统梳理和完善,在 2023 年《公司法》中正式引入这一制度,明确了财务资助的概念,拓展了其适用对象和适用范围,并建立了体系化的法律责任制度,从而形成了一个较为完备的财务资助规则体系。对于有效规范各方行为,保护公司、中小股东、债权人等各方利益均具有积极的作用。

4. 我国引入财务资助制度的立法考量与规则解读

(1) 财务资助制度的引入争议

2023年《公司法》对财务资助制度采用了"原则禁止,例外允许"的立法模式。这一模式整体上坚持了资本维持原则的价值面向,防范公司通过财务资助行为造成公司资产向股东的实质流动。但是,对于这一立法模式,学界也存在不少怀疑的声音。有观点认为,财务资助制度不会有损于公司的资本维持:公司提供财务资助后,未必直接导致公司资产减少,而很可能是资产形态发生变化,不直接损害公司资本。更有观点认为,一部分财务资助行为不仅无害于公司,还有可能对公司有利。例如,公司资助有商业才华的企业家收购公司,该企业家收购公司后,不仅改善了公司治理,而且研发了有价值的产品,让公司市值实现了大幅度增长,公司和债权人都能从中受益。又如,公司将资金借贷给他人在二级市场购买本公司股份,公司通过借贷收回了本金并获得丰厚利息,该财务资助行为也使公司和债权人都从中获利。

即便认可财务资助行为可能有损于公司的资本维持原则,由于近年来,世界主要公司法例普遍由资本维持模式转向清偿能力测试模式,对于资本维持行为的规制强度也应有所缓和。在资本维持模式之下,公司法在资本流出环节呈现出过度规制、宽严失当的现象。相较而言,清偿能力测试模式的逻辑起点是债权人放弃了公司资本的担保价值和清偿功能,而更关注日有所变的企业流动性,更强调通过严格的事后责任促进董事会审慎进行商业决策。在这一模式之下,无须刻意对财务资助行为予以特别规制,财务资助行为可能引发的不当分配的问题,完全可以通过合同法、破产法等法律机制予以实现。例如,美国就并未专门规定财务资助制度,其以《统一欺诈性财产转让法》为基础,通过对撤销权构成要件的扩展,明确了"欺诈转让行为"的范围、债权人救济权与受让人抗辩权的界定模式,旨在通过禁止债务人从事限制其偿债能力的交易来保护债权人,以债权人撤销权发挥债权人保护的同质效果。又如,《欧洲示范公司法》也一度试图搁置财务资助规则,只不过后来考虑到欧盟公司法指令对公众公司已经作了规定,于是相应地规定了财源规制、股东会的决议控制、管理机构的信息报告等要求①。除此之外,在已经对财务资助行为有所规制的国家和地区,相关立法也开始吸收清偿能力测试模式的特点,对财务资助制度予以改造,如要求公司董事在提供资助后的15日内,对外作出偿付能力的陈述。如果之后财务资助的行为导致了损失的发生,则董事需要对此承担责任。

(2)我国财务资助制度的规则解读

我国2023年《公司法》采取了"原则禁止—例外允许—法律责任"的规制框架,建构起一套具有中国特色的财务资助制度。2023年《公司法》第163条规定,"原则禁止"系指"公司不得为他人取得本公司或者其母公司的股份提供赠与、借款、担保以及其他财务资助"。"例外允许"包括两种情形,即"具体例外"和"一般例外"。"具体例外"是指公司在员工持股计划中可以对外提供财务资助;"一般例外"是指为公司利益,经股东会决议,或者董事会按照公司章程或者股东会的授权作出决议,公司可以在累计总额不得超过已发行股本总额的10%的范围内为他人取得本公司或者其母公司的股份提供财务资助。"法律责任"是指对财务资助规则的违反负有责任的公司董事、监事、高级管理人员,应当承担赔偿责任。

第一,财务资助的原则禁止。2023年《公司法》第163条第1款原则上禁止公司为他人取得本公司及其母公司的股份提供财务资助的行为。需要注意的是,该条文位于《公司法》中的股份公司部分,所以,其适用范围限于股份有限公司而不包括有限责任公司,有限公司的财务资助是否

---

① See Andersen, Paul Krüger, *The European Model Companies Act (EMCA)—A New Way Forward*, in Vlf Bernitz and Wolf-Georg Ringe eds., Company Law and Economic Protectionism: New Challenges to European Integration, Oxford University Press, 2010, Sectron 7.18–7.24.

被许可,应由公司自治。

针对禁止公司提供财务资助的具体形式,2023年《公司法》第163条第1款采取了列举的方式,包括赠与、借款、担保以及其他财务资助。行为仅限于公司向他人提供的财务资助行为。"他人"是指潜在的股权购买方,既可能是未来成为公司新股东的购买方,也可能是增持的原股东。财务资助目的是为他人取得本公司或其母公司的股份提供帮助。只有公司为他人购买本公司或其母公司股份提供财务资助,才可能存在不正当利益输送,才有必要禁止。

对于为他人取得本公司或母公司股份提供财务资助的行为,立法究竟是采纳原则允许还是原则禁止的态度,这是一个立法政策选择问题。若穿透公司财务资助的表象看本质,直接或间接运用公司资源来为他人购买本公司股份,构成控制股东的权利滥用行为,往往导致公司资产弱化或偿债能力降低。我国《公司法》引入这一制度有其制度基础。首先,禁止财务资助的原则禁止模式,符合该模式的本土独特历史基因与路径依赖惯性。任何一种制度的本土生长,绝非凭空产生,总会存在曲曲折折的成长轨迹。如前所述,1993年我国境内企业赴港上市的规则中就有关于禁止财务资助的规定。此后,密布于证监会或交易所规定中的禁止财务资助规则,更为我国公司法采纳禁止财务资助立法模式提供了路径依赖的合理解释。其次,禁止财务资助的原则禁止立法模式,与我国一直推崇的资本维持目标相一致,有利于防范少数股东滥用权利的机会主义行为。资本维持原则要求公司在其存续期间必须保持与其注册资本相匹配的资产规模,其核心在于保障公司资产不因无端减少而影响其偿债能力,进而维护债权人的利益。同时,限制财务资助也是为了防止公司管理层滥用职权。通过禁止使用公司资产为股东或潜在股东购买公司股份提供不当利益,可以有效地保护公司资产不被挪用,从而保护公司整体利益以及包括中小股东在内的所有股东和债权人的合法权益。最后,禁止财务资助的原则禁止模式,有利于防范市场操纵行为与不当的杠杆收购行为。禁止财务资助可以有效防止公司董事会或者控制股东运用公司资源对特定的购买方提供资金支持,从而防止干扰正常资本市场的行为。公司财务资助行为使公司资本可能流向潜在的股东,实质上相当于不当的回购或减资行为,直接危害公司的其他股东与外部债权人的现实利益。禁止财务资助制度的引入,可以避免公司为拟收购人提供现金或担保等直接资助手段,并避免拟收购方逃避本应当履行的义务。总之,我国公司法采取原则禁止财务资助的立法模式,尽管是一种国家强制行为,但是吻合其独特的历史基因与演变进程,也更符合公司资本制及公司治理改革的本土发展趋势。

第二,例外规定。并非所有的公司提供财务资助的行为都一定会造成不公平的利益转移。我国公司法在原则禁止的模式下,允许个别财务资助例外,也具有一些正当性理由。首先,财务资助行为有时会增进公司利益并提供商业机会。例如,公司以贷款方式提供财务资助中,贷款利率是正常利率甚至是高于市场利率的,公司在提供贷款的同时也获得了债权,仅产生了资产类型的变化,未必构成不公平的利益转移,反而提高了公司资产利用率,甚至使公司从财务资助行为中获益。因此,公司财务资助行为本身并无好坏之分,例外允许也许更能激发财富创造动力与提升公司治理水平。[①] 其次,财务资助行为并不必然损害公司利益及债权人和股东利益。公司提供财务资助行为后,公司的资产未必会直接减少。公司的资产形态发生变化,公司资本依旧未变。当被资助的借款人信用良好,并如期还款,贷款就不会缩减贷款人的资产。在满足偿债能力测试的前提下,抵押也没有减少或者掏空公司资产的价值,只是仅仅限制了公司在担保债务实现之前对设定抵押财产收益的运用。最后,财务资助行为在收购交易中有时扮演着润滑剂的角色。在现代金融市

---

① 参见傅穹、赵奕彤:《授权资本制语境下的禁止财务资助规则》,载《社会科学研究》2024年第4期。

场中，杠杆收购是一种常见而且潜在收益为正的交易方式，它会根据不同的收购模式变化出多种形式和类别。作为收购中衍生出的财务资助行为，其会伴随着收购模式的不同而转换成多种形式和类型。在收购过程中，股东通过公司提供财务资助，可以从资金来源的角度降低收购的财务成本，从而促成交易的完成。美国对收购交易一向持较为开放的态度，对于财务资助可能带来的问题，其会通过其他补充性措施进行规范，如以强化董事的信义义务的方式来应对这些弊端。

我国2023年《公司法》也对财务资助行为采取了具有一定灵活性的规制模式，允许公司在例外情形下提供财务资助，在一定程度上，这是对过度强制的一种矫正。我国《公司法》规定的例外情形包括两类：第一类是"具体例外情形"，规定于《公司法》第163条第1款，即允许公司为实施员工持股计划而向员工提供财务资助。员工持股计划是指公司根据员工意愿，通过合法方式使员工获得本公司股票并长期持有，将股份权益按约定分配给员工的制度安排。参与持股计划的员工可能薪酬有限，不足以购买公司股份，故本款允许公司对员工持股提供财务资助使员工成为公司的股东，从而增强其对公司的归属感和忠诚度，有助于提高员工长期工作的积极性和稳定性，激励员工与公司共同发展。第二类是"一般例外情形"，规定于《公司法》第163条第2款，即允许公司为其自身利益，为他人取得本公司或其母公司的股份提供财务资助。"为公司利益"实质上要求公司提供财务资助行为应具有正当性。对于一般例外情形，本条款还采取了"事前程序控制"和"资本比例控制"相结合的立法模式。其中，事前程序控制体现为由股东会决议，或者股东会授权董事会决议，即以公司股东会或董事会决议的方式由公司做出抉择，体现了公司的自治，也体现了公司资本向公司治理制度的归依。但本条款规定也体现了强制的色彩，采取了资本比例控制，即指公司用于提供财务资助的累计总额不得超过已发行股本总额的10%，该限制明显属于强制，系基于资本维持原则。

第三,董事、监事、高级管理人员的法律责任。公司是否向他人购买本公司或母公司股份提供财务资助,本质属于商业判断事项,应由董事会根据公司的具体情况和商业环境来自治,但这一决策过程必须严格遵守法律法规和公司章程的规定。在实践中,违法的财务资助行为往往与公司控制权人的权利滥用有关,他们可能会利用公司资产为未来股东或现有股东购买本公司或母公司股份提供不正当的利益输送,这种行为既损害了公司的利益,也侵害了其他股东和债权人的权益,其中亦可能存在公司经营管理人员违反信义义务的行为。针对这一问题,我国《公司法》第 163 条第 3 款规定了公司违法提供财务资助,给公司造成损失的,负有责任的董事、监事、高级管理人员应当承担赔偿责任。这一规定体现了《公司法》对董事、监事、高级管理人员责任的强化,旨在通过法律责任的规定,促使董事、监事、高级管理人员更加审慎地履行职责,防止滥用职权和不当行为的发生,维护公司的合法权益。

二、公司资本流出统一规制与"实质分配"概念

(一)资本维持概念的外延差异

我国的资本维持制度与多个域外立法例相比较,在外延的规制程度上存在较为明显的差异。理论上,我国的回购、减资与利润分配规则均建立在资本维持原则之下,但它们在公司法中的地位及规制方式却呈现出各异的态势。我国《公司法》对有限责任公司和股份有限公司的回购行为分别规制。2018 年《公司法》第 142 条虽然规定了回购的事由、程序等,但并没有股份回购财源的规定。2023 年《公司法》第 162 条亦并未进行实质性修改,依然缺乏股份回购财源的限制。

《公司法》将利润分配规定在第十章"公司财务、会计"部分(第 210 条、第 211 条),体现了利润分配与公司会计核算的密切关系,对于利润分配的限制主要表现为分配的严格底线,即可分配资产仅限于当年的税后利润,而且必须在弥补亏损和计提公积金之后方能进行。对公司减资的规定位于《公司法》第十一章,意即《公司法》从体例上将减资视为公司的变动。

(二)资本流出统一规制的必要性

公司法上的回购、减资、利润分配均属于公司经营中的资本运行事项,三类事项具有相同的负外部性溢出,即都存在不当行为导致公司资产减少而损害公司清偿到期债务的能力。在资本维持原则下,法律规范上的强制具有相同的立法目的,即通过资本维持使公司的资产结构和资产总额维持在一定的水平,避免因公司资产的不当减少和股东出资的非法返还而导致公司不能清偿到期债务①,避免股东因自利行为而导致公司资产的不当减少,也就变相地保护了外部债权人的利益②。

股东向公司出资,将自身的财产权利让渡予公司而获得股权,因而也形成了公司的独立财产,这是股东有限责任的基础。法律上禁止公司财产不当地流向股东,是因为公司财产流向股东的数额越多,留在公司作为清偿债务的责任财产的数额就越少,债权人之债权的保障就越弱,所以影响公司偿债能力的是公司全部责任财产而非仅资本本身。如果任由公司资产流向股东,除了颠覆股东有限责任,还违背权利义务相统一的法律原则,应当为法律所禁止。公司资本和公司资产是两个不同的概念,强调资本的担保功能自然有利于公司债权人利益的保护,但是过于严苛的资本维持又会限制公司的冒险创新,妨碍公司发挥商业天性增加盈利的可能,更宽视角下妨碍的是全体债权人的利益。

追逐利益是公司的根本性格特征,国家对公司减少强制就相当于增

---

① 参见[英]保罗·戴维斯:《英国公司法精要》,樊云慧译,法律出版社2007年版,第93~94页。

② 参见仇京荣:《公司资本制度中股东与债权人利益平衡问题研究》,中信出版社2008年版,第212页。

加了公司营利的驱动。如同没有刹车控制的汽车飞驰得越快发生致命事故的风险越高,不对公司的分配行为加以约束,受损害的将是公司以及整个公司制度,债权人只是致命事故的受牵连一方罢了。因此,应当将资本维持规则当作一种系统性和综合性的保障公司信用的法律安排。为了预防公司未来经营中可能遇到的意外和风险,也为了保障公司债权人的利益,通过强制公司必须实际保有一定数量的净资产的方式来防范公司中的道德风险。

股东对公司的投入构成了债权人对公司的信赖基础,倘若由于公司资产的不当减少或对已出资股东的非法返还而导致公司的债权无法履行,对债权人来说是不公平的。① 资本维持规则的基本要求在于,除非出于公司的经营需要,否则股东的出资额不能受到不当侵蚀或减少,而应为了债权人的利益留存于公司。② 分配、回购和减资规则之间存在内在的必然联系,均符合资本维持制度的相同实质,即限制公司资产基于公司股东利益或意志的流出。资本维持规则要求维持的是净资产,而非资本或者总资产,只有当公司的总资产额大于公司已有债务和资本之和时,才能在公司运营中实际减少资本、回购股份或对股东进行利润分配。

前文已对资本维持下的回购、减资及分配规则进行了分析。域外立法例也限定了公司分配的底线,要求公司必须符合一定的条件才能向股东进行分配。但若是公司想要规避对分配的限制,公司不向股东直接分配利润,而是采用减资或回购的方式向股东或者部分股东分配或者返还财产,同样可以实现分配的目的,也同样会影响公司偿债资产的数额,对债权人利益的影响也是同样的,并且在某些情况下,变相的分配更容易被当事各方接受。以回购为例,由于回购需要向股东支付对价(假定股

---

① 参见[加]布莱恩·R. 柴芬斯:《公司法:理论、结构和运作》,林华伟、魏旻译,法律出版社2001年版,第563页。

② See Jonathan Rickford, *Legal Approaches to Restricting Distribution to Shareholders: Balance Sheet Tests and Solvency Tests*, European Business Organization Law Review, Vol.7:1, p.139(2006).

份按市场价格回购),公司回购不仅会降低其净资产数额,而且会降低公司的股份总数,所以,回购不仅使股东实际获得了财产(考虑到税务承担因素,股东实际上可能获得比利润分配更多的财产),而且使公司在回购之后再行向留存股东的分配变得更容易。这也是各国在早期一般认为公司不能购买自己股份的原因。随着公司现代化变革,最后被采纳的规制路径是将分配规则类推适用于公司的股份回购。公司还可以寻求减资以实现马上或在将来促进股利的分配。在某些情况下,允许减少资本数额,对于所有利益相关者都是有益的,因而各国普遍允许公司减资。若是实质减资,亦相当于收回发行在外的股份,并将股份对价交予股东,实质上也相当于分配,而且减资减少了总股份数额,也为未来公司分配提供了便利。

  回购与减资之间有内在的联系,目前体制下,回购与减资从程序到实体都已趋同。被回购股份的注销将会减少公司的注册资本,如果回购的股份随即被注销,则该回购行为相当于无偿分配,只有当公司将回购的股份再次转让给投资者,才在出售价格的范围内获得了股份对价。依据我国股份回购的规定,最终的结果是这些回购的股份要么被注销要么被转让。一旦注销,自然就要履行减资手续。这样看来,以注销为最终结果的回购与减资差别不大。当公司法定资本超出了公司实际需求,决定向股东作出部分返还,操作上遵循的减资程序又可被认为是股份回购的替代性安排,实体结果上则与向股东或者部分股东的分配无异。另外,在公司实践中也是如此,无论公司基于何种动机回购本公司股份,一般都是通过减资条款来实现。即使是在回购后再行转让的情况下,对公司资本的影响而言,相当于减资与增资的合并,等同于减资与增资的一体化、简易化。无论是被注销还是被转让,在回购阶段公司都有实质性的资产流出,也就是说,回购与减资对于债权人的影响是一致的,都意味着公司资产减少和公司债权人风险增加。再者,回购和减资对于公司内部股东间的影响,情况也与前述类似,何况,即使法律严格禁止回购,当事股东也完全可以通过减资来实现其目的。因此,无论是在理论上还是实务上,回购与减资实质上并无太大差异,应当统一规制。

(三)"实质分配"理念的引入

对于分配、回购和减资,回购与减资之间存在内在的必然联系,公司法在规制分配、回购及减资制度上具有相同的目的和相同的实质,有必要对分配、回购与减资建立统一的规制原则和规制路径。英美两国制定法上已经确立的"实质分配"概念值得我国立法借鉴。英国制定公司法上的分配是指将公司资产以现金或其他形式向其股东的任何一种分配。① 美国《标准公司法》第1.4节(6)将"分配"定义为:公司将货币或者其他财产对公司股东的直接或间接的转让,或者公司将货币或者其他财产基于股东利益而形成的债务的直接或者间接转让。分配的形式可以是宣告或者实际支付股利,也可以是购买、回购或者以其他方式取得公司股票、债务分配以及其他形式。

将法律体系与会计准则相结合,重新审视公司法上的利润分配,以及回购、减资等变相分配方式,可以更广义地将我国公司法上的"分配"重新定义为公司财产无对价转移给股东的行为,再在统一界定的基础上展开具体讨论。统一一致的"实质分配"包括对利润分配以及回购、减资等变相分配形式的规制。在"实质分配"理念的指导下实现立法的协调与统一有助于避免对立法本义的曲解,降低制度运行的成本。这样的立法有助于平衡利润分配时对财源的过度限制、减资时实体限制不足以及债权人救济机制的缺失、股份回购中资金来源不明确等问题上的规制失衡,有利于公司利益相关者的整体利益平衡。值得肯定的是,《公司法(修订草案)》二审稿"扩充了分配规则的适用范畴,并在责任一端进行了协同,但公司分配的外延范畴仍然模糊,抽逃出资、股份回购、股份回

---

① See UK Companies Act, 2006, § 829.

赎、财务资助等规则在资本制度中的体系定位有待厘清,各类分配行为的资产标尺和决策机制不一"①。当然,我们还要明确一点,即"实质分配"理念仅适用于公司财产真实的流出,如果股东从公司获得财产支付了公允对价,或者是并未造成公司财产向股东流出、不会形成股东与债权人利益冲突的公司行为,比如形式减资,则不应以分配规则对之加以约束。形式减资应当适用更为简易的程序,不属于"实质分配"的范畴。

第三节 公司资本流出规制的逻辑转向

基于以上论述,我国现行公司法基本遵循了大陆法系公司法的严格资本维持模式,在规制路径和规制方法上呈现出了滞后、低效和保守的特征,无法贴合现代公司运行的商事实践。欲实现我国公司资本制度的现代化,则应基于该制度的实际效用和自身逻辑,在规制对象上实现从资产规制到交易规制的转向,在规制方法上实现从强制性规则向救济机制的转向。

一、从维持资产转向规范资产交易行为

在传统的资本维持原则下,规制逻辑主要基于有限责任理论,即在股东承担有限责任的前提下,将其出资转让给公司。这一观念认为,只要公司保留股东的出资,就能保障债权人的利益。然而,这种逻辑起点存在缺陷。一旦股东将财产投入公司,公司便成为一个拥有独立财产、独立法人资格和独立经营能力的实体。因此,债权人不仅需要关注股东投入的资产流入,还应关注公司资产的流出和公司权利的配置。在公司

---

① 刘斌:《公司分配的类型规制与体系调适》,载《政法论坛》2022年第4期。

成立后，作为法律上的拟制实体，其"有限责任"是对股东而言的，而公司本身需要以其全部财产对外承担责任。因此，债权人应建立主体意识，明确偿债主体首先是公司，并关注公司的经营状况及可能影响公司的风险因素。这意味着我们不应仅从静态视角看待资本或资产对债权人的意义，而应更多地关注资产的"流出"环节。为了加强对债权人的保护，应从防止非法或不当"交易"的角度出发，强化相关法律规制。总之，随着商业实践的发展，公司资本制度的规制逻辑也应与时俱进，从单一的资本维持原则转向更加全面的风险管理和交易监管，以更有效地保护债权人的利益。

公司资本制度并非债权人利益的唯一保障。以美国为例，美国的《统一欺诈性财产转让法》对欺诈性产权转让进行了详细的规定，认为欺诈性产权转让是债务人以阻碍债权人实现债权为目的而进行的财产权转让，[1]无论是否有欺诈的故意，只要妨碍或者延误债权人实现债权的，就是不公平的财产转让，就受《统一欺诈性财产转让法》的规制。欺诈性财产转让准则之所以可以被运用于公司股利分配中，是因为从交易规制的视角来看，公司的股利分配作为公司财产的流出，理应包括在资产转让中。《统一欺诈性财产转让法》第9条以债务人的行为不得妨碍债权人债权的实现为基本理念，在此理念的基础上最为重要的原则有两个：一是真实原则，即禁止债务人就财产权变化（包括财产转让、在财产上设置负担、招致债务）的情况，向债权人作不实陈述，具有妨碍、拖延或者欺骗债权人的意图。对于股利分配而言，《统一欺诈性财产转让法》要求公司在进行股利分配时，应当提供真实的信息，不实披露将导致股利分配行为的无效。如果董事或者控制股东故意将坏账算入资产以夸大利润，或者明知公司没有利润而提议分配股利，毫无疑问他们将担负个人责任。二是首位原则。《统一欺诈性财产转让法》的首位原则与股利分配

---

[1] 参见虞政平：《股东有限责任：现代公司法律之基石》，法律出版社2001年版，第284~285页。

的法定限制之间的关系最为密切,在一定程度上股利分配的法定限制体现了该原则。股利分配限制原则限制公司在没有偿债能力情形下的股利分配,这正是首位原则的含义:要求债务人在其财产转让中首先考虑所谓的法律义务(它们通常是标准合同和侵权债务人的合法、约定债权)。如果所进行的财产转让,没有从交易的角度考虑公平和充分的对价,那么债务人的财产转让行为将构成欺诈。《统一欺诈性财产转让法》上的首位原则可以具体化为三点:首先,倘若财产转让没有使公司获得公允对价,而这种交易发生在债务人公司已经没有清偿其他债务的能力或者该交易的结果使公司无法清偿其他债务,那么这种转让或者义务的引起构成欺诈性转让;[①]其次,当债务人将其财产转让导致其资本过少并且没有得到公允的对价作为回报时,任何财产利益的转让都是欺诈,该处债务人仅指商业债务人;最后,当债务人打算使他或者相信他所承担的债务在其到期时超过他的偿还能力时,债务人进行财产转让或者招致债务都是欺诈性财产转让。

基于资本维持原则对公司股利分配进行的限制认为股利分配不能侵蚀资本,也就是说股利分配不能导致公司净资产少于资本,这体现了资本或资产规制的立场,而《统一欺诈性财产转让法》规定债务人所做的任何不公平的转让使其手中剩余的财产相对于资本来说是"不合理少"时,这种行为将被视为欺诈性转让。这种规制是基于资本交易的视角及事后规制的逻辑,可以为股利分配的限制提供公司法之外的一套更为灵活的规则。

二、从重强制性规制转向重私法救济

1984年《标准公司法》标志着美国授权资本制的形成。授权资本制强化了公司董事的信义义务,弱化了公司资本对债权人的保护功能,弱

---

① 参见美国《统一欺诈性财产转让法》第9条。

化了交易前的防范,强化了债权人利益的事后救济。① 在事后救济机制中,对于自愿之债的债权人利益主要是通过合同条款加以保护,在意思自治和契约自由的前提下由当事人自愿设置约束性条款,然后基于合同规则对受损的债权人利益予以救济。自愿债权人在与公司交易时,可以合同方式对公司的股利分配行为进行限制以避免公司向股东的过度分配而使债权担保的财产基础受到不当侵蚀。② 与法律强制规制方法相比,合同规则更能体现平衡股东与债权人利益的理念和实际效果,因而它是美国自愿债权人经常采用并且行之有效的自我保护方式。当然,对于非自愿债权人如因公司的侵权行为而产生的债权人来说,该规则并不适用。对于非自愿债权人,基于侵权法规范予以救济,债权人也可以向法院诉请"刺破公司面纱"。

可以说,美国通过合同机制、侵权法、破产法的联动对不同类型的债权人利益施加保护,而非仅依赖公司法或公司资本制度。③ 这反映了美国公司制度与私法救济之间的平衡。如果事后救济阙如,事前预防的目的也无法实现,"更为严重的后果则是,缺失事后管制的威慑,完全可能刺激当事人为了弥补在事前管制所支出的守法成本而从事违法行为"④。借鉴美国经验,应重新审视我国资本维持阶段的限制强度和限制环节,根据我国的实际情况,公司分配的标准应当考量公司的整体资产状况与现实清偿能力,更多地将规制环节转向美国式的私法救济路径。"对公司债权人利益的保护设置从事前的预防改为事后救济,即对已经发生的

---

① 参见邹海林、陈洁主编:《公司资本制度的现代化》,社会科学文献出版社2014年版,第254页。
② 参见仇京荣:《公司资本制度中股东与债权人利益平衡问题研究》,中信出版社2008年版,第240页。
③ 参见袁田:《反思折中资本制——以公司资本制度的路径选择为视角》,载《北方法学》2012年第4期。
④ [加]布莱恩·R.柴芬斯:《公司法:理论、结构和运作》,林华伟、魏旻译,法律出版社2001年版,第269页。

侵害公司债权人利益的行为进行处理,这不仅可以减少制度运行的成本,而且还可以通过加强法律救济措施或加重行为人责任来加大对债权人利益的保护。"①

(一)完善不当分配的救济机制

立法者在设计公司分配制度时,必须考虑三个参数:一是合理的会计准则,为判断公司偿债能力提供依据;二是相应的制裁措施,以预防董事故意或者过失地作出妨碍或者延误债务履行的决策;三是有效的回转机制,特别是当公司资产不合理地优先转移到股东的情形。② 尽管公司法对股利分配的标准进行了法定限制,也设定了董事或控制股东行使股利分配决定权时的行为标准,但是仅仅规定行为标准是不够的,法律责任作为法律运行的保障机制,是法制不可缺少的环节。③ 因此,公司法还应当规定合理的责任机制及错误分配之后的救济程序,才能遏止违法分配的发生,更好地保护公司债权人的利益。

在我国,公司利润的分配方案通常由董事会制订,并需要经过股东大会的审议和批准。这种机制使股东在利润分配问题上拥有较大的决策权,而外部债权人则难以参与决策或获取相关信息,从而难以对股利分配进行有效监督。根据现行《公司法》,公司在分配利润前必须先弥补亏损并提取法定公积金,剩余部分才能用于分配。虽然这一标准有助于维护公司资本的稳定性,但其严格性也引发了一些关于其合理性的质疑。为了更科学地确定股利分配的标准,应当在确保公司资本维持的前提下,合理限制分配的财源。这种限制应能有效防止公司资产不当流向股东,同时避免过于僵化或严厉的规定影响公司的正常运营。此外,现行法律对违法分配的处理仅要求获得违法分配的股东返还相关资金,而

---

① 周友苏:《新公司法论》,法律出版社2006年版,第14页。
② 参见傅穹:《重思公司资本制原理》,法律出版社2004年版,第163~164页。
③ 参见张文显:《法哲学范畴研究》(修订版),中国政法大学出版社2001年版,第116页。

对债权人的救济机制则不够完善,存在一定的立法缺陷。即使有完善的公司资本收益分配规则,也可能存在少数公司和股东违反规定进行损害债权人利益的分配行为。因此,有必要加强对股东和董事的法律责任,除了要求返还违法分配所得及其利息,还应追究董事在违反分配条件和程序时的法律责任。债权人应成为追究控制股东或董事违法分配责任的重要一方。同时,如果发现控制股东滥用有限责任和公司独立人格进行分配,应当允许债权人通过公司法人人格否认制度直接追究控制股东的责任。这样,可以更有效地保护债权人的利益,促进公司的健康发展。

1. 不当股利的返还

所谓不当股利,是指股东取得的违法分配。从股利分配的权利配置看,一些国家和地区公司法规定由董事会决定,一些国家和地区则规定要经过股东会批准,因此就会产生股东对违法分配是否知情或者应该知情的问题,申言之,对股东而言,到底是善意取得违法分配的股利还是恶意取得违法分配的股利。恶意取得违法分配股利的股东应承担相应的责任,这已经成为无任何争议的共识,但是对于善意取得违法分配股利的股东是否也要承担责任,各国或地区公司立法和司法实践以及学术界的看法并不一致。一种立法例认为,善意取得违法分配股利的股东不应当承担责任。例如,美国《标准公司法》第8.33节规定,承担责任的董事有权要求每一个知道或应当知道不合法分配,并从中获得分配的股东返还其被分配的金额。我国《澳门商法典》第200条第1款规定:"股东应将违反法律规定而以盈余方式从公司收取之资产返还公司;但不知且按有关情况无义务知悉该不当情事者,不在此限。"欧盟《公司法第二指令》第16条规定,如果公司证明接受股利的股东知道或者应当知道分配的违法性,接受分配的股东必须将其返还公司。另一种立法例认为,不论是否善意取得违法分配股利,股东都应当承担责任。例如,《瑞士债法》第678条规定,股东应当返还不应当或者恶意取得的股息或利息。韩国学者认为,无分派可能而进行的盈余分派的适法与否,不是根据分派决议的效力来判断的问题,因为它本已包含违法因素。换句话说,无盈余支付盈余分派的行为本身是违背资本充实原则及强行规定的行为,因此与分派决议无关,应独立地作出违法性判断。根据不当盈余返还原理公司可以直接请求返还,无须考虑股东的善意、恶意。[①] 此外,在何人有权向股东行使返还请求权问题上,也存在不同的立法例。第一种是如前述的美国《标准公司法》第8.33节确立的由公司董事向股东行使返还请求权的立法例。第二种是《法国商事公司法》第350条、我国《公司法》等确立的由公司向股东行使返还请求权的立法例。第三种是《日本商法典》第290条确立的由公司债权人向股东行使返还请求权,韩国、我国台湾地区和澳门地区也有这样的规定,我国《澳门商法典》第200条第2款规定,不返还不当分配而明显影响债权之担保时,公司债权人得提起将不当分配收益返还予公司之诉。我国台湾地区"公司法"第233条规定,公司违反规定分派股息及红利时,公司债权人有权请求退还,并有权请求赔偿因此所受的损害。第四种是《德国股份公司法》第62条确立的公司或公司债权人均有权向股东行使返还权的立法例,该条规定,如果公司债权人没有从公司得到补偿,那么债权人可以向股东代位行使违法分配返还请求权。

我国2023年《公司法》第211条规定了违法分配的后果:"公司违反本法规定向股东分配利润的,股东应当将违反规定分配的利润退还公司;给公司造成损失的,股东及负有责任的董事、监事、高级管理人员应当承担赔偿责任。"由于"无盈不分"的利润分配规则系法律强制性规定,股东会违反该分配顺序所作出的利润分配决议无效,根据《公司法》第25条和《公司法司法解释(四)》的有关规定,股东、董事、监事等可请求法院确认该分配决议无效。由此,按照无效分配决议作出的分配行为也

---

① 参见[韩]李哲松:《韩国公司法》,吴日焕译,中国政法大学出版社2000年版,第646页。

应恢复原状,股东应当将该部分违法分配的利润退还公司。特别需要说明的是,在股份返还违法分配的问题上,我国立法并不适用善意取得,不区分股东主观上是否具有恶意。这与我国债权人保护尚不完善的现状有关,在目前的制度背景下,基于对债权人保护的考量,这样的规定是合理的。但我国公司法并未对债权人的股利返还请求权进行直接规定,因此,债权人若想要追究股东的责任,要求股东返还股利,只能从民法上的债权人代位权理论寻找支撑。在未来的公司法修改中,应当借鉴日本或我国台湾地区的相关规定,直接赋予债权人返还请求权,以更有利于债权人利益保护的落实。

2. 董事责任

公司资本制度与公司治理机制,是现代公司制度设计的核心,授权资本制与董事会中心主义的公司治理结构也是相辅相成的。授权资本制不再强调资本的担保功能,转而将规制重心转向被充分赋权后的董事、股东的信义义务,禁止股东或董事违反信义义务从事损害债权人等公司利益相关者的权利。[①] 若分配判断权归属于董事会,根据权利义务对等的原则,董事在享有权利的同时,也应当负有相应的义务,各国公司立法中普遍规定了决策董事对违法分配的后果承担规则。例如,美国《标准公司法》第8.33节在确定董事违法分配责任时规定,如果董事对违反第6.40节或违反公司章程规定的分配投赞成票,并且该董事未履行第8.30节规定的责任,则该董事应当对超额分配的部分承担个人责任。《日本公司法》第462条则规定,在股份公司违法向股东超额分配的情况下,业务执行董事及其他法务省令规定的职务上参与了该业务的执行者与因违法分配获得超额给付的股东承担连带责任。我国2023年《公司法》亦新增了相关人员的民事赔偿责任,规定若违法分配给公司造

---

① 参见邹海林、陈洁主编:《公司资本制度的现代化》,社会科学文献出版社2014年版,第259页。

成损失,股东及负有责任的董事、监事、高级管理人员应当承担赔偿责任,契合了本次修订加强董事、监事及高级管理人员维护公司资本充实义务的整体立法趋势。请求损害赔偿的权利主体应为公司的董事会或监事会,因维护资本充实是管理层的应然义务范围。若董事、监事因利益关联不能代表公司提起诉讼,则其他利益相关的股东可根据公司法规定提起股东代表诉讼,主张对公司的相关赔偿。需注意的是,虽然公司违法分配也可能损及公司债权人的利益,但债权人并无请求损害赔偿的权利。

3. 法人人格否认制度

公司法人人格否认是对股东有限责任的例外,由股东对公司债务或损及的公共利益直接承担责任,是为了实现公平、正义而设置的一种法律措施。[①] 在分配环节,如果出现控制股东滥用公司独立人格的现象,公司债权人可以利用该种机制直接追究控制股东的责任,而不必考虑公司的分配是否影响了公司的偿债能力。控制股东在分配环节滥用公司独立人格,将公司沦为控制股东逃避债务的工具,当可归入《九民纪要》第 11 条第 1 款第 5 项规定的"过度支配与控制的其他情形",构成公司人格否认。《九民纪要》第 12 条所指的"资本显著不足"亦是构成公司人格否认的股东滥权行为之一,资本显著不足的判断标准是公司实际的资本数额与其偿债所需"明显不匹配",表明股东缺乏利用公司维持和发展事业的意思,试图通过公司法人格和有限责任将公司的经营风险降到必要极限之下,把风险外化给公司的债权人。如果公司因侵权行为而产生债务,虽然公司的资本并不一定要能够赔偿任何可能发生的侵权事故的损失,资本额的合理性主要取决于公司经营的性质和风险的大小,但是总的来说,如果公司债务由侵权产生,公司资本又

---

① 参见朱慈蕴:《公司法人格否认法理研究》,法律出版社 1998 年版,第 75 页。

不足,法庭就很有可能以资本不足为理由要求股东承担连带责任。[①]因此,在股利分配环节,控制股东滥用分配决定权而导致公司资本显著不足的,公司债权人可以使用公司人格否认制度直接追究控制股东的责任。

(二)补足瑕疵减资的法律规则

公司减资是公司根据自身的经营状况和市场环境的需要减少注册资本的行为,本应当基于公司的商业判断做出,但是由于减资带来的公司资本减少的后果,而且此种减少同时还出现了公司财产向股东流动的后果,因此基于债权人利益保护的初衷,我国公司法在减资的价值目标上更倾向于安全价值而非公司利益上的效率价值,并未将公司自治当作规制公司减资的理念基础。是否允许减资的关键在于减资是否影响公司的偿债能力,而公司减资事由、减资方式都可交由公司自治,限制性的措施是公司要将减资决议通知债权人,债权人有权要求公司清偿债务或提供担保,如果公司违反上述义务,不当减资股东对债权人承担补充清偿责任即可。即使公司未提供担保或提前清偿债务,也可引入英国的董事偿债能力声明制度,只要董事作出偿付能力声明,也应该允许公司减资,若公司不能清偿到期债务,董事向债权人承担补充清偿的责任即可。

1. 减资的分类规制与减资程序的完善

第一,调整公司减资的立法分类并进行分类规制。将减资分类为"实质减资"与"形式减资"、"有效减资"与"名义减资"、"普通减资"与"简易减资",表述不同,但含义相同,均是以是否向股东返还出资作为分类标准。2021年12月公布的《公司法修订草案》第一次审议稿第221条曾采用"简易减资"的表述。"名义减资不涉及股东出资返还,

---

① 参见胡果威:《美国公司法》,法律出版社1999年版,第87~89页。

赋予一个较低限度的债权人保护就足够了,法律无须要求公司清偿债务或者提供担保。"①对于实质减资和形式减资而言,因其是否产生公司财产向股东流动的结果而对公司以外的利益相关者产生不同的影响,法律上对形式减资采简易程序。2023年《公司法》所采立法态度与德国法上允许形式减资不用向债权人提供担保基本一致,此举减轻了公司减资的交易成本,以鼓励的态度正向激励亏损公司减资,使外化的公司资本与实际资产情况更加接近,充分发挥了减资对公司及各利益相关者的积极作用,在尊重公司自治的理念上符合我国资本制度改革的方向。

第二,完善了减资程序。在2018年《公司法》第177条规定的"报纸"之外,增加"国家企业信用信息公示系统"作为减资公告的发布媒介。"在报纸上公告"仅是拟制的通知方式,因互联网和移动互联网技术的发展,传统纸质媒体的受众面越来越狭小,②"在报纸上公告"甚至连拟制的通知功能都无法实现。所以,修订草案将官方的网络信息平台作为法定的减资公告媒介,是对减资程序的重要修补和完善。

第三,填补了股东责任的空白。2023年《公司法》第226条规定了违法减资情形下,股东对公司应当承担的责任,包括向公司退还收到的资金,以及将减免的出资恢复原状,还规定违法减资的董事、监事及高级管理人员的责任。该条修订部分地填补了违法减资民事责任的立法空白,向公司返还和恢复公司注册资本原状,意即将公司资产恢复至未减资的状态,将有限责任范围恢复至未减资的状态。

---

① [德]格茨·怀克、克里斯蒂娜·温德比西勒:《德国公司法》(第21版),殷盛译,法律出版社2010年版,第638页。

② 2019年元旦前后,近20家报纸宣布停刊,2020年有19家报纸停刊,2021年年底,有8家报纸宣布于2022年停刊,还有一部分宣布休刊或者合并。参见《2019年元旦前后近20家报纸宣布停刊 纸媒关停潮再次袭来》,载搜狐网,https://www.sohu.com/a/286022543_99988005,最后访问日期:2021年9月5日。

2. 赋予债权人以减资无效诉权

所谓"减资无效诉权",是指在公司存在违法减资等特定事由情形下,债权人享有的请求法院认定公司减资行为无效的权利。[1] 减资无效诉权是一种事后救济措施,通过赋予债权人私权司法救济权实现债权人利益保护的实体目的,为防止债权人滥用权利,一些国家在程序上增加了对行使减资无效诉权的限制。以日本为例,《日本公司法》第828条第2款第5项将提起减资之诉的债权人范围限定为不同意减资的债权人,公司可请求债权人为减资之诉提供担保,以防范债权人滥用诉权。"如债权人提起的减资之诉败诉,在债权人存在恶意或者重大过失的情况下,债权人应当承担损害赔偿责任。"[2] 此外,为了避免减资效力处于长期不确定的状态,《日本公司法》第846条规定了较短的6个月除斥期间。减资无效之诉对公司的不当减资形成制约和震慑,可以阻止一部分股东的滥权行为,通过减资程序上的诉讼程序制度设置,可以形成有效的债权人与公司的权利博弈平衡,相关制度体系可资我国公司资本制度改革借鉴。

我国2013年《公司法》并无关于减资无效的制度设计,既没有瑕疵减资决议的效力认定规则[3],也没有债权人主张减资无效的规范[4],2013年《公司法》第177条虽系强制性规范,但非效力性规范,违之既不影响减资决议效力,也不导致减资行为无效。[5] 2023年《公司法》修订关注到了减资效力上的漏洞,并从以下两个方面进行了填补:第一,借鉴日本公

---

[1] 参见冯果:《现代公司资本制度比较研究》,武汉大学出版社2000年版,第193页。

[2] 《日本公司法》第836条。

[3] 参见雷兴虎、薛波:《公司资本制度变革视野中的资本维持原则》,载《政法学刊》2015年第4期。

[4] 参见余斌:《公司未通知债权人减资效力研究——基于50个案例的实证分析》,载《政治与法律》2018年第3期。

[5] 参见刘春梅等:《公司法第一百七十七条之理解与适用:决议减资与债权人保护》,载《人民司法·应用》2017年第16期。

司法的态度,采登记对抗主义。① 2023 年《公司法》第 34 条第 2 款规定,"未经变更登记,不得对抗善意相对人"。也就是说,未经登记不对公司外部的债权人产生效力,但是不影响公司内部的减资行为,不影响减资决议在公司内部产生对股东退还出资或者减免股东出资义务的实际效力。第二,2023 年《公司法》第 226 条规定违法减资的,"股东应当退还其收到的资金,减免股东出资的应当恢复原状"。该规定基本相当于民事法律行为无效之返还财产、恢复原状的法律后果。需要考虑的是,违法减资的股东对公司承担的"退还"责任与对债权人承担的补充责任,不能突破有限责任界限,两种责任之和不应超过其因减资从公司获得的财产或者因减资免除的出资义务之和;对减免股东出资的"恢复原状"当然地包含将相应的减资登记恢复原状,即登记回转。与域外立法例相比,2023 年《公司法》的规定仍显不足的是,没有在公司减资程序中导入债权人直接参与的权利,无论公司是否恰当通知、是否恰当履行债务或者是否为债务提供恰当担保,债权人都无权阻滞公司减资程序,②如果进行了减资登记,也不能仅凭减资程序违法就对减资效力作否定评价。

减资效力分为对内效力和对外效力。对内效力即股东对公司出资额、股东之间出资比例的调整,公司向股东退还出资、公司免除股东的出资义务;对外效力即公司用于对外承担债务的责任财产减少,股东对公司债务的担保责任减少。相当多的减资效力纠纷,并非是对减资登记的争议,而是对减资决议效力的争议。若公司、股东明知不符合实质条件而为减资之决议,恶意串通损害小股东或者债权人等他人利益,依据《民法典》第 154 条规定,决议行为应属无效。违反减资实质条件的决议所

---

① 案例参见最高人民法院民事裁定书,(2021)最高法民申 1235 号。未办理减资登记,对债权人而言减资程序尚未完成。
② 中国裁判文书网公开的裁判文书中,很难见到当事人主张停止减资的纠纷。江苏省常州市中级人民法院(2013)常商初字第 338 号民事判决涉及的停止减资系发生在案外的债权人发函要求停止相关减资活动。其后,公司未能进行减资。

议定的内容亦具有根本违法性,所以决议无效导致依决议所为的行为亦具有违法性;决议不成立或者被撤销,基于该决议的减资行为即失去了法定的要件,股东不能基于该决议受领公司财产或减免出资义务。① 减资决议若无效,其关于减资数额、财产分配等议定事项也因根本违法性而归于无效,基于无效减资决议的通知/公告、登记等决议后行为亦丧失合法性基础。我国公司法及其司法适用所秉持的一贯立场是,决议是团体内部意思,原则上不对公司外部产生效力,②股东可以基于《公司法》及其司法解释提起关于决议效力的诉讼,而公司外部的债权人则无法就减资效力寻求司法救济。2023 年《公司法》第 28 条第 2 款更是直接吸收了《公司法司法解释(四)》第 6 条规定,股东会、董事会决议"被人民法院判决确认无效或者撤销的,公司根据该决议与善意相对人形成的民事法律关系不受影响"。因此,通知债权人及向债权人的清偿和担保,已经沦为无法事先保障只能事后救济的程序,债权人未与公司就清偿或担保达成一致意思表示,债权人无权请求确认减资无效。还有的判例认为未通知债权人的行为,并不属于减资无效的事由,不影响减资行为的效力③,甚至认为"若瑕疵减资导致减资当然无效,难免影响公司的经营稳定和交易安全,也干涉了公司根据自己的经营需要作出调整注册资本的自治权力"④。换言之,除非股东依据 2023 年《公司法》第 25～28 条和《公司法司法解释(四)》的规定,以减资决议的程序或者内容违反法律或者章程规定为由启动决议效力瑕疵诉讼,公司的减资行为事实上是不可逆的;《公司法》第 226 条"退还其收到的资金""恢复原状"的规定,也应当是基于《公司法》第 25～28 条赋予公司的法律责任,请求权人仅限于股

---

① 参见徐银波:《法人依瑕疵决议所为行为之效力》,载《法学研究》2020 年第 2 期。
② 参见朱庆育:《民法总论》(第 2 版),北京大学出版社 2016 年版,第 137 页。
③ 参见北京市第一中级人民法院民事判决书,(2021)京 01 民初 788 号;北京市第二中级人民法院民事判决书,(2021)京 02 民终 4712 号。
④ 北京市第三中级人民法院民事判决书,(2021)京 03 民终 9223 号。

东、董事、监事等公司内部成员,若股东以及代表公司利益的董事、监事无异议,则只能承认减资效力。

(三)填补回购规则的财源限制遗漏

当股份回购回归"分配"的范畴,被视为公司资本分配过程中不可分割的部分时,股份回购相当于另一种形式的股息,因为公司的资金被分配给了股份的持有人。各国的立法政策均在"防范回购机制所引发的弊端与发挥回购机制自身的经济性机能"之间寻求平衡点,[1]公司回购股份的正当理由是股份回购机制的核心。在全球的立法实践中,放宽对回购事由的限制已成为普遍趋势。我国也应适应这一趋势,逐步放宽对股份回购理由的限制,以推动我国股份回购制度向"原则允许,例外禁止"的方向发展。这将赋予公司在回购股份时更大的自主性,有助于提升我国公司法的灵活性和市场竞争力。尽管如此,股份回购并非没有风险,尤其是在平衡股东与债权人利益时。因此,必须对股份回购的财源、信息披露等方面实施适当的限制。这些限制旨在保护公司债权人、股东利益以及证券交易市场的安全,确保股份回购活动在合理的范围内进行。关键在于找到平衡点,既克服股份回购的潜在问题,又不过度限制公司的自主权,以避免产生不利影响。通过这样的方法,可以确保股份回购既能满足公司的战略需求,又能保护所有利益相关者的权益,促进公司和市场的健康发展。

1. 施加财源限制

在公司清算的法定程序中,债权人确实享有优先受偿的特权,但这并不妨碍股东在公司正常运营期间及清算初期,基于合理经营需要获得适当的投资回报。债权人普遍关注并期望,在债权完全清偿之前,公司应审慎管理股东收益分配,确保这一行为不会削弱公司的偿债能力或导

---

[1] 参见傅穹:《重思公司资本制原理——以公司资本形成与维持规则为中心》,中国政法大学2003年博士学位论文,第130页。

致债权价值因不恰当的利润分配而被稀释。债权稀释的风险根源多样,主要包括公司总资产规模的自然缩减、资产构成的合理调整、负债总额的适时增加以及负债结构的优化调整。然而,这些变化需控制在合理范围内,以避免对债权人利益造成不利影响。债权人偏好低资产负债率与高资产流动性的企业财务状况,这样的结构能有效增强企业的偿债能力,为债权人提供更加坚实的保障。然而,企业资产价值的减损仍是一个不容忽视的风险点,它可能源自两大方面:一是外在的商业风险,这是企业在市场经济活动中难以完全避免的一部分,如市场波动、行业竞争加剧等;二是内在的非商业风险,这类风险更多关联于企业内部管理问题,特别是管理层或股东可能出于个人利益考虑,进行资产的不当转移、过度负债等违规行为,这些行为严重违背了诚信原则,被视为"道德风险",或称为"公司内部机会主义"及"股东缔约后机会主义",对债权人的合法权益构成了直接威胁。

2. 强化信息披露

《德国股份法》第71条规定董事会必须在提请股东大会决议时报告回购的原因、数量和面额、占公司股份的比例等事项,目的在于披露有关回购信息,避免因实施股份回购而损害公司内部股东之间权利义务的平衡关系;同时,公司履行消解信息不对称的信息披露义务对于债权人而言亦有重要意义。以上市公司股份回购为例,回购会改变股票市场的供求关系,将对股票市场价格产生重大影响。因此,公司收购本公司股份的信息属于《证券法》规定的"重大信息",应当依法予以披露。需要指出的是,在"实质分配"概念下,信息披露的重要性并非独存于股份回购,在利润分配和减资程序中均涉及公司利益相关者信息不对称带来的弊端,应当协调配置强制性手段,强化公司信息披露义务。

3. 明确违法回购的法律责任

我国《公司法》关于资本规制的改革路径是放松前端的行政管制,加强后端的司法规制。这既与世界其他国家公司法的改革路径相一致,也符合资本制度自身的运行机理。与事前规制相比,事后规制的地位与功能其实更加重要。对股份回购制度而言,亦是如此。对于因违法实施股份回购行为而遭受损失的股东或债权人来说,最好的救济途径就是民事赔偿责任制度的设置,因为"任何一项受损害的权益,都可以最终在法律上通过行使诉权的方式获得救济。一旦某项合法权益被置于司法救济之外,则该法律制度体系必然出现了漏洞"[1]。尽管关于公司违法回购的法律责任,各国的立法考量和尺度存在不一,但多个域外立法例都规定了公司董事和有关管理责任人的赔偿责任。例如,美国普通法和制定法上都有关于董事责任的规范;《德国股份法》第 93 条规定董事违反义务造成公司损失的,董事应予赔偿,并对董事责任实行过错推定;《法国商法典》第 8 卷第 4 编规定了董事、经理、股东等在公司分配、减资、公司账目及其公示中违法行为的刑事责任;除民事责任之外,《英国公司法》第643 条也规定了失责董事的刑事责任。我国公司法对公司的董事、监事及高级管理人员设定了必要的忠实和勤勉义务,在具体规则上,2023 年《公司法》在其他的资本流出制度如违法减资、违法分配及违法财务资助方面均规定了具体的董事、监事及高级管理人员责任,但在违法回购问题上却没有具体的规定。下一步,对于违法回购的责任如承担责任的主体和需要承担责任的范围等方面仍需完善。

本 章 小 结

在资本流出过程的规制上,我国公司法与域外公司法呈现出了明显的代差,不但在规范价值上需要调整,在规制技术上也有待改进。我国现有的资本维持机制仍有待系统化的改造。在规制技术上,不完全列举

---

[1] 白慧林:《控股公司控制权法律问题研究》,北京大学出版社 2010 年版,第 46~47 页。

基础上的类别规制导致了资本规制的规则被迂回规避,并无法有效实现严格资本维持的立法目的。基于此,我国公司法应当引入统一调整各类资本流出交易的概念,并将其建立在统一的"实质分配"概念之下。

| 第五章 |

我国公司资本制度改革与展望

我国公司法的变革需求非常强烈,自 1993 年至今,《公司法》虽经四次修正和两次修订,外加五个司法解释打"补丁",仍被现实的公司实践不断刺破。2023 年的《公司法》修改,对于系统性回应认缴制改革之后我国资本制度的走向,对于修正认缴制改革所产生的实践问题进行了积极的回应,但在资本制度改革中,仍有不少缺憾,应当予以认真对待。就我国资本规制的体系层面而言,应当调整资本规制的规制路线和规制强度;就具体规制路径的变革而言,应当维持规制体系的一致性,并在此基础上对资本形成和资本流出环节的规范进行强制程度调整。

第一节 我国公司资本制度改革

2023 年 12 月 29 日,第十四届全国人大常委会第七次会议审议通过了修订后的《公司法》。这是我国《公司法》的第六次修改,也是过去 30 年中《公司法》修改幅度最大的一次。资本制度是我国公司法的基本制度,也是我国历次公司法修改的重点,本轮修改亦丰富和完善了公司资本制度:在资本制度的前端,扩大了可以用于出资的财产范围,增加了催缴失权制度;在有限责任公司中增加了股东认缴期限的规定,并全面肯认了股东认缴出资的加速到期制度;在股份公司中引入了授权资本制和无面额股制度。在资本制度后端,明确了违法分配利润和违法减资股东及负有责任的董事、监事、高级管理人员的赔偿责任;完善了抽逃出资责任承担规制;增加了禁止财务资助制度及其例外规则。

2023 年《公司法》的修改深入总结了我国公司资本制度改革的成果,吸收借鉴了境外公司法律制度经验,旨在适应经济社会发展的新要求,对实践中突出的现实问题作出了积极回应。在公司法基本框架和主要制度的基础上,进一步完善了公司资本制度,通过"五年缴足期"的规定、强化股东出资责任、设立股东失权制度等措施,既便利了投融资活动,又确保了资本的充实与稳定,有效平衡了创新发展与风险防控的关系。这些调整不仅保持了市场活力,而且增强了公司资本的真实性和稳定性,为便利投融资提供了更多制度供给,也增强了资本规制的灵活性和有效性,对于构建和完善具有中国特色的现代企业制度、推动经济高质量发展具有重要的意义。

一、公司资本制度的前端改革

(一)在股份公司中引入授权资本制

至 2023 年修订前,我国《公司法》在资本形成制度上,一直采用法定资本制,2005 年和 2013 年的《公司法》修改在资本制度方面放松了管制,但并未改变法定资本制的属性。2023 年《公司法》突破了传统法定资本制的藩篱,在股份公司中引入了授权资本制,明确规定公司章程或股东会可以授权董事会经由特别多数决,在一定的发行期限和发行比例的限度内,自主决定发行新股。2023 年《公司法》第 152 条规定:"公司章程或者股东会可以授权董事会在三年内决定发行不超过已发行股份百分之五十的股份。但以非货币财产作价出资的应当经股东会决议。董事会依照前款规定决定发行股份导致公司注册资本、已发行股份数发生变化的,对公司章程该项记载事项的修改不需再由股东会表决。"第153条规定:"公司章程或者股东会授权董事会决定发行新股的,董事会决议应当经全体董事三分之二以上通过。"这是我国公司资本制度在资本形成环节,股份公司由法定资本制向授权资本制的转变。引入授权资本制对我国资本制度改革意义重大,具体而言,体现在以下几个方面:

第一,有利于改革僵化的法定资本制,便利融资。自1993年《公司法》颁布以来,我国一直秉承法定资本制度传统,这一制度在我国公司制度发展初期,的确发挥了独特的历史作用。彼时,由于法律规定不完善以及监管的疏漏,公司滥设,"皮包公司"大量出现,不仅扰乱了经济秩序,还通过抽逃出资等行为严重侵害了债权人的权益,使许多企业陷入财务困境。法定资本制,本质上是一种基于资本信用的资本形成制度,其初衷在于保障公司的资本稳定与信用可靠。因此,采用法定资本制有其正当性。然而,随着时间的推移,法定资本制的局限性逐渐显现,特别是在市场经济体制日益成熟及公司制度不断完善的背景下,法定资本制所带来的公司设立门槛高、资金闲置与浪费、增资流程烦琐等弊端日益成为公司设立和发展的桎梏。

为应对这些问题,我国在2005年和2013年对《公司法》进行了两次重要修改,通过降低公司设立门槛、拓宽出资渠道、引入认缴制以及取消或降低最低注册资本限额等措施,在一定程度上缓和了法定资本制。然而,"一次性发行并认足"的模式仍然无法解决公司成立初期资本过剩的问题,而依赖股东会决策后续增资事宜的模式,也可能在关键时刻无法满足公司的融资需求。相比之下,授权资本制以其"分次发行"的灵活性,可以有效避免公司成立之初的资本闲置问题,提高资金的使用效率。同时,授权董事会发行的机制,使公司能够快速响应市场变化,满足高效融资以适应业务发展的需求。因此,此次授权资本制的引入,不仅顺应了国际潮流,还有助于解决当前法定资本制下的种种弊端,有利于促进公司融资便利、激发市场活力。

第二,契合我国由股东会中心主义向董事会中心主义过渡的需求。从授权资本制与公司治理的关系来看,授权资本制天然契合了"董事会中心主义"的公司治理模式,有助于董事会职能的协调与整合。在"董事会中心主义"的公司治理框架中,为了充分发挥董事会的中心作用,应确保公司经营过程中涉及的各类事项均统一地纳入董事会决策体系中。资本决策虽常被视作独立于公司日常经营决策的范畴,但其对公司运营轨迹的深远影响已屡被市场实践所证实。在现代公司的运营过程中,资本决策已经成为公司的核心运营策略之一,其重要性不言而喻。然而,传统上由股东会负责资本发行的决策机制,因受限于烦琐的程序,往往难以迅速且精准地捕捉并响应公司的即时融资需求,这不仅延缓了决策进程,还无形中增加了沟通成本与协商难度。相比之下,授权资本制通过赋予董事会资本发行自主权,使公司能够更加灵活、高效地根据市场变化和业务需求调整资本结构,从而确保公司运营的连续性和竞争力。授权资本制的制度设计不仅强化了董事会在公司治理中的核心地位,而且促进了公司治理结构的优化与升级,更能适应现代市场经济的发展要求。

第三,适应上市公司收购与反收购的实践需求。在面临敌意收购时,授权资本制展现出其在防御收购方面的独特价值。面对潜在的恶意收购威胁,授权资本制下的公司可以利用其灵活的资本结构调整能力,通过董事会发行新股稀释敌意收购方的持股比例,增加其收购难度和成本。同时,公司还可以利用新股发行筹集的资金进行反收购策略的制定与实施,如回购自家股票、提高分红比例等,以巩固现有股东的持股地位,抵御外部势力的侵扰。这种主动防御的姿态,不仅彰显了公司治理的灵活性和前瞻性,也为公司在复杂多变的商业环境中保持独立性和竞争力提供了有力保障,即获得授权发行新股权利的董事会可以决议向"白衣骑士"等善意投资人定向增发新股以稀释收购人持股比例,从而达到反收购的目的,间接维护了公司的利益。①

(二)在股份公司中增加无面额股制度

在资本确定与资本维持原则的框架下,我国早期的公司法体系严格限定了股份有限公司的股票发行形式,仅允许发行面额股,并明文禁止折价发行行为。但在实践中,若遇公司经营困难或受股市整体低迷的影响,导致其股票市场价格滑落至面额之下时,面额股制度便凸显出其局限性。在此情境下,公司融资之路布满荆棘,不仅面临金融机构信贷政策的收紧,还需应对投资者在二级市场寻求低价买入的偏好,进一步加剧了融资难度。面对新股发行筹资的迫切需求,面对法律对折价发行的禁令,公司往往陷入两难境地。一方面,公司可选择通过回购等方式减少流通股数,以期提升每股价格至面额之上,但此举不仅耗时长、资金压力大,还可能影响市场信心;另一方面,公司可以通过烦琐的法律程序修改公司章程,降低股份面额,为新股发行创造价格空间,但同样成本高昂且效率低下,往往错失市场良机。为破解这一融资困局,赋予公司在资本运作方面的自主性和灵活性,我国 2023 年《公司法》引入了无面额股制度。2023 年《公司法》第 142 条规定:"公司的资本划分为股份。公司的全部股份,根据公司章程的规定择一采用面额股或者无面额股。采用面额股的,每一股的金额相等。公司可以根据公司章程的规定将已发行的面额股全部转换为无面额股或者将无面额股全部转换为面额股。采用无面额股的,应当将发行股份所得股款的二分之一以上计入注册资本。"据此,公司可以选择采用面额股或无面额股,且两者之间可以互相转换,只要遵循相关的资本变动程序即可。这一改革举措从根本上打破

---

① 参见马更新、安振雷:《重塑资本形成:授权资本制的本土化建构》,载《经贸法律评论》2023年第3期。

了面额股制度的桎梏,使公司能够根据市场实际情况灵活设定发行价格,有效降低了融资门槛和成本。无面额股制度的实施,不仅为那些股价低于面额、融资困难的公司提供了新的出路,而且促进了资本市场的活跃与发展,增强了投资者的信心与参与度,是公司法领域的一项重要改革成果。

(三)在有限公司中采"限期认缴制"

在全球公司法的改革浪潮中,尽管改革趋势普遍倾向于减少国家管制、扩大公司自治,但这种放松管制并非无条件地放任,而是需要针对具体情况精准施策,既要释放市场活力,也要确保制度框架的稳健与公正。自1993年起,我国《公司法》在注册资本缴纳制度上经历了从严格实缴制到有限认缴制,再到2013年完全认缴制的转变。不可否认,这种变革极大地激发了市场主体的创业热情和创新活力,促进了企业数量的"井喷式"增长。然而,2013年的完全认缴制在放宽出资管制的同时,由于缺乏配套监管措施的跟进,引发了利益失衡与制度成本上升的问题。股东间因出资期限的高度自治而加剧的股东不平等与股东投机行为,以及随之产生的股东与债权人的纠纷、"空壳公司"与"僵尸公司"的泛滥,不仅扭曲了市场主体数据的真实性,还徒增了司法与执法成本。

面对上述问题,2023年《公司法》增加了对有限责任公司股东认缴期限的限制,明确规定全体股东应在公司成立后5年内缴足出资。2023年《公司法》第47条规定:"有限责任公司的注册资本为在公司登记机关登记的全体股东认缴的出资额。全体股东认缴的出资额由股东按照公司章程的规定自公司成立之日起五年内缴足。法律、行政法规以及国务院决定对有限责任公司注册资本实缴、注册资本最低限额、股东出资期限另有规定的,从其规定。"第266条规定:"本法自2024年7月1日起施行。本法施行前已登记设立的公司,出资期限超过本法规定的期限的,除法律、行政法规或者国务院另有规定外,应当逐步调整至本法规定的期限以内;对于出资期限、出资额明显异常的,公司登记机关可以依法要求其及时调整。具体实施办法由国务院规定。"

限期认缴制并非对认缴制的否定或"历史的倒退",而是在保留认缴制灵活性的基础上,为股东出资行为设定了合理的法律边界,体现了在出资期限问题上国家强制与公司自治之平衡。限期认缴制的出台,旨在解决完全认缴制下暴露出的诸多问题。一方面,通过限制认缴期限,有效遏制因出资期限过长而引发的出资与股权转让纠纷;另一方面,打击利用极端过长出资期限和高额注册资本进行资本操纵的行为,维护公司资本制度的信用基础。从更深层次看,这些改革举措具有多重积极意义,既增强了公司资本的可靠性,为债权人提供了更为坚实的偿债保障,也促进了公司资本的真实性与透明度,减少了市场中的虚假注册资本现象,还鼓励公司与股东更加诚信和负责任地经营与管理,推动了企业的健康可持续发展。尽管短期内,限期认缴制可能会对部分股东产生一定影响,但从长远来看,这一规定将有助于平衡股东与债权人之间的权益,规范市场秩序,营造公平透明的市场环境,进而增强投资者信心,提升企业的市场竞争力。总之,在保留认缴制灵活性的同时,对股东出资期限进行合理限制,是维护公司资本充实、保障交易安全、降低制度成本、促进市场健康发展的必然选择。

(四)在有限公司中肯认出资加速到期制度

在我国之前的法律体系中,出资加速到期仅限于以下两种情况适用:一是企业进入破产程序时,破产管理人有权要求尚未到出资期限的股东提前履行其认缴的出资义务;二是当公司进行解散清算时,股东尚未到期的出资义务将被视为公司责任财产的一部分,纳入清算范围进行处理。2013年,我国实施了完全认缴制改革,允许股东自行决定出资期限。这一变化导致实践中股东约定出资期限过长损害债权人利益的情形时有发生,股东出资在非破产情形下能否加速到期一度成为理论界和司法实践中最有争议的问题,这主要涉及债权人、股东和公司之间的利益平衡。支持加速到期的理论依据主要包括:股东的出资义务具有法定效力,应承担相应责任;股东"认而不缴"违背了公司资本充实的原则;股东出资不仅是公司资本的一部分,还具有清偿担保的功能;股东应在享受权利的同时承担相应义务,以防止权利滥用。而一些反对股东出资加速到期制度的学者则认为,虽然公司实践中要求未届出资期限的股东承担责任的现实需求是强烈的,然而,仅仅基于学理解释来解决问题并不具备逻辑上的自洽性,除非通过立法程序,否则不应当剥夺股东享有的出资期限利益。显然,通过公司法立法是确立出资加速到期制度最为直接和有效的途径。2023年《公司法》全面肯定了股东出资义务加速到期制度,明确规定当公司无法清偿到期债务时,公司或债权人可以要求股东提前履行出资义务,即2023年《公司法》第54条所述:"公司不能清偿到期债务的,公司或者已到期债权的债权人有权要求已认缴出资但未届出资期限的股东提前缴纳出资。"这一规定有助于维护市场交易秩序和保障债权人的合法权益,亦是对我国过于自由的出资期限制度的合理矫正。

(五)在有限公司中引入催缴失权制度

2023年《公司法》的修订,聚焦于强化公司资本的真实性,通过引入催缴失权制度,为公司稳健运营及债权人权益保护构筑了更为坚实的法律基石。2023年《公司法》第51条明确赋予董事会核查与催缴股东出资的职责,增加有限责任公司董事会的催缴义务。该法第51条规定:"有限责任公司成立后,董事会应当对股东的出资情况进行核查,发现股东未按期足额缴纳公司章程规定的出资的,应当由公司向该股东发出书面催缴书,催缴出资。未及时履行前款规定的义务,给公司造成损失的,负有责任的董事应当承担赔偿责任。"这一创新性规定不仅与国际通行做法接轨,还首次在我国《公司法》中确立了董事会在股东出资监督与执行上的法定责任,确保了公司资本的实际注入与有效管理。尤为关键的是,2023年《公司法》第52条确立了股东失权制度,明确了失权的决议程序和失权股东的救济程序。该法第52条规定:"股东未按照公司章程规定的出资日期缴纳出资,公司依照前条第一款规定发出书面催缴书催缴出资的,可以载明缴纳出资的宽限期;宽限期自公司发出催缴书之日起,不得少于六十日。宽限期届满,股东仍未履行出资义务的,公司经董事会决议可以向该股东发出失权通知,通知应当以书面形式发出。自通知发出之日起,该股东丧失其未缴纳出资的股权。依照前款规定丧失的股权应当依法转让,或者相应减少注册资本并注销该股权;六个月内未转让或者注销的,由公司其他股东按照其出资比例足额缴纳相应出资。股东对失权有异议的,应当自接到失权通知之日起三十日内,向人民法院提起诉讼。"这一制度不仅彰显了股东与公司风险共担的原则,还通过剥夺未缴出资对应的股权,有效遏制了股东逃避出资责任的行为,保护了公司资本的完整性与真实性,为公司的长期稳定发展提供了有力保障。

面对实践中普遍存在的股东逃避认缴出资问题,2023年《公司法》通过第51条和第52条的协同作用,构建起了一套完整的催缴失权制度体系。该制度不仅具有维护公司资本充实、保护债权人利益的核心价值,还促进了股东之间的平等性,降低了公司因代理问题而产生的额外成本。通过强化股东的出资义务,该制度间接提升了公司的偿债能力,为债权人构建了更为稳固的风险防范网。此外,股东催缴失权制度的引入,激励股东及时、足额地履行出资承诺,促进了公司资本结构的优化与资金保障能力的提升,为公司的长远发展奠定了坚实基础。其对于维护市场秩序、保护各方权益具有深远影响。

二、公司资本制度的后端改革

(一)引入简易减资制度

从形式上看,减资可分为实质减资和形式减资两种。实质减资涉及资本的实际流出,如向股东返还资本或免除其未付股款;而形式减资则主要通过会计手段调整注册资本,不直接影响公司的实际资产。形式减资的意义在于通过优化财务结构,提高每股价值,从而吸引新的投资。同时,由于公司净资产并未流出,对债权人的影响微乎其微,因此形式减资不需要复杂的债权人保护程序。实质减资适用普通减资程序,2023年《公司法》第225条在原有普通减资程序的基础上新增了简易减资程序,为公司提供了更为简便、高效的减资途径。这一制度设计体现了对公司自治的尊重,赋予了公司在不损害债权人利益的前提下更大的经营自主权,同时维护了股东的投资利益,提高了投资者的投资热情,为公司的长远发展奠定了坚实的基础。

简易减资制度,旨在优化资本结构,真实反映公司资信状况,促进股东利益与债权人权益的和谐共生。简易减资并不直接损害公司的偿债能力,因为它并不涉及资本的返还或免除股东的出资义务,公司的净资产并未因此减少,对债权人的权益不构成实质性影响。这一特点使简易减资在保障债权人利益的同时,也为公司提供了更为灵活的资本操作空间。首先,简易减资有效缩小了注册资本与公司实际净资产之间的差距,使外界能够更准确地评估公司的资本信用状况。在公司面临亏损时,这一制度尤为重要,因为它能够减少因注册资本虚高而给外界造成的误导,从而更真实地反映公司的清偿能力和经营实力。其次,简易减资降低了利润分配的门槛,为股东提供了更为灵活的投资回报路径。在公司长期亏损、股东难以获得股利分配的情况下,通过简易减资程序,公司能够迅速弥补亏损,为后续的利润分配创造条件,从而保障股东投资目的的实现。综上所述,简易减资制度在平衡公司、股东与债权人利益方面发挥着重要作用。简易减资制度通过优化资本结构、提升资本灵活性、保障债权人权益以及促进股东投资回报,为公司的稳健发展提供了有力支持。

(二)增加禁止财务资助制度及其例外规则

公司财务资助,作为一种通过资金赠与、借贷、担保等形式协助他人获取公司或其母公司股权的行为,其结果可能导致公司净资产的减少,并潜在地成为资本流出的渠道。鉴于各国和地区在经济结构、融资机制及公司治理理念上的差异,关于是否需对财务资助进行严格规制及如何规制,存在显著的分歧。一些观点认为,财务资助作为商业交易的一部分,不应被过度解读为对公司资本的侵蚀,故无须在公司法层面设立专项规制或将其制度化。但大多数观点还是认为应当以财务资助的禁止为原则:首先,财务资助的禁止可以有效遏制公司通过财务资助进行非正当利益输送,保障公司资产的安全与完整;其次,财务资助的禁止可以防止公司通过此类手段进行循环融资,从而保护债权人的合法权益不受侵害;最后,财务资助的禁止有利于加强对杠杆收购行为的监管,避免其通过财务资助干扰市场正常定价机制,维护证券市场的健康稳定。在我国,鉴于公司治理环境的特殊性,学界普遍倾向于对财务资助实施更为严格的监管措施。2023年《公司法》基于这一考量,正式将财务资助的规制纳入法律框架。该法第163条规定:"公司不得为他人取得本公司或者其母公司的股份提供赠与、借款、担保以及其他财务资助,公司实施员工持股计划的除外。为公司利益,经股东会决议,或者董事会按照公司章程或者股东会的授权作出决议,公司可以为他人取得本公司或者其母公司的股份提供财务资助,但财务资助的累计总额不得超过已发行股本总额的百分之十。董事会作出决议应当经全体董事的三分之二以上通过。违反前两款规定,给公司造成损失的,负有责任的董事、监事、高级管理人员应当承担赔偿责任。"至此,我国公司法实质上构建了"原则禁止,特定情形下允许,并辅以法律责任"的综合性规制体系。具体而言,2023年《公司法》第163条第1款前半部分确立了公司不得随意为第三方获取自身或其母公司股份提供财务支持的基本原则;后半部分则为员工持股计划等特殊情形预留了合法性空间。第 2 款进一步明确了在特定决策程序(如股东会决议或董事会授权)下,公司可有限度(不超过已发行股本 10%)地提供财务资助的例外情况。而第 3 款则强化了责任追究机制,规定违反财务资助规则的公司高级管理人员需承担相应的法律责任。

(三)强化董事、监事、高级管理人员的资本充实责任

在 2023 年的《公司法》修订中,一个亮点在于对董事、监事、高级管理人员在维护公司资本充实方面的责任进行了全面强化与细化,构建了更为严密的责任体系,具体包括抽逃出资,违反《公司法》的规定分配利润和减少注册资本,以及为他人取得本公司股份提供财务资助时上述人员的赔偿责任。2023 年《公司法》第 163 条、第 211 条、第 226 条均设有相应赔偿规则,其责任的表述形式均为:"负有责任的董事、监事、高级管理人员应当承担赔偿责任。"这一强化责任体系的背后蕴含着深刻的立法考量。

第一,董事责任是董事权力扩张的伴生物。[①] 随着权力配置从"股东会中心主义"向"董事会中心主义"的转变,公司越来越多地为董事和高管所实际控制。董事、监事及高级管理人员作为公司日常运营的核心决策者,对公司的经营状况和财务状况有着深入的了解和掌控能力,能够对公司是否符合减资、分配、财务资助等的条件作出判断。因此,基于权责相统一的原则,他们应当在职权范围内承担相应责任。

第二,董事易受机会主义的驱使,基于其优势地位从事冒险性事业,甚至不当转移、分配或处理财产,导致债权人利益受损。抽逃出资、违法减资、违法分配及违法财务资助等行为离不开董事、监事及高级管理人员的协助,往往涉及复杂的利益输送和资本操纵,这些行为不仅会严重

---

① 参见邹海林、陈洁主编:《公司资本制度的现代化》,社会科学文献出版社 2014 年版,第 155 页。

损害公司利益,还可能对债权人和股东造成难以弥补的损失。因此,完全忽视其法律责任是一种立法上的缺位,应当通过强化董事、监事、高管的法律责任来实现有效追责,确保违法者付出应有的代价。

此外,值得注意的是,修订后的《公司法》虽然未直接引入实质分配的概念,但对董事、监事、高级管理人员维护公司资本充实的责任进行了协同强化。其具体包括:第 53 条新增了抽逃出资情形下管理层的损害赔偿责任;第 211 条新增了违法分配情形下管理层的损害赔偿责任;第 226 条新增了违法减资情形下管理层的损害赔偿责任;第 163 条规定了违法财务资助时管理层的损害赔偿责任。经过体系调整后的各类分配行为,在法律责任一端基本实现了统一,对各类分配行为提供了同等强度的法律规制,是一种实质性的进步。[①] 同时,2023 年《公司法》对董事、监事、高管维护公司资本充实责任的强化是公司治理领域的一次重要进步,体现了公司资本与公司治理制度的协同。

第二节　我国公司资本制度改革展望

中国公司法是随着商事实践的蓬勃发展而不断演进的公司法。对赌协议、出资加速到期等新兴法律问题,给资本制度及全面认缴制带来了前所未有的挑战;公司并购市场的风起云涌、资本市场中高管责任的复杂交织以及营商环境的持续优化,都对公司法的改革提出了新的、迫切的变革需求。商事制度改革以及国有企业改革的深入推进,也进一步凸显了《公司法》规范供给的不足。与此同时,可变利益实体(VIEs)架构、中国存托凭证(CDR)、特殊目的收购公司(SPAC)等新兴商业模式,也对公司资本和公司治理规则提出了新的研究课题。时至今日,我国的

---

① 参见刘斌编著:《新公司法注释全书》,中国法制出版社 2024 年版,第 258 页。

公司法已经历 6 次修改。公司法不仅是法律条文的堆砌,更是理想与现实交融的结晶。每个人心中的理想公司法,都是对完美治理、高效运营与公平正义的向往与追求。"更新观念,顺应时势,以现代理念和制度改革现行中国公司法制度已是大势所趋。"①中国公司法的改革历程,是在理想与现实的交织中不断探索和前进的过程。未来,我国公司法仍需顺应时代发展,面向商事实践,通过持续创新,形塑新的公司法律制度体系。

一、我国公司资本制度体系的立场革新

公司法律制度与一国经济发展状况的关系密切,过时的规则将潜在地阻碍商事实践的发展、损害国家竞争力。"法律绝非一成不变的,相反地,正如天空和海面因风浪而起变化一样,法律也因情况和时运而变化。"②美国特拉华州被誉为"公司天堂",仅在 2009 年,《特拉华州普通公司法》就进行了 19 项修正。③ 需要强调的是,无论我国《公司法》如何修改,都必须正视公司立法的历史和域内公司实践的现实,从理念上协调国家强制与公司自治的关系,妥当安放政府的干预冲动,让立法适应经济现实而非仅在理论世界中畅想。当然,从维持市场秩序稳定的角度考虑,应当确保法律制度的基本稳定,以增加行为的可预测性,增强商业信心。但与此同时,过时的法律制度也会潜在地阻碍商业发展,损害国家竞争力。④ 立法者作为价值判断的决断者,在资本制度体系上的价值

---

① 赵旭东:《中国公司法的修订与改革》,载《法学论坛》2003 年第 2 期。
② [德]黑格尔:《法哲学原理:或自然法和国家学纲要》,范扬、张企泰译,商务印书馆 1961 年版,第 7 页。
③ 参见《特拉华州普通公司法》,徐文彬、戴瑞亮、郑九海译,中国法制出版社 2010 年版,第 1 页。
④ 参见[英]艾利斯·费伦:《序言一》,载《英国 2006 年公司法(2012 年修订译本)》,葛伟军译,法律出版社 2012 年版,第 2 页。

判断受制于多种因素,基于前文所述,我国资本制度体系应当对固有的价值判断立场予以革新,分述如下。

(一)从注重制度逻辑转向注重制度效用

任何法律的制定或修改,都由特定的立法目的驱动,立法目的则反映立法者对制度利益的价值追求。① 经济全球化竞争使各国制度也被纳入全球化竞争的范畴。近年来,各国在公司法改革方面可谓不遗余力,其主要目的就是显示制度竞争优势,吸引投资,以在日益激烈的国际经济竞争中占据优势地位。为了达成上述目的,现代各国公司资本制度的发展也日益呈现出强制性国家干预不断弱化的趋势,这不仅发生在实施授权资本制的美国,还发生在奉行法定资本制的德国。我国也不例外,经过多轮的公司制度改革,公司的信用基础已从资本回归至资产层面,资本的功能也被重新定位,但总体而言,我国的资本制度依然体现出立法者注重规范逻辑而非制度效用的思路。

我国公司资本制度上对制度逻辑的偏重,不仅体现在资本形成制度领域,还体现在资本维持制度中。在资本形成层面,现行《公司法》对出资形式施加的"可转让性"和"可估价性"的要件分别作用于出资财产的价值和权属,在逻辑上固然自成一体。然而,这种形式逻辑上的契合在效用上却未必妥帖。包括商誉、信用、特许经营权、劳务等多种有价值的公司营业资源,通过设定担保获得融资、缔结第三方合同以及其他资产转换方式,均可以实现变相出资的目的。但前述"变相"流程又造成交易成本的增加,降低出资财产的效用;对于出资缴付期限问题,虽然2023年《公司法》采限期认缴制,在一定程度上解决了完全自治所带来的实践难题,但从长远来看,这种"五年"的法律强制偏离了公司商事运营的客观规律,限制了公司股权融资的灵活性。在资本维持制度中,基于对注

---

① 参见[德]伯恩·魏德士:《法理学》,丁晓春、吴越译,法律出版社2013年版,第232页。

册资本及法定公积金范围内的资产维持限制,分别通过利润分配、减资、回购等制度对导致公司资产返还至股东的行为进行管制,成为维持公司资本池的具体路径。前述管制策略具有逻辑上的呼应性,但其实际规制效用则未必尽如人意。如前文所述,这种管制逻辑对形式的过分重视,导致了对于实际产生公司资产向股东返还的其他交易形态呈现制度性忽略,包括关联交易、不公平交易、变相分配等行为均未被纳入资本维持制度的规制视野中,由此造成的制度漏洞,将导致资本维持的制度效用受到冲击。

  股东的出资财产形成公司的资本,而独立的财产是公司获得独立人格的基础。世界各国的公司制度普遍遵循和维护公司独立人格的原则,因此通过禁止不当交易、不当利润分配、不当回购、不当减资来防止公司财产"不正当"地流向股东是各国公司法的基本立场。在公司各利益相关者中,股东受资本制度的影响最大,过于严苛的资本制度会带来设立公司的高成本,进而影响一国投资者的投资热情。强制过甚的资本制度曾是我国公司法的选择,高企的公司设立门槛曾浇灭过许多人的创业梦想,也滋生出虚假出资、抽逃出资等诸多规避手段,徒增造假的社会成本,威胁了法律的权威,对于构建良好的社会经济秩序、社会信用体系并无实益,这正是过度强制的资本制度所付出的代价。历史已经证明试图以管制公司资本的方式实现对公司债权人利益的保护,不过是徒增成本的幻想罢了。

  如果我们将公司资本制度的价值基础从法律逻辑重设为法律效用,将得到不同的观察视角。强调法律逻辑的规范思路实际上是法律形式主义的体现,特别是在商事领域,偏向实践的维度能够让我们与纯粹的规范推理保持距离。作为现实主义产物的公司法,其实用性制约和影响着商主体的各项活动,进而影响了社会财富的增长和分配。[①] 作为现实

---

① 参见周子伦:《美国〈统一商法典〉的人本体现:语言与法理视角》,载《财经法学》2019 年第 1 期。

主义或者功能主义法哲学产物的美国《统一商法典》，即通过法律哲学的革新获得了实证上的硕果。

对于公司资本制度而言，与其关注资本管制的法理逻辑，不如关注其实际效用。域外的实证研究表明，立法目的更倾向于保护债权人利益的德国、法国，其对股东和债权人保护的实际效果反倒不如英美普通法系国家。① 这种看似矛盾的结果却有着内在的逻辑：在英美法系国家，合同法、担保法、侵权法等公司法之外的机制提供了比单纯的资本维持制度对股东和债权人更为周延的保护；而在大陆法系国家，过于强势的资本维持制度未能留出合同法、担保法、侵权法等发挥效用的空间，也并未填补合同法、担保法、侵权法机制的不足。

然而，资本形成和资本维持制度体系在效用上仍然是存在争议的。从规范效用上看，公司资本制度无法确实保护债权人的各类利益，超出公司资本制度射程之外的公司现金流减少、债务增加、向部分债权人提供优先顺位的担保等，均现实地削弱全部债权人获得清偿的可能性。② 此外，由于公司资产流出的交易方式很多，囿于利润分配的高门槛，我国法上可资参考的不当分配案例并不多见。这并不能证明公司法实践中不当资本交易的稀少，反而能够证明限制利润分配的规范很大程度上被迂回回避了。

根据笔者在北大法宝的检索，适用2018年《公司法》第166条第5款产生股东向公司返还分配利润的案例仅有9个。③ 从仅有的该9个案例中，仍然体现出了利润分配行为向其他行为的逃逸倾向。在徐州雷鸣民爆器材有限公司与卢某平股权转让纠纷一案中，涉案的董事会决议即

---

① See La Porta, Lopez-de-silanes, Andrei Shleifer & Robert W. Vishny, *Law and Finance*, Journal of Political Economy, Vol.106:6, p.111(1998).

② See Bayless Manning, James J. Hanks, Jr., *Legal Capital*, Foundation Press, 1990, p.91.

③ 检索日期为2020年3月28日，检索方式为法条检索，经检索《公司法》第166条第5款被适用的案例为13个，排除重复案例后为9个。

将对管理人员的奖励与分红相关联,在分红做账的同时,进行红利的减消。① 在新疆一鸣房地产开发有限公司与金胜利公司关联交易一案中,涉案的款项在不符合公司法关于分配的规定情况下进行了与股东债权债务的折抵,此项关联交易被识别为不当分配,并最终被法院判决返还。② 因而,仅关注利润分配、减资、回购等形式上体现为资本交易的行为,无法完全阻止公司财产向股东财产的不当流转。

我国学者针对减资制度的实证研究也充分展示了严格减资程序基础上的减资制度的无效性。根据余斌教授的实证研究,对于未履行适当通知义务的减资程序,人民法院并非直接认定减资行为无效,而是判决不当减资的股东在公司不能清偿债务的范围内承担补充赔偿责任。③ 在发生了违反公司法规定的减资行为时,即使法律上规定了严格的减资程序,最后责任的承担仍然有待于事后救济,而非事前管制的效用。从前述司法案例可见,即使设定了严格的法律责任,事先的规制并没有起到其应有的限制作用。因而,从逻辑上推导出的严格减资程序看似具有合理性,但其已经被运行中的制度实践所取代。

注重效用的公司资本制度逻辑在于,在无法通过事前约束实现规制目的时,立法者应当转而通过事后责任的妥当分配促进行为当时的审慎。譬如,2006 年《英国公司法》第 644 条规定,未遵守该条规定的偿债能力声明规则时,公司以及每个失责的公司高级管理人员构成犯罪,将被处以罚金;④《特拉华州普通公司法》第 174 条规定,对于公司违法分配的行为,管理公司的董事在支付非法股利后 6 年内的任何时候,或者购买或者回购非法股份后 6 年之内的任何时间,向公司承担连带责任,在

---

① 参见江苏省徐州市中级人民法院民事判决书,(2018)苏 03 民终 5487 号。
② 参见新疆维吾尔自治区高级人民法院民事判决书,(2019)新民再 50 号。
③ 参见余斌:《公司未通知债权人减资效力研究——基于 50 个案例的实证分析》,载《政治与法律》2018 年第 3 期。
④ See UK Companies Act,2016, § 644(7)(8)(9).

公司清算或者无力偿债时,向公司债权人承担连带责任,责任范围及于非法支付的全部股利,或者为购买或回购公司股份而支付的全部数额,并加上自责任产生之时起算的利息。① 如此严苛的事后责任,确实能够促使行为人在行为当时审慎为之。

总之,我国既有的立法模式表明,立法者在规制逻辑与规制效用之间,倾向于维持一个看似缜密、实则低效的资本管制逻辑体系。法定资本制基础上的资本规制措施,在应对纷繁复杂的商业实践时,呈现出了规制手段的僵硬;或因部分制度强制程度过高,导致企业无法获得资本性融资;或因部分制度强制程度过低,导致公司、股东实施机会主义行为。因此,我国公司法应当时移法易,根据实证效用进行变革,而非简单追求既有规则的逻辑完善。

(二)从注重资本确定转向注重资本灵活

现代化的公司资本制度安排应当综合考量效率与安全等法律价值。强资本规制模式因其守旧而低效,给投资者和债权人都增加了负担,施行效果也不能达成立法者的本意,给债权人带来的只是"虚幻"的保护。纵观我国资本制度的变迁过程,它是一个不断弱化资本信用、强化资产信用的过程,弱化强制、强化自治、注重事后规制和利益平衡这些资本制度立法理念已经使我国的资本制度不断趋于合理。虽然改革已经卓有成效,但并不代表可以止步不前。在全球竞争的背景下,我国公司法立法改革的最终目标是综合考量公平、安全、自由与效率等法律价值,根据公司商事实践和司法现状建立兼具效率和制度竞争力的公司资本制度。

法律制度的设计应当是理性选择的产物。公司具有独立的法人资格,像自然人一样具有自己独立的意志,同时作为商主体,其必然是追求自身利益最大化的理性经济人,其所有的行为目的均在于追求"营利",

---

① See Chapter 1 of Title 8 of Delaware Code, General Corporation Law, §174.

而公司法作为公司行为导向规则的主要提供者,要基于公司利益之考量,以便利融资、促进公司设立和发展作为其价值追求。美国早期公司法也设有严格的资本维持制度,但随着对制度理性的深入认识和公司法实践的发展,其逐渐采取了更多效率性的自治规则;19世纪的美国公司法,同样规定了股份面额、登记资本、利润分配限制等一系列意在保护债权人利益的制度,①这些制度也在早期的美国《标准公司法》中得以延续。1984年美国《标准公司法》重设了资本规制重心和规制策略,转向事后救济为主的资本规制体系。2011年,《加利福尼亚州公司法》亦转而改采美国《标准公司法》所确立的清偿能力模式,与其1975年所创设的统一分配概念相适应,②反映了21世纪以来公司融资,特别是创新企业融资对公司资本制度所产生的灵活性需求压力。

从公司法理论的角度看,源于制度经济学的公司契约论将公司视为"契约集合",即公司本质上是由一系列生产要素的契约构成的,股东契约是其中最重要、最根本的一类,基于公司出资形成的组织法契约属性,也应当肯定各项契约要素的自治基础,即出资属于公司内部事项,应由公司自治。但相对于自然人,公司又是"复杂"的,其内部和外部不同身份的利益相关者都是理性经济人,都有自身的利益追求,法律应当平衡所有契约当事人利益。在利益平衡的过程中,债权人利益保护仍是公司制度中避绕不了的难点,但债权人真正关心的应当是公司的偿债能力。因此,"法律规制资本制度的界限在保证出资的真实性和充足性以及公司向股东分配资产的合法性上"③。

法律规范的强制性越高,留给当事人灵活发挥自治作用的空间就越小。以对赌协议为例,目标公司通过股权形式对外融资,投资人的出资

---

① See James Hanks, *Legal Capital and the Model Business Corporation Act: An Essay for Bayless Manning*, Law and Contemporary Problems, Vol. 74:6, p. 211(2011).

② See California Corporations Code, §500 – 509.

③ 邹海林、陈洁主编:《公司资本制度的现代化》,社会科学文献出版社2014年版,第109页。

行为不仅形成公司新的资产,而且在目标公司、投资人、原股东之间确立了权利义务关系。由于信息不对称和不完全市场的客观存在,当事人在投资交易中创设了估值调整机制,通过对赌协议平衡投资者(新股东)、原股东(尤指目标公司控制股东)、目标公司三者相互之间的利益。该等协议是当事各利益相关者自治达成的契约性安排,投资人与目标公司原股东对赌的效力受合同法调整,当无争议;投资人与目标公司的对赌协议能否履行,或者说是否真正具有可履行的法律效力,则不完全取决于合同法上的效力判断规则,而是受限于公司资本制度的强制性规定。在江苏华工创业投资有限公司与扬州锻压机床股份有限公司、潘某虎等请求公司收购股份纠纷再审一案中,江苏省高级人民法院承认了投资者与公司对赌协议的效力,但该协议的可履行性仍然是有待解决的问题。① 最高人民法院在《九民纪要》中公开了其贯彻资本维持原则的基本立场,将判断逻辑区分为对赌协议的合同效力和履行效力两个部分。虽然认可无违反法律、行政法规的效力性强制性规定的对赌协议的合同效力,但对赌协议的履行仍然受资本维持原则所设定的分配或回购制度的限制。② 通过减资程序履行对赌协议的情况下,由于需要先完成减资程序方可进行公司资产的流转,而减资程序又受股东会决议以及公司法上严格减资程序的约束,故而通过减资程序退出投资的机制对于投资者而言并不友好。若采用现金补偿的方式履行对赌协议,履行的可能性则受制于利润状况以及公司的财务处理。因此,即使按照《九民纪要》的裁判思路实施司法救济,仍然无法解决投资者退出门槛高企的问题。由于退出机制是否畅通往往决定风险投资者的进入与否,对赌协议的适用场域如何,最终仍然有赖于公司资本制度的革新,在最终意义上,资本制度的效用要在法律实践领域经由投资市场和融资交易来检验。

---

① 参见江苏省高级人民法院民事判决书,(2019)苏民再 62 号。
② 参见《九民纪要》第 5 条。

过于僵硬的资本制度看似维护了债权人的利益,但这种保护实则由于变相分配所导致的公司资产外流而呈现效用衰减状态。曼宁教授指出,所谓的盈余(surplus)和亏损(deficit)概念,实际上都是律师和会计师所制造出来的产物,是奉行复式记账规则所产生的数字组合。① 事实上,公司的利润分配从来不是从盈余中分配的,而是从公司的资产中支付的,②对利润分配的限制与公司资产的维持并无必然关系:即使公司账簿上存在利润,分配的财产仍然是资产。进一步而言,如果公司资产负债表上有盈余,但大量资产体现为知识产权、非专利技术、难以消化的库存等财产形态,将公司少量的盈余现金用于分配仍然会损害公司的清偿能力,并进而危及公司债权人的利益,甚至造成公司对债权人的偏颇性清偿。因此,除非对于进行重度现金流运作的企业而言,盈余并非一个妥当的分配指标,对于风险投资等交易情形,高强制性的资本维持制度反而发挥了其反面的桎梏效果。

如果公司为了实现灵活的资本运作,可能设定较低的股份面额以扩大可交易资产范畴,即在美国公司法上所谓的低面额运作(low par value)。低面额的资本运作方式便利于公司分配和后续融资,通过设定低面额及其基础上的登记资本数额,公司分配的限制被降低,当低面额被设定到不具有实质意义的程度时,建立在抽象数额上的资本维持制度亦丧缺其重要性。因此,虽然通过公司法实践能够在一定程度上规避资本维持制度的限制,但我国公司法上增资、减资等程序的冗繁性,最终导致了规避措施的高成本和制度本身的低效率。

在公司主要依赖内部积累和债权融资的时代,高强制性的资本维持制度至多是管制无效或者无法发挥效用的问题,而在高度依赖各种股权融资,甚至股权和债权融合融资的时代,资本维持制度的作用即从无效

---

① See Bayless Manning, James J. Hanks, Jr. , *Legal Capital*, Foundation Press,1990, p. 37.
② See Bayless Manning, James J. Hanks, Jr. , *Legal Capital*, Foundation Press,1990, p. 38.

转化为限制。夹层融资（mezzannie financing）、类别股、分级基金、结构化资管计划、资产权益类信托计划等融资工具，实际上都在一定程度上兼具或者弥合了股权和债权的界限。① 特别是我国现行法所设定的民间借贷限制以及利率管制，对于公司投资都是不友好的制度存在。转而寻求权益投资的方式实现成长的各类独角兽类创新企业，资本维持制度的限制又成为其获得融资的另一障碍。作为我国经济改革的重要面向，营商环境的优化攸关我国企业的未来成长与发展，现行公司法上的资本维持效用有待重新审视，资本制度的灵活性有待进一步的释放，以促进生产要素的优化配置。

鉴于此，我国资本制度的设计应当建立在尊重公司自治、鼓励投资、促进竞争、灵活高效的基础上，以为我国公司的发展解除束缚，提供广阔空间。我国公司法的变革应当进一步削减确定性的管制要求，朝着更有效率的方向迈向更具有灵活性的资本规制方式，这才是符合市场经济规律、富有国际竞争力的、能够推动我国公司制度继续良性发展的选择。

（三）从债权人利益导向转向公司利益导向

从资本功能的视角观之，无论是高强制性的资本规制模式，还是自治的资本规制模式，均建立在立法者对资本功能的认识基础之上。基于维护债权人利益的严格资本维持模式，过分强调了资本的债权担保功能，而对资本运营的功能关注不足。然而，纯粹注册资本的债权担保功能很大意义上不过是一个数字上的神话，而公司资产担保的功能也未能有效回应债权人的所有担心。主导美国《标准公司法》修改的曼宁教授即明确指出，资本维持制度无法解决债权人的三大担心：公司现金流的流失、公司债务数额的持续增加、一般资产基础上或创设担保措施或其

---

① 参见李安安：《股债融合论：公司法员通式改革的一个解释框架》，载《环球法律评论》2019年第4期。

他优先顺位的债权。① 因而,从理性债权人的角度而言,其显然不会将信用基础完全建立在变动不居的公司资产基础之上。对于非主动债权人而言,资本维持制度或有一定价值,但其保护效率最终依赖于资本规制机制的有效性。如前所述,逻辑规制基础上的严格资本维持机制的效用无法得以实证上的证明。法律经济学的实证研究表明,美国、英国等普通法国家法律能够同时对股东和债权人提供最强保护,法国法系最弱,德国法系和斯堪的纳维亚法系居中。②

前述实证研究能够有效表明,固然公司法具有保护债权人的功能,但这并非其核心功能,债权人保护仍然高度依赖于合同法、担保法、侵权法等行为法制度。单纯依赖公司法实现债权人保护的功能,必然构成对公司自由的限制,并进而削减公司行为的活力。在实定法上,我国1993年《公司法》将立法目的设定为建立现代企业制度,规范公司的组织和行为,保护公司、股东和债权人的合法权益,以及维护社会经济秩序,促进社会主义市场经济发展。③ 2023年《公司法》将其修改为:"为了规范公司的组织和行为,保护公司、股东、职工和债权人的合法权益,完善中国特色现代企业制度,弘扬企业家精神,维护社会经济秩序,促进社会主义市场经济的发展。"从立法语言的表述上看,实定法对上述价值目标设定了顺位,即债权人保护的价值劣后于规范公司的组织和行为、维护公司和股东利益之后,而非将其设为相同位阶的法律价值。《公司法》开宗明义的规定不应当为我们所忽略,我们不应当片面地基于债权人利益保护对公司资本和资产施加过度的强制性限制。这一差序保护的公司法立法目的,应当贯彻至公司资本制度领域,即公司资本制度首先在于规范公司的组织和行为,其次才是股东利益和债权人利益保护。更勿论,高

---

① See Bayless Manning, James J. Hanks, Jr. , *Legal Capital*, Foundation Press, 1990, p. 91.
② See La Porta, Lopez-de-silanes, Andrei Shleifer & Robert W. Vishny, *Law and Finance*, Journal of Political Economy, Vol. 106:6, p. 111(1998).
③ 参见1993年《公司法》第1条。

强制性的资本维持模式还存在前述误伤债权人的情形。

对债权人的过度保护除了体现在僵化的资本维持制度之上,还体现在不够灵活的资本形成制度中。我国公司法所施加的出资形态限制、不得折价发行等实际上均建立在债权人保护的基础上。由于公司债权人的保护顺位实则劣后于公司利益,从价值判断上看,这一强制基础有待质疑。如果某出资形式对于公司有价值而可能有害于公司债权人,此时公司的利益应当处于优先地位,并通过其他辅助性措施予以矫正出资形式的负外部性。易言之,公司利益在公司法上应当处于根本上的优位。

除债权担保功能之外,公司资本规制的价值还在于对公司机会主义的遏制。然而,从资本规制对公司行为的约束传导机制而言,其对公司投机行为的约束是通过财产数量进行间接规制的,而非直接作用于公司行为及其法律后果,系一种间接和低效的规制模式。与其透过资产数量对公司行为进行间接规制,不如直接将规则回归于对公司机会主义限制的本身,将资本规制的重点从财产规制转向资本交易基础之上的责任规制。例如,美国《标准公司法》第 8.33 节规定了董事对非法分配所负担的法律责任,对超出清偿能力标准分配范围的分配投赞成票的董事,应当就实际分配和应当分配之间的差额承担个人责任,并有权要求股东按比例返还所获得的非法分配。这种严苛的董事责任承担,比抽象意义上的资产交易限制更为有效。公司法的逻辑,不仅应当关注规范的逻辑,更应当关注商业的逻辑;不仅应当关注法理的逻辑,更应当关注实践的逻辑。

从根本上而言,公司资本维持的强制程度,实际上是立法者究竟意图建构公司利益导向的公司法,抑或债权人利益导向的公司法,或者说是更为关注股东利益还是更为关注其他利益相关者利益。不乏学者缘于我国合同、担保、裁判、执行等诸多环节的不完善和低效,所以反对公司法对其规制利益基础的回归。对此,域外权威学者的实证研究已表明,资本维持制度是债权人保护的补救性制度,处于对其他保护债权人机制的补缺地位。① 然而,在僵化的资本维持制度依然能够为债权人保护提供虚假幻象的情形下,又何谈强化债权人保护的其他机制？更关涉实质的是,公司法应当反求诸己,回归其对公司利益保护的本位,卸载其不能负担之重。

总之,即使在资本维持模式下,必要的债权人保护也是后序顺位的立法价值,回应公司资本筹集和资本运行的需求更关涉公司法实质,系优先的法律价值。我国现行公司资本制度实则系根本意义上的债权人导向,承担了过多的责任负担,应当回归公司利益本位的基础,进而在规制策略上从债权人利益导向转向公司利益导向。基于公司资本制度从逻辑向效用、从资本确定向资本灵活、从债权人利益导向向公司利益导向的三重革新,我国公司资本制度应当在规范体系上予以适当调整。

二、我国公司资本规范的体系调整

2023年的公司资本制度改革在股份公司实施了授权资本制及无面额股选择制度,体现了我国公司资本制度在理念上的重大变化,但改革内容并不彻底,在有限责任公司中,仍沿循法定资本制模式。诸如出资形式多元化等主张至今未被立法接受。从公司制度竞争与发展的视角而言,还需要进一步弱化我国资本制度的强制性,正如王保树先生所言,公司法改革"采用的理念应着眼于公司的私主体性质,注意较多采用任意性规范"②。映射到资本制度中,强制不应是公司资本制度的最强音,股东在公司资本事项上的自治空间应该进一步拓宽。因此,可以预见的是,我国未来的资本制度发展仍将朝着自由、高效的方向继续前行,未来

---

① See La Porta, Lopez-de-silanes, Andrei Shleifer & Robert W. Vishny, *Law and Finance*, Journal of Political Economy, Vol.106:6, p.24(1998).

② 王保树:《竞争与发展:公司法改革面临的主题》,载《现代法学》2003年第3期。

我国公司资本规制可具体化为以下几个方面：

(一)建构体系化的资本制度体系

"公司资本制度体系化再造势在必行",①公司资本制度的改革不仅局限于资本形成阶段,旨在消除公司设立障碍的措施仅是公司资本制度改革的一个方面。从系统论的视角来看,公司设立与公司运行阶段的资本规制交互影响,共同维持着公司资本规制的水平,②建立现代公司资本制度体系,更应站位于国际化、全球化、现代化的公司与公司法发展趋向,把关注的焦点从资本形成上移开,转而投向更为广阔的视域,回归到有利于公司经营的资本制度目的上,更多地关注资本运行过程,把资本制度改革的重点由资本形成制度转向资本运行制度,修订和完善公司资本运行过程中的利润分配、股份回购、增减资等规则,③并应基于不同阶段公司资本制度的互动关系,综合考虑资本规制、信息披露规则以及责任规则之间的联系,从整体上把握公司资本运行规律,确定明确的立法理念,在具体制度设计上考虑相关的体系性与和谐性。④

1.资本形成规范的体系完善

资本形成制度应以公司的效率化融资为目标,进一步强化公司自治。资本形成过程在法律性质上系股东与公司之间的契约缔结与履行,包括出资期限、出资形式、票面价格、发行价格等,均可由公司自治,当然,对于契约负外部性的溢出部分应当通过合理强度的规制予以矫正。2023年《公司法》限期认缴制以及出资加速到期制度的规定在一定程度

---

① 朱慈蕴:《中国公司资本制度体系化再造之思考》,载《法律科学(西北政法大学学报)》2021年第3期。
② 参见赵树文:《公司资本规制制度研究》,人民出版社2015年版,第174页。
③ 参见刘凯湘、张其鉴:《公司资本制度在中国的立法变迁与问题应对》,载《河南财经政法大学学报》2014年第5期。
④ 参见范健:《从公司的营利性与社会责任看公司法修订指导思想》,载王保树主编:《转型中的公司法的现代化》,社会科学文献出版社2006年版,第61页。

上矫正了不合理的出资期限和平衡了各方的利益关系。在出资形式及有限责任公司的资本形成方面,我国公司法仍有进一步拓展自治的空间。

在出资形式上,无论是大陆法系国家还是英美法系国家,对股东出资形式的差异化规制正在弱化甚至消失,传统认为难以估价和转让的劳务、商誉等,也越来越多地被接受为股东出资的形式。我国立法应回应商业实践对出资类型扩张化的要求,何种财产形式可以出资应当交由公司自主判断,需要法律强制的更多在于如何确定公平合理的"对价",即如何保障出资的真实性与充足性,对于非货币出资而言更是如此。此外,还需考虑的是,因"对价"的确定和支付而产生分歧时如何为当事人提供妥当的法律救济。在出资形式上应采单一的"有益性"标准,而"有益性"只能基于公司和股东的主观判断,不能作为《公司法》规范的对象,所以应当将其交由公司和股东自治,并由其他法律、行政法规对禁止持有或者限制流通的财产作出禁止性规定,并在股东出资时适用之。基于本书第三章第二节所述,鉴于《市场主体登记管理条例》第13条第2款关于出资形式的强制性、限制性规定已无必要,故建议删除该条行政法规。其中,评估作价办法包括可以由全体股东协商确定非货币出资价格,也可以由全体股东委托评估机构评估。

就股份发行机制而言,法定资本制下股份的一次性发行程序复杂且低效,2023年《公司法》虽在股份公司中采用了授权资本制,但在有限公司的场合,依然固守了法定资本制的堡垒。2013年《公司法》的修正,引入了全面认缴制,旨在降低公司设立的门槛和提升资金利用效率,以克服长期实行的法定资本制所存在的问题,但其本质仍为法定资本制。认缴制允许股东分期缴纳出资,从而减轻了发起人的资金压力,减少了公司成立初期的资金闲置。尽管授权资本制与法定资本制下的全面认缴制目的都是降低设立门槛、提高融资效率和减少资金沉淀,但两者在实施路径和制度逻辑上存在差异,认缴制保持了法定资本制的基本框架,而授权资本制则更加灵活,允许公司根据需要分次发行资本,将融资决策权从股东会转移到具备专业能力的管理层手中。这种制度不仅减轻了发起人的资金负担,还提高了融资的灵活性和效率,避免了资金的过度积累。因此,授权资本制提供了一种更为有效的替代方案,它颠覆了法定资本制的一次性发行要求,同时也超越了认缴制的局限性。简言之,授权资本制完全可以取代"法定资本制+认缴制"的组合。而我国2023年《公司法》却在两种不同类型的公司采用不同的资本制度,这种不同运行逻辑下的制度拼接可能加剧制度体系的冗杂、混乱。这种为实现同一个目的而同时实施两种制度,或者说是并行两种功能重复的制度之做法,明显是人为增加制度构建的复杂性,加大公司设立和运行的制度成本。[①] 更何况,为了延续法定资本制和认缴制的组合,公司法不得不引入加速到期等制度以弥补制度漏洞,徒增立法成本。因此,下一步资本制度的改革有必要在所有类型公司中引入授权资本制,以降低立法成本,提高融资效率。

2. 资本流出规范的体系完善

资本流出阶段应建立对资本交易的统一规制条款,并且调整各资本流出类型的规制强度使之相互匹配协调。从各国资本制度改革的基本规律来看,放松对资本形成的规制必须同时强化对资本流出的规制,并由此维持公司资本规制的整体水平,为公司利益相关者提供确实的保护。我国公司资本制度改革也应符合这一规律性要求,从总体上系统性地把握公司资本规制的强制程度,平衡公司各方的利益,以实现安全与效率的价值平衡。具体来说,资本维持制度应从实质而非形式上合理界定"分配"的内涵,利润分配、股份回购及实质减资都具有公司分配的实质,可以归入统一的"分配"概念中。无论是向股东分配利润、回购公司股份、实质减资还是财务资助行为,都是公司资产向股东的流动,都须遵

[①] 参见冯果:《论授权资本制下认缴制的去与留》,载《政法论坛》2022年第6期。

守底限限制。公司减资事由、减资方式可以归于公司自治的范畴,应当给予公司安排自身财务与公司资本变动的自由,并以统一分配概念中的分配底限来保障外部债权人的利益。股份回购亦是一种公司处分资产的行为,会发生与公司利润分配同样的法律后果,也应将其并入实质分配概念之中,基于什么样的理由可以回购股份应当是公司自己的商业判断,法律不应介入更多,但股份回购也涉及股东及债权人的利益平衡问题,应当对回购的财源施加适当的限制,限制的强度亦同分配之标准。

(二) 资本规范之外的配套机制跟进

公司资本制度从来都不是孤立的存在,而应将其与公司法上的其他制度一并加以系统化考量,这样才能全面理解和把握公司资本制度改革的瓶颈和可行的方向。以美国为例,各州公司法相继废除了注册资本最低限额制度,公司法上其他与公司资本相关的制度经由判例的累积、理论的反思也得到了发展,如通过追究失责董事法律责任、"刺破公司面纱"追究股东责任等措施,其不仅使公司资本制度具有最大限度的自治性、开放性和适应性,而且使公司法的体系构造更为复杂,规范范围更趋严密,也保证了公司法上效率与安全价值的平衡。

1. 完善信息披露制度,为公司资本制度改革提供信息支持

信息披露为公司其他利益相关者监督公司资本运行、预期利弊得失、准确进行自我风险评价提供了可能。为了使我国的公司资本制度更符合系统化的要求,对涉及资本行为的信息披露不仅应包括资本形成阶段的信息披露,更为重要的是还要确立资本运行阶段公司治理规则下的信息披露规则。

公司的相关利益主体均为理性的经济人角色,假设能够获得公司充分且真实的各类信息,他们就能做出对自己最有利的商业判断。以公司债权人为例,若其能够知悉公司真实的资产数额、信用状况,就可以对潜在的债务人公司进行筛选,决定是否交易、将交易金额控制在何种范围

以及以何种条件交易。如在公司回购中,无论基于何种原因的回购,均可能改变股票市场的供求关系,会对股票市场价格产生重大影响,对于股东尤其是中小股东而言,只有充分了解此次股份回购的信息,才能形成最优的投资决策,并做出是否向公司出卖股票的判断。

在市场经济中,信息不对称导致的道德风险加剧了市场风险,降低了交易效率。在资本制度中,影响股东与债权人自我选择的障碍同样为信息不对称问题。解决信息不对称难题的关键在于建立完善的公司信息披露制度,将公司财务状况等信息予以公开。我国2013年资本制度改革之后,在资本形成阶段放低了公司准入的门槛,基于对债权人利益的保护,应当同时对公司及其管理者设定提高公司透明度的义务,要求其对公司资产结构、资产流动、资产状态等信息进行及时披露。但遗憾的是,我国的信息披露制度并不完善,较为突出的问题有:

第一,公司公示的信息较为简单,难以反映公司真实的资产状况及偿付能力,难以保证交易安全。债权人通过"国家企业信用信息公示系统"查到的公司财产及信用信息较为简单,公司经营阶段的信息基本阙如,对债权人的商业判断而言则是严重的信息供给不足,因为债权人更迫切需要知悉的是反映公司实际资产状况及偿债能力的信息。而依据《企业信息公示暂行条例》第9条之规定,企业从业人数、资产总额、负债总额、对外提供保证担保、所有者权益合计、营业总收入、主营业务收入、利润总额、净利润、纳税总额信息为选择公示项。这意味着对债务人判断公司资产状况、公司偿债能力有较大影响的项目,目前并不在强制性信息公开之列。

第二,信息披露的真实性难以保障。真实性是公司信息披露制度的基础,要求所披露的信息内容既能反映资产的安全性状况又能反映资产的营利性状况,既能反映会计信息又能反映其经营政策和经营情况,如此才能使利益相关者了解企业实际经营状况,才能对企业未来的发展潜力进行评估。但在实践中,公司往往倾向于选择性披露,即只披露对自身有益的信息,对自身不利而利益相关者需要了解的其他重要信息则不予披露或者片面披露,频频出现的上市公司虚假陈述就是例证。施行严格信息披露规制的上市公司尚且如此,遑论其他公司信息披露的真实性水平。

第三,公司相关的信息公示处于混乱和条块分割的局面。部门利益隔阂使交易相对人很难从一个信息平台获得公司的完备信息。如前所述,通过"国家企业信用信息公示系统"可以查询到部分的公司信息;通过以国家发展和改革委员会与中国人民银行作为主管单位建设的"信用中国"(https://www.creditchina.gov.cn)可以查询来自国家发展和改革委员会、最高人民法院、财政部等中央执法机构的行政处罚信息;通过中国人民银行征信中心网站(http://www.pbccrc.org.cn)可以查询企业信用报告,包括企业的基本信息、信贷信息以及反映其信用状况的其他信息,如欠税信息、行政处罚信息、法院判决和执行信息等。但是,企业信用报告只能由企业自己以及在经过企业的授权同意后,由商业银行、政府部门等查询①,对大多数的债权人并不适用。

信息披露制度是各种配套制度中对私权干预较少的制度。如果能够运用得当,信息公示可以使利益相关方利用信用系统以较低的成本便利地获取公司的相关资产信息、财务会计报告信息以及证券市场信息,及时掌握公司资本形成及资本变动情况,并据此分析利弊和做出理性判断,这无疑是债权人实现自主决策及自我保护的最佳途径。此外,完善的信息披露制度能够为债权人等公司其他利益相关者寻求私权利救济提供条件,使债权人行使请求权时能有机会通过被披露信息获取相关证据,并且信息披露义务亦可作为举证责任分配的标准,由负有披露义务的一方承担相应信息内容的举证责任。因此,应当扩大强制披露信息的范围,对各种公司的信用系统如工商登记信息、企业征信信息、企业违法

---

① 参见《企业信用报告(自主查询版)解读》,载中国人民银行征信中心网,http://www.pbccrc.org.cn/zxzx/qyzx/201401/6666f7e70b6947b29365fe1f68452432.shtml。

信息等进行整合和资源重塑,增加强制公示事项,建设全国联网且能信息共享的数据库,便利债权人采集到全面的公司信息。

2. 建立保护债权人利益的联动机制

债权人利益保护仍是公司法不可回避的难题。公司(股东)与债权人的利益冲突实质上是利益衡量问题上效率与安全的价值冲突。弱化资本制度的强制程度有利于效率价值的实现,但是,若强制程度的弱化致使债权人面临不正常非商业风险,则会明显损害公司法上的安全价值,并殃及市场经济秩序。在债权人保护问题上,与其继续迷恋资本信用的魔力,不如将目光转向寻找保护债权人利益的其他机制。应当理性认识公司债权人的保护问题,在公司资本制度保护交易安全和债权人利益已经式微的情形下,即使转向授权资本制也承载不了太多的债权人保护功能,应当更多地依靠商业透明度、社会信用文化,并建设和完善其他效率更高的基础性以及特殊性保护机制来替代传统上的注册资本担保功能。美国公司法上的债权人保护机制在公司资本制度之外借助合同法、担保法、侵权法和破产法等相关法律制度,协同构成了体系化的解决模式。①

实际上,我国公司法中已有诸多保护债权人利益的制度安排,除公司设立阶段的瑕疵出资等责任制度之外,还有公司资本运行阶段的人格否认、抽逃出资的股东责任和董事责任、为公司提供服务的中介机构的民事责任,以及公司合并、分立、减资过程中的债权人保护机制等。上述资本制度中的债权人保护机制尚存在失灵的可能,在现行法基础上,应当充分发挥其他债权人保护制度的替代功能,并借鉴域外保护债权人的有效制度。其一,重视商业实践中债务契约对债务人的约束作用。债权人尤其是自愿债权人可以通过订立合同的方式对公司的资产处分行为以及负债总额进行限制,在债权存续期间监督公司的资产状况,并根据

---

① 参见袁田:《反思折中资本制——以公司资本制度的路径选择为视角》,载《北方法学》2012年第4期。

商业风险对相关合同条款进行调整,从而有效进行债权人自我保护,防止债务人公司的行为损害债权人利益。商业实践中的债务契约对债务人的约束,远比要求债务人维持一个公司法下的"最低资本限额"或"注册资本"更有意义。① 其二,借鉴美国《统一欺诈性财产转让法》,规制公司财产的不当流失。美国各州公司法在公司资本制度之外最重要的债权人保护措施就是防止公司财产的欺诈转移。美国《统一欺诈性财产转让法》对欺诈性产权转让进行了详细的规定,以阻碍债权人实现债权为目的而进行的财产权转让,包括欺诈性交易,或者没有欺诈意图的不公允财产转让等都被视为欺诈性产权转让。② 公司的股利分配、减资和回购作为公司财产的流出,理应包括在资产转让中,这种规制是基于资本交易的视角及事后规制的逻辑,为防止公司资产流失损害债权人利益,提供了公司法之外的更为灵活的规制措施。其三,引入衡平居次规则。衡平居次规则源于美国普通法,是在实质公平的目标指引下对基于不公平行为而产生的关联债权作出居次处理的特殊规则。③ 例如,股东以借款方式而非出资方式向公司提供资金,一方面借此通过公司实现其经营目的,以借款利息的形式获取收益,另一方面又借有限责任的庇护将投资风险外化给公司其他债权人,当公司可能出现财务危机时凭公司"内部人"地位优先获得公司清偿的话,则在结果上对其他债权人明显不公平。而依据衡平居次规则,在公司欠缺清偿能力时,股东的债权将劣后于其他债权人受偿;或者将有担保的股东请求权视同无担保的债权请求权,从而抑制股东的优先受偿。④ 引进这一规则以衡平公司股东与公司

---

① 参见刘燕:《公司法资本制度改革的逻辑与路径——基于商业实践视角的观察》,载《法学研究》2014年第5期。
② 参见张素华、李雅男:《论认缴资本制下债权人利益的保护》,载《江汉论坛》2017年第3期。
③ 参见赵吟:《论破产分配中的衡平居次原则》,载《河北法学》2013年第3期。
④ 参见石少侠、卢政宜:《认缴制下公司资本制度的补救与完善》,载《国家检察官学院学报》2019年第5期。

债权人利益,也是有效完善我国公司资本制度的配套措施之一。

本 章 小 结

就我国现有的资本规制体系而言,在规制强度上存在差异,在规制技术上存在欠缺,在规制立场上存在滞后。妥当的改进方案,应当建立在立法者从注重制度逻辑转向注重制度效用、从注重资本确定转向注重资本灵活、从债权人利益导向转向公司利益导向等立场革新的基础之上。在具体规范的调整上,即使维持现有规制模式并加以改良,也应当弥合各类资本交易行为之间的沟壑,以建构统一的体系化规制。更为理想的方案是尊重公司实践,承认资本维持模式的保守低效,转向更为灵活的交易规制模式。与此同时,应当强化信息披露、合同、担保等其他法律机制的配套跟进。

结 论

从各国和地区公司的资本制度体系来看,从最具强制性的德国资本制度到最具自治性的美国资本制度体系之间具有广泛的分布空间,各国和地区公司法上的资本规制因其本土资源差异而于强制和自治两端之间散布,呈现出多元的分布谱系。通过比较我国公司法与欧盟、美国、日本的同功能制度可以发现,我国公司法上的资本强制程度大幅高于美国公司法,部分方面甚至超过了最具法定资本制传统的德国,集中体现在强制性规则的框架和规范数量众多。这为我国的资本规制提供了坐标定位,也奠定了下一步资本制度改革的基点。

如何调整公司资本强制的程度,重新设定立法者的价值立场,有赖于理论上的正本清源。公司资本规制应当重新调整强制与自治的地位,回归自治的价值预设和调整基础。其理论上的缘由在于:从法逻辑上看,公司资本的形成和维持在性质上系属组织法契约,由此决定了规制的自治本位;从法价值上看,公司营业的本质要求决定了制度的效率导向,需建立负外部性溢出调整的配套模式;从法经济学上看,自治系更符合成本效益的效率性安排,而强制规则模式被实证研究证明缺乏效用。基于此,本书提出了公司资本规制问题上的两项实体性论证规则:(1)当涉及社会公共利益时,方可使用强制性规制措施;(2)对于私人利益的保护,当强制性规范的效率超过自治规则时,亦可使用强制性规范。在强制的方式上,立法强制因其巨大的制度惯性而具有较为高昂的成本,司法救济结合了当事人私权请求权与国家强制力,由法官因应个案行使自由裁量权,具有更多的成本效益优势,所以应当更为重视司法在事后救济中的制度性作用。

在资本形成阶段,出资期限、出资形式、票面金额及发行价格均属于组织法契约中的典型要素,应当肯定各项契约要素的自治基础,并维持规制的谦抑性。在涉及公共利益或者强制性规范对私人利益保护的效率超过自治规制的时候,对于契约负外部性的溢出部分,可以通过强制的方式约束当事人的意思自治。与之相适应,我国公司法应当将资本形成规制的重点从出资财产转向资本形成的交易过程,并通过强化公司治理之下的义务和责任规则重建资本形成制度体系。

在资本维持阶段,法定资本制下的资本维持模式和美国法上的清偿能力模式的实质差异不在于模式选择,而是强制程度问题:放松的资本维持模式可以在效用上趋近于清偿能力模式。在规范上对利润分配、减少资本、股份回购等资产交易加以区分,将会导致同类效用的公司交易行为游离于规范之外,既受不到法律的约束,也得不到法律保护的实益,统一调整各类资本流出交易的调控策略更具有立法技术上的正当性。因此,在资本维持模式之下,进一步降低资本维持的强度,从立法技术上引入统一调整各类资本流出交易的概念,并将其建立在统一的"实质分配"概念之下,系进一步启发变革之所需。

公司资本制度的持续改革中,应当改变既有的区隔思维,建立对资本制度进行统一体系化规制的立法思路,在资本形成和资本流出两大阶段维持统一的价值判断立场,设定相当的规制强度,避免制度套利和法律规避。与此同时,应当注重信息披露、合同、担保等其他法律机制的配套跟进。

在资本形成阶段,为顺应从财产规制向交易规制的变革,在立法上应强化公司治理规则之下的义务和责任,重建现代化的资本形成制度体系。从具体规则上而言,应当在资本形成阶段进行如下变革:(1)回应商业实践对出资形式扩张化的要求,何种非货币财产形式可以出资的判断应当交由公司自主决策,需要法律强制的更多在于如何保障出资的真实性与充足性。还需考虑的是,无论是货币出资还是非货币出资,因"对价"的确定和支付而产生分歧时如何为当事人提供法律救济。(2)在股份发行机制上,尽管2023年《公司法》在股份公司中实施了授权资本制,但其在有限公司中仍坚持法定资本制。我国《公司法》对两种公司类型采用不同的制度,增加了制度复杂性和运行成本。授权资本制能有效替代法定资本制与认缴制的组合,亦能够降低立法成本。因此,未来资本制度的改革应全面推行授权资本制,以简化立法成本、提高融资效率。

在资本维持阶段,应当建立对资本交易的统一规制条款,并且调整各资本流出类型的规制强度使之相互匹配协调:(1)公司资本制度应从实质而非形式上合理界定"分配"的内涵,股利分配、股份回购、实质减资及财务资助都可以归入"实质分配"概念之中。我国现有的公司利润分配规则的自治性过弱,应调整资本维持强度,进一步降低公积金提取要求。(2)应当给予公司安排自身财务状况与公司资本变动的自由,以"实质分配"基础上的资产维持来保障外部债权人的利益,并承认形式减资的合法性。(3)公司股份回购应纳入"实质分配"概念之中,放归商业判断,并基于利益平衡之考量施加相应的财源限制。

从整体上把握公司资本运行规律,以及不同阶段公司资本制度之间的互动关系,综合考虑资本规制、信息披露规则以及责任规则之间的联系。更为理想的方案是尊重公司实践,承认资本维持模式的保守低效,转向更为灵活的交易规制模式。

由于经济社会环境的变化不断带来新生的实践问题,公司资本制度体系无时无刻不在变化之中。尽管实证研究、经济分析等能够一定程度上反映制度效用,但其仍然无法实现对现实社会的准确映射。正如歌德所言,理论是灰色的,而现实之树常青。本书的研究与既有的研究一样,亦存在无法完全克服的理论局限和实践隔阂,凡此种种,均有赖于未来研究的进一步深入。公司实践常新,公司资本制度理论与规范体系亦需常新,唯有实践的推动和理论的牵引合力,才能实现我国公司法的不断进化。

主要参考文献

一、中文著作

[1]艾思奇主编:《辩证唯物主义 历史唯物主义》(第3版),人民出版社1978年版。

[2]邵诚、刘作翔主编:《法与公平论》,西北大学出版社1995年版。

[3]刘俊海:《股东权法律保护概论》,人民法院出版社1995年版。

[4]朱慈蕴:《公司法人格否认法理研究》,法律出版社1998年版。

[5]何美欢:《公众公司及其股权证券》,北京大学出版社1999年版。

[6]胡果威:《美国公司法》,法律出版社1999年版。

[7]冯果:《现代公司资本制度比较研究》,武汉大学出版社2000年版。

[8]齐斌:《证券市场信息披露法律监管》,法律出版社2000年版。

[9]财政部会计司编:《企业会计制度讲解》,中国财政经济出版社2001年版。

[10]张文显:《法哲学范畴研究》(修订版),中国政法大学出版社2001年版。

［11］汤欣:《公司治理与上市公司收购》,中国人民大学出版社 2001 年版。

［12］王保树主编:《中国商事法》(新编本),人民法院出版社 2001 年版。

［13］邱本:《自由竞争与秩序调控:经济法的基础建构与原理阐析》,中国政法大学出版社 2001 年版。

［14］龙卫球:《民法总论》,中国法制出版社 2001 年版。

［15］刘燕:《会计法》,北京大学出版社 2001 年版。

［16］韦森:《社会制序的经济分析导论》,上海三联书店 2001 年版。

［17］虞政平:《股东有限责任:现代公司法律之基石》,法律出版社 2001 年版。

［18］钱弘道:《经济分析法学》,法律出版社 2003 年版。

［19］邓正来:《自由主义社会理论:解读哈耶克〈自由秩序原理〉》,山东人民出版社 2003 年版。

［20］赵旭东:《企业与公司法纵论》,法律出版社 2003 年版。

［21］刘俊海:《股份有限公司股东权的保护》(第 2 版),法律出版社 2004 年版。

［22］罗培新:《公司法的合同解释》,北京大学出版社 2004 年版。

［23］傅穹:《重思公司资本制原理》,法律出版社 2004 年版。

［24］赵旭东等:《公司资本制度改革研究》,法律出版社 2004 年版。

［25］邓辉:《论公司法中的国家强制》,中国政法大学出版社 2004 年版。

［26］王文钦:《公司治理结构之研究》,中国人民大学出版社 2005 年版。

［27］赵万一、卢代富主编:《公司法:国际经验与理论架构》,法律出版社 2005 年版。

［28］赵旭东主编:《新公司法讲义》,人民法院出版社 2005 年版。

[29]赵旭东主编:《公司法学》(第2版),高等教育出版社2006年版。

[30]蔡立东:《公司自治论》,北京大学出版社2006年版。

[31]官欣荣、李泫永:《公司法证券法诸改革与新探索》,人民法院出版社2006年版。

[32]施天涛:《公司法论》(第2版),法律出版社2006年版。

[33]徐晓松:《公司资本监管与中国公司治理》,知识产权出版社2006年版。

[34]徐菁:《公司法的边界》,对外经济贸易大学出版社2006年版。

[35]刘俊海:《新公司法的制度创新:立法争点与解释难点》,法律出版社2006年版。

[36]沈四宝:《西方国家公司法原理》,法律出版社2006年版。

[37]赵旭东主编:《新公司法制度设计》,法律出版社2006年版。

[38]周友苏:《新公司法论》,法律出版社2006年版。

[39]王保树、崔勤之:《中国公司法原理》,社会科学文献出版社2006年版。

[40]冯果、彭真明主编:《企业公司法》,中国法制出版社2007年版。

[41]曹兴权:《公司法的现代化:方法与制度》,法律出版社2007年版。

[42]葛伟军:《公司资本制度和债权人保护的相关法律问题》,法律出版社2007年版。

[43]赵旭东主编:《国际视野下公司法改革——中国与世界:公司法改革国际峰会论文集》,中国政法大学出版社2007年版。

[44]董慧凝:《公司章程自由及其法律限制》,法律出版社2007年版。

[45]朱锦清:《证券法学》(第2版),北京大学出版社2007年版。

[46]时显群:《西方法理学研究》,人民出版社2007年版。

[47]李建伟:《公司法学》,中国人民大学出版社2008年版。

[48]金剑锋等:《公司诉讼的理论与实务问题研究》,人民法院出版社2008年版。

[49]叶林:《公司法研究》,中国人民大学出版社2008年版。

[50]罗培新等:《公司法的法律经济学研究》,北京大学出版社2008年版。

[51]仇京荣:《公司资本制度中股东与债权人利益平衡问题研究》,中信出版社2008年版。

[52]邓峰:《普通公司法》,中国人民大学出版社2009年版。

[53]郭富青:《公司权利与权力二元配置论》,法律出版社2010年版。

[54]白慧林:《控股公司控制权法律问题研究》,北京大学出版社2010年版。

[55]仇晓光:《公司债权人利益保护对策研究:以风险控制与治理机制为中心》,中国社会科学出版社2011年版。

[56]黄辉:《现代公司法比较研究:国际经验及对中国的启示》,清华大学出版社2011年版。

[57]王保树主编:《商法》,北京大学出版社2011年版。

[58]朱慈蕴:《公司法原论》,清华大学出版社2011年版。

[59]刘俊海:《现代公司法》,法律出版社2011年版。

[60]王永强:《公司司法干预机理研究:以法经济学为视角》,北京大学出版社2012年版。

[61]邹海林、陈洁主编:《公司资本制度的现代化》,社会科学文献出版社2014年版。

[62]陈景善:《资本制度现代化与理念的冲突:社会需求与公司法理念博弈》,中国政法大学出版社2014年版。

[63]甘培忠:《企业与公司法学》(第7版),北京大学出版社2014年版。

[64] 赵旭东主编:《商法学》(第 3 版),高等教育出版社 2015 年版。

[65] 李建伟:《公司资本制度的新发展》,中国政法大学出版社 2015 年版。

[66] 赵树文:《公司资本规制制度研究》,人民出版社 2015 年版。

[67] 袁碧华:《我国公司资本制度改革研究》,中国政法大学出版社 2016 年版。

[68] 朱庆育:《民法总论》(第 2 版),北京大学出版社 2016 年版。

[69] 王军:《中国公司法》(第 2 版),高等教育出版社 2017 年版。

[70] 刘继峰:《竞争法学》(第 3 版),北京大学出版社 2018 年版。

[71] 刘燕:《公司财务的法律规制:路径探寻》,北京大学出版社 2021 年版。

[72] 王军:《公司资本制度》,北京大学出版社 2022 年版。

[73] 赵旭东主编:《新公司法重点热点问题解读:新旧公司法比较分析》,法律出版社 2024 年版。

[74] 赵旭东主编:《新公司法讲义》,法律出版社 2024 年版。

[75] 刘斌编著:《新公司法注释全书》,中国法制出版社 2024 年版。

二、中文译著

[1][美]理查德·A.波斯纳:《法律的经济分析》(下),蒋兆康译,中国大百科全书出版社 1997 年版。

[2][英]弗雷德里希·奥古斯特·冯·哈耶克:《通往奴役之路》,王明毅等译,中国社会科学出版社 1997 年版。

[3][日]我妻荣:《债权在近代法中的优越地位》,王书江、张雷译,中国大百科全书出版社 1999 年版。

[4][韩]李哲松:《韩国公司法》,吴日焕译,中国政法大学出版社 1999 年版。

[5][美]罗伯特·C.克拉克:《公司法则》,胡平等译,工商出版社

1999年版。

[6]《韩国商法》,吴日焕译,中国政法大学出版社1999年版。

[7][美]丹尼尔·F. 史普博:《管制与市场》,余晖等译,上海人民出版社、上海三联书店1999年版。

[8]《法国商法典》,金邦贵译,中国法制出版社2000年版。

[9][日]志村治美:《现物出资研究》,于敏译,法律出版社2001年版。

[10][美]约翰·罗尔斯:《正义论》,何怀宏、何包钢、廖申白译,中国社会科学出版社2014年版。

[11][加]布莱恩·R. 柴芬斯:《公司法:理论、结构和运作》,林华伟、魏旻译,法律出版社2001年版。

[12][美]米尔顿·弗里德曼:《市场机制与中央经济计划》,载[美]米尔顿·弗里德曼:《弗里德曼文萃》(上册),胡雪峰、武玉宁译,首都经济贸易大学出版社2001年版。

[13][德]迪特尔·梅迪库斯:《德国民法总论》,邵建东译,法律出版社2000年版。

[14][英]罗杰·珀曼等:《自然资源与环境经济学》,张涛、李智勇等译,中国经济出版社2002年版。

[15][英]安东尼·吉登斯:《社会学方法的新规则———一种对解释社会学的建设性批判》,田佑中、刘江涛译,社会科学文献出版社2003年版。

[16][美]大卫·D. 弗里德曼:《经济学语境下的法律规则》,杨欣欣译,法律出版社2004年版。

[17][美]E. 博登海默:《法理学:法律哲学与法律方法》,邓正来译,中国政法大学出版社2004年版。

[18][德]托马斯·莱塞尔、吕迪格·法伊尔:《德国资合公司法》(第3版),高旭军等译,法律出版社2005年版。

[19][日]布井千博:《日本公司法的美国化》,于敏、杨东译,载王保树主编:《最新日本公司法》,法律出版社 2006 年版。

[20][美]杰弗里·N. 戈登、马克·J. 罗编:《公司治理:趋同与存续》,赵玲、刘凯译,北京大学出版社 2006 年版。

[21][美]J. 弗雷德·威斯通、马克·L. 米切尔、J. 哈罗德·马尔赫林:《接管、重组与公司治理》(第 4 版),张秋生、张海珊、陈扬译,北京大学出版社 2006 年版。

[22]沈四宝编译:《最新美国标准公司法》,法律出版社 2006 年版。

[23][英]罗纳德·拉尔夫·费尔摩里:《现代公司法之历史渊源》,虞政平译,法律出版社 2007 年版。

[24][英]保罗·戴维斯:《英国公司法精要》,樊云慧译,法律出版社 2007 年版。

[25]《法国公司法典》(上、下册),罗结珍译,中国法制出版社 2007 年版。

[26][美]贝利斯·曼宁、杰姆斯·汉克斯:《法律资本制度》,后向东译,载王保树主编:《商事法论集》第 12 卷,法律出版社 2007 年版。

[27][美]莱纳·克拉克曼等:《公司法剖析:比较与功能的视角》,刘俊海、徐海燕等译,北京大学出版社 2007 年版。

[28][美]罗伯特·W. 汉密尔顿:《美国公司法》,齐东祥等译,法律出版社 2008 年版。

[29]《意大利民法典》,陈国柱译,中国人民大学出版社 2010 年版。

[30]《特拉华州普通公司法》,徐文彬、戴瑞亮、郑九海译,中国法制出版社 2010 年版。

[31][德]格茨·怀克、克里斯蒂娜·温德比西勒:《德国公司法》(第 21 版),殷盛译,法律出版社 2010 年版。

[32][日]前田庸:《公司法入门》,王作全译,北京大学出版社 2012 年版。

[33]《英国2006年公司法(2012年修订译本)》,葛伟军译,法律出版社2012年版。

[34][英]约翰·米克勒斯维特、阿德里安·伍尔德里奇:《公司的历史》,夏荷立译,安徽人民出版社2012年版。

[35][日]森田章著、黄晓林编译:《公开公司法论》,中国政法大学出版社2012年版。

[36][美]莱纳·克拉克曼、亨利·汉斯曼等:《公司法剖析:比较与功能的视角》(第2版),罗培新译,法律出版社2012年版。

[37][英]艾利斯·费伦:《公司金融法律原理》,罗培新译,北京大学出版社2012年版。

[38][德]魏德士:《法理学》,丁晓春、吴越译,法律出版社2013年版。

[39][荷]阿德里安·德瑞斯丹、[葡]提亚戈·蒙泰罗、[德]克里斯多夫·泰西曼、[丹]埃里克·沃劳夫:《欧洲公司法》,费煊译,法律出版社2013年版。

[40][美]罗纳德·H.科斯:《企业的性质》,陈郁译,载[美]罗纳德·H.科斯:《企业、市场与法律》,盛洪、陈郁译校,格致出版社、上海三联书店、上海人民出版社2014年版。

[41][美]罗纳德·H.科斯:《社会成本问题》,龚柏华、张乃根译,载[美]罗纳德·H.科斯:《企业、市场与法律》,盛洪、陈郁译校,格致出版社、上海三联书店、上海人民出版社2014年版。

[42][美]罗纳德·H.科斯:《企业、市场与法律》,罗君丽译,载[美]罗纳德·H.科斯:《企业、市场与法律》,盛洪、陈郁译校,格致出版社、上海三联书店、上海人民出版社2014年版。

[43][美]罗纳德·H.科斯:《社会成本问题的注释》,张乃根译,载[美]罗纳德·H.科斯:《企业、市场与法律》,盛洪、陈郁译校,格致出版社、上海三联书店、上海人民出版社2014年版。

[44]王延川、刘卫锋编译:《最新韩国公司法及施行令》,法律出版社 2014 年版。

[45]《德国商事公司法》,胡晓静、杨代雄译,法律出版社 2014 年版。

[46][美]弗兰克·伊斯特布鲁克、丹尼尔·费希尔:《公司法的经济结构》(第 2 版),罗培新、张建伟译,北京大学出版社 2014 年版。

[47][德]本德·吕特斯、阿斯特丽德·施塔德勒:《德国民法总论》,于馨淼、张姝译,法律出版社 2017 年版。

[48]吴建斌编译:《日本公司法:附经典案例》,法律出版社 2017 年版。

三、中文期刊论文

[1][美]罗纳德·高斯:《生产的制度结构》,银温泉译,载《经济社会体制比较》1992 年第 3 期。

[2]雷兴虎:《现代西方国家公司法的发展趋势与中国公司法的选择》,载《法学评论》1998 年第 4 期。

[3]马俊驹、林晓镍:《我国股份回购的现实意义与立法完善》,载《法学》2000 年第 11 期。

[4]陈学梁:《美国公司法上董事对公司债权人之信义义务》,载《国际商法论丛》2001 年第 00 期。

[5][德]托马斯·莱赛尔:《德国民法中的法人制度》,张双根译,载《中外法学》2001 年第 1 期。

[6][美]约翰·齐普曼·格雷:《法律主体》,龙卫球译,载《清华法学》2002 年第 00 期。

[7]周林军:《市场强制与国家干预》,载《西南师范大学学报(人文社会科学版)》2002 年第 1 期。

[8]邓峰:《论公司的出资形式和出资监管》,载《安徽大学法律评论》2002 年第 1 期。

[9]傅穹:《法定资本制:诠释、问题、检讨——从公司不同参与人的利益冲突与衡量观察》,载《南京大学法律评论》2002年第1期。

[10]梁上上:《利益的层次结构与利益衡量的展开——兼评加藤一郎的利益衡量论》,载《法学研究》2002年第1期。

[11]施天涛、孙逊:《公司取得自己股份法律问题研究》,载《政法论坛》2002年第4期。

[12]赵旭东:《从资本信用到资产信用》,载《法学研究》2003年第5期。

[13]徐晓松:《论公司资本制度与政府监管》,载《南京大学法律评论》2003年第2期。

[14]王保树:《竞争与发展:公司法改革面临的主题》,载《现代法学》2003年第3期。

[15]郑曙光:《股东违反出资义务违法形态与民事责任探究》,载《法学》2003年第6期。

[16]赵旭东:《公司法修订的基本目标与价值取向》,载《法学论坛》2004年第6期。

[17]欧庭高、肖成池:《论科学研究的不确定性》,载《科学·经济·社会》2004年第2期。

[18]傅穹:《公司减资规则论》,载《法学评论》2004年第3期。

[19]郑曙光:《公司减资的比较法考察》,载《四川大学学报(哲学社会科学版)》2004年第2期。

[20]傅穹:《股票面额取舍之辩》,载《比较法研究》2004年第6期。

[21]郭富青:《公司资本制度:设计理念与功能的变革——我国公司资本制度立法观念的转变与路径选择》,载《法商研究》2004年第1期。

[22]朱慈蕴:《法定最低资本额制度与公司资本充实》,载《法商研究》2004年第1期。

[23]李智:《公司减资制度初探》,载《政法论坛》2005年第1期。

[24]钱弘道:《法律的经济分析方法评判》,载《法制与社会发展》2005年第3期。

[25]彭冰:《现行公司资本制度检讨》,载《华东政法学院学报》2005年第1期。

[26]陈孝兵:《论企业的经济自由及其限度》,载《江淮论坛》2005年第5期。

[27]朱慈蕴:《公司资本理念与债权人利益保护》,载《政法论坛》2005年第3期。

[28]宁金成:《论我国公司资本制度的创新》,载《郑州大学学报(哲学社会科学版)》2005年第1期。

[29]罗培新:《公司法学研究的法律经济学含义——以公司表决权规则为中心》,载《法学研究》2006年第5期。

[30]汪军民:《公司资本制度的基础:法定资本制》,载《湖北大学学报(哲学社会科学版)》2007年第3期。

[31]魏建、褚红丽:《股东创业成本最小化与债权人利益的虚假保护——公司资本制度的法经济学分析》,载《思想战线》2007年第2期。

[32]朱庆:《股东出资义务与诉讼时效的关系》,载《法学》2008年第4期。

[33]李志成:《竞争中的公司法与公司法的竞争——公司法立法与改革》,载《湖州师范学院学报》2009年第3期。

[34]刘爱龙:《法理学三十年之法的价值问题研究述评》,载《北方法学》2009年第1期。

[35]李飞:《论董事对公司债权人负责的法理正当性——从法人组织体说的局限性及其超越之路径展开》,载《法制与社会发展》2010年第4期。

[36]李荣:《日本公司法现物出资规制制度及对我国的启示》,载《商业时代》2010年第31期。

[37] 刘惠明、严骥:《股份回购的弊端及防范制度研究——以日本法为借鉴》,载《深圳大学学报(人文社会科学版)》2011年第4期。

[38] 袁田:《反思折中资本制——以公司资本制度的路径选择为视角》,载《北方法学》2012年第4期。

[39] 王瑞、丛奔:《企业维持原则在解散公司之诉中的体现——以〈新公司法司法解释二〉为视角》,载《法学杂志》2012年第2期。

[40] 张保华:《资本维持原则解析——以"维持"的误读与澄清为视角》,载《法治研究》2012年第4期。

[41] 官欣荣:《论我国无面额股制度之推行》,载《华南理工大学学报(社会科学版)》2013年第5期。

[42] 王轶:《民法典的规范类型及其配置关系》,载《清华法学》2014年第6期。

[43] 赵旭东:《资本制度变革下的资本法律责任——公司法修改的理性解读》,载《法学研究》2014年第5期。

[44] 刘燕:《公司法资本制度改革的逻辑与路径——基于商业实践视角的观察》,载《法学研究》2014年第5期。

[45] 李志刚:《公司资本制度的三维视角及其法律意义——注册资本制的修改与股东的出资责任》,载《法律适用》2014年第7期。

[46] 刘凯湘、张其鉴:《公司资本制度在中国的立法变迁与问题应对》,载《河南财经政法大学学报》2014年第5期。

[47] 林晓镍、韩天岚、何伟:《公司资本制度改革下股东出资义务的司法认定》,载《法律适用》2014年第12期。

[48] 俞巍、陈克:《公司资本登记制度改革后股东责任适法思路的变与不变》,载《法律适用》2014年第11期。

[49] 邹海林:《我国司法实务应对公司注册资本制度改革的路径选择》,载《法律适用》2014年第5期。

[50] 施天涛:《公司资本制度改革:解读与辨析》,载《清华法学》

2014年第5期。

[51]周友苏、张异冉:《从事前预防到事后规制——最低注册资本制度改革审视》,载《社会科学研究》2015年第2期。

[52]李润生、史飚:《论我国现行公司资本制度的变迁、定位及未来发展——以2013年〈公司法〉修改为视角》,载《湖南社会科学》2015年第6期。

[53]雷兴虎、薛波:《公司资本制度变革视野中的资本维持原则》,载《政法学刊》2015年第4期。

[54]周林彬、余斌:《我国"减法"改革中公司减资制度的完善》,载《中山大学学报(社会科学版)》2015年第5期。

[55]雷兴虎、薛波:《公司资本制度改革:现实评价与未来走向》,载《甘肃社会科学》2015年第2期。

[56]黄辉:《公司资本制度改革的正当性:基于债权人保护功能的法经济学分析》,载《中国法学》2015年第6期。

[57]蒋大兴:《质疑法定资本制之改革》,载《中国法学》2015年第6期。

[58]赵万一、赵吟:《中国自治型公司法的理论证成及制度实现》,载《中国社会科学》2015年第12期。

[59]甘培忠、徐可:《认缴制下的资本违法责任及其困境——以财产混同为视角》,载《北京大学学报(哲学社会科学版)》2015年第6期。

[60]李建伟:《认缴制下股东出资责任加速到期研究》,载《人民司法》2015年第9期。

[61]黄耀文:《认缴资本制度下的债权人利益保护》,载《政法论坛》2015年第1期。

[62]王文宇:《简政繁权——评注册资本认缴制》,载《商事法论集》2015年第2期。

[63]郭传凯:《"认缴制"下公司合同债权人利益保护问题研究——

以公司减资为具体情境展开》,载《东岳论丛》2016 年第 4 期。

[64] 周翔、高菲:《我国公司资本制度改革中资本维持原则的修正》,载《甘肃社会科学》2016 年第 1 期。

[65] 石冠彬:《论认缴登记制下股东的出资自由与限制——一个解释论视角的透视》,载《西南民族大学学报(人文社科版)》2016 年第 4 期。

[66] 罗培新:《论资本制度变革背景下股东出资法律制度之完善》,载《法学评论》2016 年第 4 期。

[67] 冯果、南玉梅:《论股东补充赔偿责任及发起人的资本充实责任——以公司法司法解释(三)第 13 条的解释和适用为中心》,载《人民司法·应用》2016 年第 4 期。

[68] 赵万一:《资本三原则的功能更新与价值定位》,载《法学评论》2017 年第 1 期。

[69] 田源:《经济理性与法学教义的融合——从交易费用角度重新审视中国公司资本制度变革背后的逻辑》,载《江西财经大学学报》2017 年第 2 期。

[70] 郭富青:《资本认缴登记制下出资缴纳约束机制研究》,载《法律科学(西北政法大学学报)》2017 年第 6 期。

[71] 王建文、刘凤杰:《认缴制下诚实信用原则在股东出资义务中的适用》,载《行政与法》2017 年第 3 期。

[72] 卢宁:《刍议公司资本形成制度的改革与发展——以"认缴制"的定性为起点》,载《法学论坛》2017 年第 3 期。

[73] 李裕琢、李海娟:《公司资本制度的价值理念、生成背景及其演变趋势》,载《哈尔滨商业大学学报(社会科学版)》2017 年第 2 期。

[74] 朱慈蕴、沈朝晖:《不完全合同视角下的公司治理规则》,载《法学》2017 年第 4 期。

[75] 蒋大兴:《公司法中的合同空间——从契约法到组织法的逻

辑》，载《法学》2017 年第 4 期。

[76] 丁勇：《认缴制后公司法资本规则的革新》，载《法学研究》2018 年第 2 期。

[77] 余斌：《公司未通知债权人减资效力研究——基于 50 个案例的实证分析》，载《政治与法律》2018 年第 3 期。

[78] 彭真明：《论资本认缴制下的股东出资责任——兼评"上海香通公司诉昊跃公司等股权转让纠纷案"》，载《法商研究》2018 年第 6 期。

[79] 蒋大兴：《论股东出资义务之"加速到期"——认可"非破产加速"之功能价值》，载《社会科学》2019 年第 2 期。

[80] 房国宾、周代顺：《认缴制下股东出资义务加速到期机制研究——基于公司资本制度改革视角的分析》，载《时代法学》2019 年第 5 期。

[81] 叶林：《股份有限公司回购股份的规则评析》，载《法律适用》2019 年第 1 期。

[82] 周子伦：《美国〈统一商法典〉的人本体现：语言与法理视角》，载《财经法学》2019 年第 1 期。

[83] 袁碧华：《"认"与"缴"二分视角下公司催缴出资制度研究》，载《中国法学》2019 年第 2 期。

[84] 李安安：《股债融合论：公司法贯通式改革的一个解释框架》，载《环球法律评论》2019 年第 4 期。

[85] 潘林：《股份回购中资本规制的展开——基于董事会中心主义的考察》，载《法商研究》2020 年第 4 期。

[86] 朱慈蕴、皮正德：《公司资本制度的后端改革与偿债能力测试的借鉴》，载《法学研究》2021 年第 1 期。

[87] 朱慈蕴、梁泽宇：《无面额股制度引入我国公司法路径研究》，载《扬州大学学报（人文社会科学版）》2021 年第 2 期。

[88] 朱慈蕴：《中国公司资本制度体系化再造之思考》，载《法律科

学(西北政法大学学报)》2021 年第 3 期。

[89]刘斌:《认真对待公司清偿能力模式》,载《法律科学(西北政法大学学报)》2021 年第 4 期。

[90]王军:《抽逃出资规则及公司分配制度的系统性改造》,载《法学研究》2021 年第 5 期。

[91]赵树文:《范式转换:系统论视阈下公司资本规制研究方法的修正及其制度实现》,载《学术论坛》2022 年第 1 期。

[92]朱慈蕴:《股东出资义务的性质与公司资本制度完善》,载《清华法学》2022 年第 2 期。

[93]刘凯湘:《认缴制下股东出资义务加速到期之否定》,载《荆楚法学》2022 年第 2 期。

[94]刘斌:《公司分配的类型规制与体系调适》,载《政法论坛》2022 年第 4 期。

[95]曾佳:《股东失权制度功能定位与体系化适用——以〈公司法(修订草案)〉第 46 条为中心》,载《北京理工大学学报(社会科学版)》2023 年第 2 期。

[96]沈朝辉:《财务资助行为的体系化规制——兼评释 2021〈公司法(修订草案)〉第 174 条》,载《中国政法大学学报》2022 年第 5 期。

[97]冯果:《论授权资本制下认缴制的去与留》,载《政法论坛》2022 年第 6 期。

[98]马更新、安振雷:《重塑资本形成:授权资本制的本土化建构》,载《经贸法律评论》2023 年第 3 期。

[99]丁勇:《股东出资期限对抗的矫正与规制》,载《北京大学学报(哲学社会科学版)》2023 年第 6 期。

[100]沈朝晖:《重塑法定资本制——从完全认缴到限期认缴的动态系统调适》,载《中国法律评论》2024 年第 2 期。

[101]傅穹、赵奕彤:《授权资本制语境下的禁止财务资助规则》,载

《社会科学研究》2024 年第 4 期。

［102］王保树:《竞争与发展:公司法改革的主题》,载王保树主编:《全球竞争体制下的公司法改革》,社会科学文献出版社 2003 年版。

［103］徐洪涛:《公司自治与公司法的改革》,载王保树主编:《全球竞争体制下的公司法改革》,社会科学文献出版社 2003 年版。

［104］江平:《制定一部开放型的民法典》,载江平、杨振山主编:《民商法评论》第 1 卷,中国方正出版社 2004 年版。

［105］王文宇:《进出公司法——几点跨领域的观察》,载王文杰主编:《月旦民商法研究:公司法发展之走向》第 1 辑,清华大学出版社 2004 年版。

［106］张宪初:《全球改革浪潮中的中国公司法》,载王保树、王文宇主编:《公司法理论与实践》,法律出版社 2010 年版。

四、学位论文

［1］邱海洋:《公司分配法律制度研究》,中国政法大学 2002 年博士学位论文。

［2］傅穹:《重思公司资本制原理——以公司资本形成与维持规则为中心》,中国政法大学 2003 年博士学位论文。

［3］刘蔚:《上市公司股份回购制度研究》,中国政法大学 2008 年博士学位论文。

［4］富饶:《公司资本诉讼研究》,吉林大学 2017 年博士学位论文。

五、其他文献

［1］朱慈蕴:《公司资本制度的缓和化与公司资本理念的再思考》,"21 世纪商法论坛"第 14 届国际学术会议论文,2014 年 10 月于北京。

［2］李霖:《非破产情形下有限公司股东出资义务不应加速到期——

江苏泰州高新区法院判决吴红兵诉冠星公司等委托合同纠纷案》,载《人民法院报》2016 年 12 月 22 日,第 006 版。

[3]龚雯、白天亮:《改革强度 蹄疾步稳更有序——来自全面深化改革实践的观察与思考之四》,载《人民日报》2014 年 10 月 5 日,第 1 版。

[4]皮海洲:《上市公司股份回购行为需进一步规范》,载《证券时报》2018 年 11 月 1 日,第 A003 版。

[5]《企业信用报告(自主查询版)解读》,载中国人民银行征信中心网,http://www.pbccrc.org.cn/zxzx/qyzx/201401/6666f7e70b6947b29365fe1f68452432.shtml。

[6]《口罩产能恢复率六成 工信部:多措并举加强医疗物资供给》,载央视网,http://news.cctv.com/2020/02/03/ARTItDiaujjjYMMzbxQYN8ah200203.shtml? spm = C73544894212.P59511941341.EogkW3VdRtw6.2。

[7]《最高人民法院工作报告》,载中国网,http://www.china.com.cn/lianghui/news/2019 - 03/19/content_74589215.shtml。

[8]肖城:《逾四成企业营业,经营企业日趋稳定——近 3 年新设立小微企业跟踪调查情况》,载上海市统计局网,https://tjj.sh.gov.cn/gqfx/20180213/0014 - 1001622.html。

六、外文著作

[1] Andreas Cahn & David C. Donald, *Comparative Company Law*, Cambridge University Press,2010.

[2] Bayless Manning, James J. Hanks, Jr., *Legal Capital*, Foundation Press,1990.

[3] Brian R. Cheffins, *Company Law:Theory, Structure and Operation*, Oxford University Press,1997.

[4] Eilis Ferran, *Company Law and Corporate Finance*, Oxford University

Press,1999.

[5] Eilis Ferran, *Principles of Corporate Finance Law*, Oxford University Press, 2008.

[6] James M. Buchanan, *Liberty, Market and State*, Harvester Press, 1986.

[7] Jody S. Kraus & Steven D. Walt, *The Jurisprudential Foundations of Corporate and Commercial Law*, Introduction Cambridge University Press, 2000.

[8] Karl Llewellyn & James Chriss, *Jurisprudence: Realism in Theory and Practice*, New Brunswick, Transaction Publishers, 2008.

[9] Martin Schulz & Oliver Wasmeier, *The Law of Business Organizations: A Concise Overview of German Corporate Law*, Springer, 2012.

[10] Paul Davies & Sarah Worthington, *Gower and Davies Principles of Company Law*, Sweet & Maxwell, 2012.

[11] Paul Davis, *Introduction to Company Law*, Oxford University Press, 2010.

[12] Stephen M. Bainbridge, *Corporate Law and Economics*, The Foundation Press, 2002.

七、外文论文

[1] Armen Alchian & Harold Demsetz, *Production, Information Costs, and Economic* Organization, The American Economic Review, Vol. 62, No. 5(1972).

[2] Craig Peterson & Norman Hawker, *Legal Capital Restrictions on Stock Distributions*, 31 Arkan Law Review (1997).

[3] Frank H. Easter-brook & Daniel R. Fischel, *The Corporate Contact*, 89 Columbia Law Review (1989).

[4] Grundmann, *European Company Law: Organization, Finance and*

Capital Markets, Cambridge, UK: Intersentia, 2007.

[5] Henry Hansmann & Reinier Kraakman, *What is Corporate Law?*, in R. Kraakman and P. Davies, eds., The Anatomy of Corporate Law: A Comparative and Functional Approach, Oxford University Press, 2004.

[6] James Hanks, *Legal Capital and the Model Business Corporation Act: An Essay for Bayless Manning*, Law and Contemporary Problems, Vol. 74:6(2011).

[7] Janet Alexander, *Unlimited Shareholder Liability Through a Procedural Lens*, 106 Harvard Law Review (1992).

[8] John Armour, *Legal Captial: An Outdated Concept?*, 7 European Business Organization Law Review Conference Paper(2006).

[9] John Armour, *Share Capital and Creditor Protection: Efficient Rules for a Modern Company Law*, 63 Modern Law Review (2000).

[10] Jonathan Rickford, *Legal Approaches to Restricting Distribution to Shareholders: Balance Sheet Test and Solvency Test*, European Business Organization Law Review (2006).

[11] Kubler Friedrich, *The Rules on Capital under the Pressure of the Securities Markets*, Position Paper for the Siena Conferrence on Company Law and Capital Market Law (2000).

[12] La Porta, Lopez-de-silanes, Andrei Shleifer & Robert W. Vishny, 106 *Law and Finance*, Journal of Political Economy (1998).

[13] La Porta, Lopez-de-silanes, Andrei Shleifer & Robert W. Vishny, *Legal Determination of External Finance*, 52 Journal of Finance(1997).

[14] La Porta, Lopez-de-silanes, Andrei Shleifer & Robert W. Vishny, *The Economic Consequence of Legal Origins*, 46 Journal Economic Literature (2008).

[15] Luca Enriques & Johnathan Macey, *Creditors v. Capital Formation:*

The Case Against the European Legal Capital Rules, 86 Cornell Law Review (2001).

[16] Lucian A. Bebchunk, *The Debate on Contractual Freedom in Corporate Law*, 6 Colum. Law Review (1989).

[17] Marco Becht, Colin Mayer & Hannes F. Wagner, *Where Do Firms Incorporate?*, Journal of Corporate Finance 14 No. 3 (2008).

[18] Marco Ventoruzzo, *Cost-Based and Rule-Base Regulatory Competition: Markets for Corporate Charters in the US and in the EU*, 3 NYU Journal of Law & Business (2006).

[19] Marietta Auer, *Subjektive Rechte bei Pufendorf und Kant: Eine Analyse im Lichte der Rechtskritik Hohfelds*, ACP 208 (2008).

[20] Massimo Miola, *Legal Capital and Limited Liability Companies: The European Perspective*, European Company and Financial Law Review, Vol. 2, No. 4 (2005).

[21] Michael Klausner, *Corporation, Corporate Law, arid Networks of Contracts*, 81 VA. Law Review (1995).

[22] Micheal Hantke-Domas, *The Public Interest Theory of Regulations: Non Existence or Misinterpretation*, 15 European Journal of Law and Economics (2003).

[23] Peter Mulbert & Max Birke, *Legal Capital is There a Case Against the European Legal Capital Rules*, 3 Eur. Bus. Org. Law Review (2002).

[24] Stephen M. Bainbridge, *Contractarianism in the Business Associations Classroom: The Puzzling Case of Kovacik v. Reed and the Allocation of Capital Losses in Service Partnerships*, 34 Georgia. Law Review (2000).

八、外文其他文献

[1] The California Corporation Code.

[2] The Delaware General Corporation Law.

[3] The Model Business Corporation Act.

[4] The Company Act of 2006.

[5] *Anexamination of the Impact on Profit Distribution of the New EU Accounting Regime*, contract etd/2006/iM/F2/71, February 2008.

[6] *High Level Group of Company Law Experts: Report of the High Level Group of Company Law Experts on a Modern Regulatory Framework for Company Law in Europe*, Brussels 4 November 2002.